| 光明社科文库 |

消费时代的
电视体育批判与重构

王庆军◎著

光明日报出版社

图书在版编目（CIP）数据

消费时代的电视体育批判与重构 ／ 王庆军著．--北京：光明日报出版社，2020.1

（光明社科文库）

ISBN 978－7－5194－5607－8

Ⅰ.①消… Ⅱ.①王… Ⅲ.①体育—电视节目—研究—中国 Ⅳ.①G222.3

中国版本图书馆 CIP 数据核字（2020）第 025876 号

消费时代的电视体育批判与重构

XIAOFEI SHIDAI DE DIANSHI TIYU PIPAN YU CHONGGOU

著　　者：王庆军

责任编辑：陆希宇　　　　　　　　责任校对：刘舒婷

封面设计：中联学林　　　　　　　　特约编辑：张　山

责任印制：曹　净

出版发行：光明日报出版社

地　　址：北京市西城区永安路 106 号，100050

电　　话：010-63139890（咨询），010-63131930（邮购）

传　　真：010－63131930

网　　址：http：//book. gmw. cn

E - mail：luxiyu@ gmw. cn

法律顾问：北京德恒律师事务所龚柳方律师

印　　刷：三河市华东印刷有限公司

装　　订：三河市华东印刷有限公司

本书如有破损、缺页、装订错误，请与本社联系调换，电话：010-63131930

开　　本：170mm×240mm

字　　数：305 千字　　　　　　　印　　张：17.5

版　　次：2020 年 1 月第 1 版　　　印　　次：2020 年 1 月第 1 次印刷

书　　号：ISBN 978－7－5194－5607－8

定　　价：95.00 元

序 一

　　王庆军在南京师范大学体育学院任职。我们相识时，他还是个二十几岁且乡音未改的"毛头小伙"，与新闻学、传播学毫无交集。当时我院新闻专业体育新闻方向，需要学生掌握一些体育基础知识。机缘巧合，他受邀做我院学生的入门教师。

　　庆军很好学，不满足于仅对学子传授他的专业知识，也不满足于自己对于新闻学的粗浅涉猎，于是在工作的同时，他攻读了新闻与传播学院的硕士学位。

　　跨专业攻读，开启另一片知识领域，打开了庆军视野中的另一扇门。他惊喜地发现：体育学与新闻学、传播学居然有诸多的交集。惊喜之余，他多次虔诚地与我沟通，表达他继续攻读博士的心愿。我当时很犹豫。读硕士是一回事，读博则是另一回事，而且我非常苛刻地期望自己的学生个个独具光彩。但最终他以优秀的专业考试成绩说服了我。

　　庆军读博期间，我看到了他在读书与研究中，与"纯粹"的新闻学子眼光和角度不一样，于是对他的研究方向提出了很高的要求与期待。

　　做学术研究期间，他站在一个新立场去审视、研究曾自以为非常熟悉但后来却有了很多新发现的体育学。他反复阅读各类相关理论书籍，寻求理论支撑，并试图从中升华出新的思想。

　　他很努力、用功，很有爆发力。凭借博士期间的苦读，以及自身原有的专业知识、思想累积，他最终完成了博士论文。该论文现名为《消费时代的电视体育批判与重构》，是一篇具有跨学科视野的论文。论文中，庆军从媒体呈现的角度，审视、比较了原本很"民间"、很接地气的体育竞技活动进而提出，那些很纯粹、很大众并具有一定的娱乐成分的活动，一旦与媒体接轨会发生巨大变化。"电视体育已然不只是一种简单运动竞技与娱乐文化呈现，它更是一种可以阅读、欣赏与利用的表征'文本'。""电视体育隐含在体育文化再生产的过程中，包含了物质性、意识、行动和思想的相互作用。它还成为迈向现代化的全球向导，隐喻其所代表的生活方式中的丰富现代性。"

在消费时代，通过电视媒体的各种功能，电视体育的可阅读、可欣赏并具有丰富的现代性被充分放大且给予各种不同立场者利用的机会。于是，庆军又从消费文化及符号学的角度，探讨并提出"体育的生产、传播机制已经发生了根本性的转变"，"其生产者和传播者转变为消费神话的制作者，而电视体育本身正是这些神话制作者的营销方式和商业手段而已"；"其作品的接受者已转化成了文化消费者，他们是'符号消费者'，同时也是'消费生产力'。因此，电视体育的接受过程就是符号交换和符号消费的过程，实现的是体育影像的符号价值"；"为了确保和扩大其观众数目，消费时代的体育电视所采用的文本策略就是，设法让那些缺乏必要媒介素养、立场千差万别的观众群体在电视体育狂欢中得到快乐，从而赢得他们的支持与忠诚，最后再将他们打包卖给广告商"等观点。

作为一名当代的体育专业教师，庆军在批判的同时，也客观、辩证地认识到体育竞技活动"变异"的必然性、合理性及积极意义，并希望"在体育文化传播中渗透主流价值观以及人文关怀和民族体育文化自觉等，以使其在当下复杂环境下能够健康有序发展"。

博士毕业后，庆军的研究更明显地倾向了体育文化与传播方向。他自己，亦已从一个形象非常"体育"的学子，成长为有着明显的文化自信的学者；从一个青涩的小伙儿，成长为一名教授、一名博士生导师。期待他以文化的视野透视具有悠久历史的中华民族体育竞技活动，为光大中华民族体育文化，做出更多、更好的研究，并引导出更多、更好的研究学子。

《消费时代的电视体育批判与重构》即将出版，希望庆军的这一研究能为体育学提供一方新的研究领域，打开一个新的研究视野，希望各位同人与庆军有切磋琢磨的机会，也希望各位方家指正与赐教。相信庆军会因此有更多的收益与提高。

是为序。

方晓红

2019 年 5 月 1 日于临江小斋

序　二

与王教授结缘，起于笔墨。大概十多年前，他第一次给《体育与科学》杂志投稿。那时，稿件的研究内容倒没有引起我的注意，反而是作者的表达能力，让我惊喜。20 世纪 80 年代中期我在做体育期刊编辑，一直重视文字表达的文本。体育学术界写论文有一种我称之为"科学八股"的腔调，读起来老气横秋，了无情趣。但王教授夹叙夹议的表达，有个性化，与众不同。那篇文章终因学术质量问题没有通过，不过作者的名字我记住了，叫作"王庆军"。

南京师范大学体育学院我很熟悉，但对他的名字不熟。后来去开会，我的职业好奇心驱使，顺便打听了这个名字，问答的人说不了解，此事也就过去了。2010 年王庆军再次投稿，当时他单位署名写的是南京师范大学新闻传播学院与体育学院。通过前后两个单位名称，我知道他读博士了。他投稿的论文《南京申办 2014 青奥会陈述片的视觉文化解析》发表在当年的《体育与科学》第六期。至于后来是在什么场合见到庆军兄的，我却记不得了。

我一直觉得，体育学专业的毕业生去读一个人文学专业的硕士或博士，是能力的展示，也是为体育人"争面子"的事儿。社会对体育界误解很深。我曾经写过一个段子，讲体育被误解的事儿，后来被转发在一个微信公共号，点击率上万次。

段子原文，我印象很深。"'文革'结束以后，1978 年文学界发起追问'什么是小说'。这种追问不是要定义'小说'，而是对文革时期文艺的反思。样板戏的时代，文艺变成了政治传声筒，高大上主题先行，'三突出'模式忽略了文艺首先是审美，是丰富人民群众文化生活的。今日体育运动的发展，我们又一次发问'回到身体，如何可能？'这是康德式的发问，就在城市让生活更美好的现代化发展中自问体育运动的意义何在，也是为何要探究体育新范式的起点，更是向现象学致敬的方式。时常听人在说'玩体育就是蹦蹦跳跳的事儿'，'数学是体育老师教的'等话语，这就是体育运动被误解的现实环境。真实的运动世界里，刺激与挑战、内心成就感的升华、竞技情境低潮时耐心的等待、高潮时专心致志的投入，酸甜苦辣，一路走来，是多么复杂的运动人生。再看，体育运动的社会文化生存状况，在时代大潮中的灵动与敏感，甚至扮演了推动代际转变的角色，更是现代性的时代表征方式。运动经验的繁复与创造力，岂是跑跑跳跳可以敷衍？为此，我们得给体育学正名，恢复其人学的地位。身体，唯有身体，可以得道。运动经验与生命本体，体育岂能四肢发达头脑简单，运动何止于'良医'？运动体验的丰富，如能仔细体认与领悟，人人都是生活的赢家。"

王教授研究的是消费时代的电视体育，他给出的电视体育的界定是体育电视制作人将体育及其文化信息等内容经刻意甄选、放大、剪裁、重组和"超文本"链接等，以营造出一种紧张的、刺激的、狂欢的、好看"养眼"的体育电视作品。它是一种经电视传媒精心挑选，"过滤"后的体育再现，是一种动态的、生成着的、可变的、偶然性的、具有文本意义的讯息，是引导和影响受众思考和领会体育的电视文本。这样定义是从文化符号与影像传播的关系来讨论问题。从他当年发表的南京青奥会陈述片的视觉文化解析的论文来看，我理解的视觉文化传播属于物类的符号化问题，即对物类的意义的认知，以及认知方式如何再现。换一句话说，也就是揭示文化的符号意义，并考虑这种文化意义如何呈现。我以前讲奥林匹克文化时，常常举的例子就是，这个世界上有两种符号是超越于语言的，一是红十字会的"红十字"，二是奥林匹克的"五环"。这类符号具有原型性物语的特征，广泛的象征力、高度的识别性、普遍的约定性和大众的传播性，为此，这种符号是再符号化的创意元素。正是在这个意义上，电视体育成为一种文化的再消费。王教授此书用了四章的主体篇幅，从语义学、符号关系学、图像学、体育学多个角度给我们分析了消费时代的电视体育，颇有新意，读后很有启发。

是为序。

程志理

2019 年 4 月 18 日

灵谷寺侧不二斋

目　录
CONTENTS

引　论

一、问题的提出与研究的意义

电视体育作为一个渗透在日常生活中的典型"媒介事件"，其显而易见的奇观效应和广泛影响力，以及它所包含的复杂的意识形态隐喻和象征性内涵，足以说明它的重要性。通过电视观看比赛，已成为当下大多数人体验体育的共有方式，也是一个无数人一起享用的公众时刻。电视体育在当代人的文化生活中占有重要地位的同时，在电视节目中所处的地位也越发重要——不仅在电视节目的播出时间中占有越来越多的比重，而且还越来越多的于黄金时段播放。究其原因，一方面是当下电视为我们提供了丰富多样、精彩纷呈的体育节目，通过电视观摩体育比赛便利且舒适；另一方面，社会大众对电视体育这一视觉消费形式也表现出了空前的热情。例如，中央电视台常常为了转播奥运会、世界杯足球赛等体育盛会，而中断许多整点新闻等固定时间播出的节目。但是，电视体育作为我们与现实体育之间的一座桥梁，拉近了我们与体育之间的联系，同时也拉大了我们与现实体育之间的距离。因此，这又是一个随着当代消费文化的兴起而出现的一个电视文化新问题，且伴随着体育高度电视化的发展，要求我们必须对此做理论上的回应和解释，即有必要开展电视体育研究，建立一些卓有成效的电视体育的解释范式，以分析这一文化状态及其正在发展的文化趋向。

（一）问题的提出

随着社会进入一个以消费为主要特征的时代，电视体育凭借体育文化和电视文化二者相互渗透和彼此借重的优势，迅速渗透到现代人的日常生活当中。

自20世纪90年代以来，中国的电视体育传播业开始进入突飞猛进的时期。尤其是最近十多年，电视体育传播不仅成为各家电视台的宠儿，更以其特有的文化魅力和符号体系记录、干预和体现了当下时代的变迁，并参与到中国当代社会文化的建构与解构之中。电视体育已经成为当下这个时代的文化表征之一，不仅放大了体育的奇观，而且创建了别样的文化体育江湖。以至现今，一个人如果不懂体育，就不能真正读懂电视体育的图像编码；但一个人如果仅懂体育，同样不能深刻理解电视体育的文化精髓。电视体育俨然已成为一个难以捉摸的现代神话。

中国电视传媒刚刚介入体育传播的初始阶段，电视体育除了作为记录和再现体育的一种技术手段以外，其传播必须是以站在体现国家意识的宏大立场来弘扬中国体育精神，并以影响广大人民群众的精神文明价值取向为崇高使命。然而，自20世纪末期，中国电视体育从以往"乌托邦式的宏大叙事"的圣坛走向普陀大众，并在商业利益的诱惑和驱使下，随着电视媒介逐渐成为当下体育传播的主角，开始扮演起体育活动中的创造性导演一角。例如，每逢重大体育赛事（作为一种文化仪式），都要安排或争取电视直（转）播，比赛现场更要预留远、中、近等常规和非常规摄影机位，必要时还要专门辟地建立演播厅等媒体工作室。赛事主办方还要为电视机构提供周到的服务，如发布新闻通稿、协助采访报道，甚至在赛事的某些议程设置时要充分考虑目标观众的收视习惯。在赛事组委会的配合下，通过电视摄影镜头的精心选择、蒙太奇的巧妙剪辑、声光影电的综合运用，最后呈现在观众眼前的都是精华浓缩、奇观再造、编辑加工的体育之声画影像符号。不过，这种符号与体育（赛事）本身已差距明显，不再以逼真为目的，而是一种对人的欲望动机进行了全方位、多层次形象演绎的"狂欢的能指"，从而使得电视传媒在再现和传播体育的同时，将意义延伸到了视觉本体之外，并在自觉或不自觉中置换了体育的本质诉求和扩展了体育的意义场域。恰如法国学者乔治·维加雷洛（Georges Vigarello）所说："在今天，很难想象体育能够脱离图像世界的伴随，脱离永无止境的体育转播和评论。电视进军体育，并已经与其成为不可分割的一体。电视带来了更多的市场，丰富了比赛的时间和地点、撼动了体育的结构，使它的实践、表达和展现的方式彻底的改变。以至今天，除了体育仍旧标榜其行为的纯洁性以外，一切都发生了变化。"①

尽管如此，当下电视体育作为全球一道炫丽的流行文化景观，所积累的文化影响力已不容小觑。它成为空前影响人们获取体育图像与资讯的共同来源，并逐渐建构了当代体育文化的主流。其影响正伴随着电视技术的全球化发展而日益别具一格于当代大众文化，以至越来越多的人已自觉或不自觉地被其所感召和涵化。因此，为了响应中国社会对于全球化的普遍渴望与美好想象，电视体育中的精彩动作、野性放纵、情色策略、极限超越、生死对决、狂欢表征等，很自然地成为一种热点和创意文化资源而广受欢迎。但是，由于体育运动本身的特殊性，电视体育的作用具有双重性。一方面，我们看到了体育电视人通过体育的积极再现以肯定和弘扬个人存在的价值与意义，并放弃了过去以宏大叙事来彰显社会伦理道德评判的幼稚方式，试图通过视觉感性体验来理解人性；另一方面，折射出社会大众心理取向的种种失重状态——焦虑、困惑、尚力、迷金、醉星、癫狂和猎奇……

然而，而对如今经济全球化进一步加剧的事实，詹姆逊（Jameson）曾深刻地指出发展中国家所面临的现代性困境："现代性繁茂芜杂的表象背后，潜藏着一种意识形态话语和政治话语，这导致发展中国家曲折的现代性道路面临来自老牌资本主义的意识形态安全和文化安全问题。"② 这一需要真正警惕的"现代性之隐忧"，进一步加剧了现代性问题的自我相关性及其复杂性。当强势的西方电视组织开始制造并内爆出光鲜亮丽的体育消费文化盛宴的时候，我们的电视体育如何才能既不津津乐道于虚妄的消费主义，又不陷落于盲目的全球化想象之中？电视体育生产了什么？又是如何生产与再现的？到底是谁控制着电视体育的生产方式？

当然，研究电视体育就必须理解其文本是如何被生产、播出和消费的，所以电视—体育关系中那些可见的、部分被掩盖的甚至被扭曲变形的元素都需分析。因此，要想解决电视体育的问题并非易事，其难度源于其运作轨迹的复杂性。因为电视体育已经不仅仅是所谓的体育传播，也不仅仅只是电视科技手段的简单介入，它的复杂是因其与当代社会的经济生活、市场法则、文化习性乃至政治生态等紧密地纠缠、碰撞与融合在一起的缘故。换言之，电视体育已经

---

① 乔治·维加雷洛．从古老的游戏到体育表演：一个神话的诞生［M］．乔咪加，译．北京：中国人民大学出版社，2007：57.

② 詹姆逊．现代性的幽灵［N］．社会科学报，2002 – 09 – 19.

在社会各构成要素的频繁互动中，盘根错节地成长起来，以至枝繁叶茂、生机盎然。如果离开社会发展的时代特性，仅从电视体育传播自身切入，只能是盲人摸象，有失偏颇。所以，为了能够较为全面、系统地对当下电视体育做一深入研究，本研究立足于消费时代，首先在批判的视角下通过电视体育的各种表现来揭示其间相互可能的联系，并剖析其所以然，试图理性重构消费时代中国电视体育的未来。

（二）研究的意义

近几年来，电视体育的声画影像占领着众多社会话语的领地，从商业和政治中的体育隐喻到街头和社区中的体育广告，其范围从茶余饭后的逗趣到学术论坛的激辩。以至国内外学术界对电视体育问题的研究兴趣渐趋浓厚，而且呈现出明显的跨学科以及多学科关注的现象。因此，本研究认为，当下电视体育的发展不但是理论研究本身拓展的需要，同时也是日益发展的电视体育传播本身对理论滞后的挑战，并呼唤理论界做出积极回应的文化需要。如今充斥在人们日常生活中的电视体育是如何获得当代神话的地位，其背后蕴藏着多少不为人知的故事？电视的插足使得体育这块貌似神圣的领域交织着多少复杂的人为因素？这些都是学界必须回答的问题。因此，以消费时代的电视体育为研究对象，探寻其从健身性仪式到电视文本的发展过程，同时客观而又深刻地揭露电视体育神话的阴暗面，将电视体育所展示的动人画面一一剖开，无疑不仅有着意义深远的理论价值，而且还有着明显的现实针对性。

1. 理论价值

前电视时代的体育，长期以来一直都仅仅是教育与体育等部门所关心的非主流"小领域"。可是，电视时代里，由于纳入了电视的镜头与议程，体育方得以进入文化范畴，并被建构为社会文化的一部分，从而突破了原始定义而赋予了更多新的社会文化内涵。当下电视传媒对体育运动进行了全方位的文化重组，并将体育的想象进行了超真实的编码——突出体育地位、放大体育明星、激发浓烈兴趣、暗示参照标准、涵化效仿意识等。它向人们所展现的是一个有着鲜明社会逻辑的大众文化领域：正因为它被有目的地经过奇观化和理想化加工，所以才令人着迷，以至欲罢不能；又因为它似乎真实地表征了当下的体育状态和文化标准，所以才更加具有传播力和说服力。但无论如何，电视体育确实宣告了一个当代神话的粉墨登场，并构建了一个为人们所集体经历的时间记忆与空间仪式。

处身消费时代的中国，由于正在经历全面的文化转型。因此，兴起于当代都市并以现代传媒为介质，采取时尚化运作方式大批量生产，以引导大众消费的当代大众文化，已迅速渗透到中国社会的各个层面。于是，被贴上了平面化、世俗化、嚣喧化、肉身化、欲望化等标签的大众文化，就自然成为中国文化研究的常用关键词。当然，也正是在这样一种大众文化消费机制的社会大背景之下，电视体育变成了时尚商品，成了可供大众消费的文化对象。然而，作为一种大众文化样式，电视体育难以摆脱政治、经济、大众以及精英等不同话语力量的相互纠结与博弈。因此，在这些多元话语之间，意识形态的宣传与收编、商业主义的喧嚣与绑架、民族身份的认同与建构、社会大众的狂欢与引导、知识分子的批判与反思等多重文化诉求，在电视体育精彩纷呈的背后暗流涌动。恰如凯尔纳（Kellner）所指出的："媒体文化的文本既不仅仅是某种主导的意识形态的工具，也非纯粹而又天真的娱乐。相反，它是一种复杂的人工制品，具现了社会和政治的话语，而对这些话语进行分析和阐释则需要种种读解和批判的方法。"① 因此，通过获得更全面、深入地对电视体育文本的生产方式及它们所附加的象征意义的认知和理解，可以帮助我们更好地理解当下社会文化，以及其中正以前所未有的"欺骗性"和看似自然的方式进行着具有交互修正效应，并彼此融合的"现实的"和电视化的体育文化体验。其理论意义无疑是重大的。

2. 现实意义

电视体育这一精神产品，能够在同一时刻，让彼此也许天各一方的亿万观众集体为之瞩目。尤其在大型国际体育赛事直播期间，表面上看，我们总认为自己的收视是"独自一人"的行为。然而，殊不知，在这同一时刻，有数以千万计的电视机都在呈现着同样的体育画面。从而使得电视体育的传播与收看已成为一种具有典型意义的社会文化现象——通过栩栩如生的画面呈现，尤其在直播重要体育赛事的过程中，电视体育能够带来极大诱惑，刺激无穷欲望，引发即刻狂欢，甚至能够掀起近乎狂热的盲目崇拜以及集体行为。但是对体育来说，既是经济又是文化的驱动力——体育电视一方面提供了绝大部分可以为体育创造和传播形象与信息的经济资本；另一方面，又以螺旋上升的形式为社会生成了更多的经济资本和以体育为名的文化资本。

可见，电视体育的这一狂欢属性，正是因为得到了最为广泛的传播，并被大众所欣然接受，从而才能被用来吸纳和吞吐巨量的财富。因此，对消费时代

① 道格拉斯·凯尔纳. 媒体文化：介于现代与后现代之间的文化研究、认同性与政治[M]. 丁宁，译. 北京：商务印书馆，2004：14-15.

的电视体育加以研究，可以促使人们进一步对电视体育的经济功能、文化功能及其大众审美功能给予重视并加以开发，以服务于当前我国社会的政治、经济和文化需要。

二、与电视体育研究相关的文献综述

电视体育作为一种文化"软权力"，在当下国内外学术界是一个广受关注的热点话题，这首先是由于全球化的霸权策略或文化压力所致，其次则是随着经济发展、国力强盛以及社会需求所带来的文化自信与文化自觉的结果。然而，相对于其他一些热门的传媒文化研究，中国理论界对当代电视体育文化机制的研究，目前还处于刚刚起步的阶段。再进一步说，相对于西方发达国家而言，我国学界从文化研究角度对电视体育所进行的理论探索却有着相当的滞后性。这与中国电视传媒对以奥林匹克运动为代表的体育文化的高关注度及其强传播力很不相称。

（一）国外文献综述

20世纪70年代以来，尤其是在英国伯明翰学派的文化研究产生了巨大社会影响之后，欧美国家不少学者开始将研究的触角伸向了电视体育。尤其自20世纪80年代中期起，不断增加的关于体育电视的学术经典已经反映了渗透在体育电视中的社会和文化的变迁，评价了那些以连续反馈环的形式传遍整个社会和文化的电视广播体育的趋势①。不过，他们对电视体育的研究更多地体现在对体育文化传播的总体研究之中，其相关成果丰富多彩、宏阔多元，且成果斐然、功效卓著，其视角涉及宏观、中观和微观，其研究内容广泛且紧密结合本国体育的发展与社会实际问题。概括来看，西方学术界针对电视体育所进行的文化研究日益增多，其大致涉及这样五种研究路径。

1. 将电视体育纳入体育社会学等理论框架中加以讨论

美国社会学学者杰·科克利（Jay J. Coakley）在著作《体育社会学——议题与争议》中曾专门辟出一章，在社会学视域下深入探讨了媒体与体育之间在经济力量刺激下的双向关系，以及媒体体育中的体育与男性、女性形象问题等。

---

① 大卫·罗. 体育、文化与媒介：不羁的三位一体［M］. 吕鹏，译. 北京：清华大学出版社，2013：257.

还有，美国学者汉斯·乌尔里希·古姆布莱希特（Hans Ulrich Gumbrecht）在《体育之美：为人类的身体喝彩》一书中，抛开胜负强弱的角力，将运动中的优雅、勇敢、顽强、灵巧等纳入美学范畴，敞开了一道更深邃、广阔的体育风景。再如，英国学者内尔·布莱恩（Nell Brian）等在《欧洲传媒的体育与国别：体育、政治与文化》一书中，以欧洲 10 国的体育与媒介活动为研究对象，介绍了他们如何打破体育与政治、体育与国家界限的手段与方法，并对体育传播的国际政治问题与文化问题进行了深入研究。美国学者罗纳德 B. 伍兹（Ronald B. Woods）在其著作《体育运动中的社会学问题》中指出，电视媒体使我们有机会观看世界体育比赛，并促使体育不发达国家体育运动的发展；运动员、教练员与其他体育管理者的国际交流有助于我们了解并欣赏不同地域的文化，共同朝着相同的目标努力奋进。

2. 用女性主义、后殖民主义等理论对电视体育进行文本解析

法国社会学家皮埃尔·布尔迪厄（Pierre Bourdieu）在其所著的《关于电视》中，运用符号学原理解读了现代奥林匹克运动。他指出，不同体育项目在国际体育组织中的相对分量越来越取决于它们在电视上的成功程度及其相应的经济效益。他的这一批判式解读为以后的电视体育研究树立了榜样。美国学者劳伦斯·温格尔（Lawrence Ungerer）在其主编的《体育媒介》一书中，重点论述了体育与 21 世纪国际传媒的关系，内容涉及体育市场营销与商业化，媒体对待性别、种族和体育的方式，民族主义和体育的全球化，暴力与球迷及受众体验，后现代时期的体育传播与互联网、体育的全球化与世界传播之间的关系等。美国学者哈里斯（Harris，R. J.）在其《媒介心理学》（*A Cognitive Psychology of Mass Communication*）一书中，将媒介体育作为一种社会事件分别对竞争与合作、体育暴力、性别与偏见、种族偏见、英雄崇拜等进行了详细论述。

3. 将电视体育纳入当代流行文化与消费文化领域进行研究

在这一研究视域下，典型的有道格拉斯·凯尔纳（Douglas Kellner）在其著作《媒介奇观：当代美国文化透视》中，在消费文化奇观视域下对运动员乔丹、耐克产品等进行了旁征博引地深入解读。2003 年由朗文出版社出版，美国学者雷蒙德·鲍耶（Raymond Boyle）等合著的《体育、媒体和流行文化》一书，对 20 世纪体育、媒体与流行文化之间的多重关系进行了把脉，分别阐述了体育媒体的历史、电视与体育及赞助商的关系、体育与电视的互动，还有"新媒体时代"的体育及其传播等。英国学者安德鲁·古德温（Andrew Goodwin）和加里·惠内尔（Garry Whannel）在他们合编的《电视的真相》中，分析了电视与

体育的互动关系，并将电视体育解读为一个胜者为王的竞争。

4. 将电视体育作为研究意识形态、身份认同等社会文本加以分析

英国学者大卫·罗伊（David Lowe）在《体育、文化与媒体》中，从社会史的视角探讨体育和大众传媒的关系演进入手，重点分析了隐含在电视体育中的政治经济学，以及电视在再现体育过程中的主流意识形态控制，并对媒介体育文本进行了分析，同时还集中探讨了体育传媒的制作及其接受过程等问题。英国学者格雷姆·伯顿（Graeme Burton）在《媒体与社会：批判的视角》一书中，专门辟出一章就媒体如何构建体育的意义以及体育与意识形态、种族和性别之间的关系等进行了分析，具体、全面地对体育在传媒再现中的体育与身体、性别、种族、民族、国家的身份或认同等进行了深入研究。再如，德国学者彼得·卢德思（Peter Ludes）在《视像的霸权》中，专门对奥林匹克竞赛进行了研究，并指出，奥林匹克竞赛不是一个文明的竞赛，而是一场围绕着政治、经济和文化的有关视像霸权的争夺战。另外，美国传播学教授苏·卡利·詹森（Sue Curry Jansen）在其著作《批判的传播理论：权利、媒介、社会性别和科技》中的"橄榄球不只是游戏：男性气质、体育与战争"一章，重点分析了体育媒介与现代战争体系的深层隐喻结构关系。

5. 将电视体育作为一个独立领域进行系统研究

这一类型的研究成果较多，例如，在英国学者加里·惠内尔（Garry Whannel）所著《电视体育和文化转变的视野》中，以英国两家电视媒体 BBC 和 ITV 为例，将电视体育与经济的变化相勾连，全面论述了电视体育的历史发展过程，以及电视与广告商、赞助商在推广现代体育过程中的作用与地位及其所应共同承担的责任和义务进行了深入探讨。英国学者洛德·布鲁克斯（Lord Brooks）在其著作《表现体育》中指出，体育新闻正成为电视和广播滚动新闻频道的主要内容，广播电视公司越来越多地利用体育来增加收入和建立名声的同时，体育报道方式也已呈现出多样化的趋势，在此过程中，体育运动本身也从与媒体的关系中获得了巨大利益。此外，散见于各类学术刊物上的相关论文更是蔚为大观。

综观以上这些研究路径，我们不难发现，当下西方学术界对电视体育及其传播现象所进行的文化研究，总体上体现出以下四个特点：一是注重打破学科壁垒使用多学科交叉研究手段与方法；二是覆盖面广，注重在全球化视域下对电视体育进行历史文化与政治经济学等的反思与批判；三是注重时代变迁与电视体育再现所隐喻的社会问题研究；四是注重运用文本分析的方法对电视体育

中的具体现象进行解析。这些无疑都扩大了我们的研究视野，并为国内的电视体育研究提供了可资借鉴的良好研究模板以及重要话语资源。

而国外文献的研究局限在于，主要集中于探讨本国或发达国家电视体育的社会文化影响力以及建立在商业化利用基础上的文化输出问题。因此，尽管西方学术界从不同的批评视角审视电视体育以及以电视体育为交往中介的"社会"关系，并且形成了诸多较为成熟的理论表述。但值得警惕的是，其带有明显的西方文化烙印，鲜见有对东西方电视体育予以区别的研究。另外，尽管不乏在消费社会背景下对电视体育加以研究的成果，但还鲜见对电视体育的消费主义化与其应尽的社会责任如何调和的研究。

（二）国内相关文献综述

同西方相似的是，我国对电视体育的研究也是较多体现在对体育文化传播的总体研究之中，尤其在早期更为明显。然而比较而言，中国学术界对电视体育及其传播的研究总体上还不尽如人意，明显迟于西方，且落后于我国电视体育传播的业界实践。尽管西方传播理论以及文化研究相继在 20 世纪八九十年代已引入中国，但那时该领域的研究总体上还是没有受到应有的重视。21 世纪以来，随着中国电视体育传播业的快速发展，体育作为电视文化的重要组成部分，开始引起学术界的广泛关注。近年来，涉及电视体育这一问题的研究主要包括以下五个方面。

1. 关于体育与电视的相互关系分析

关于体育和电视关系研究方面，翁飚在《体育与电视》一书中，首先从社会史角度引入对电视与体育二者之间的总体关系进行了阐述；其次深入分析了体育与电视的联姻关系，具体内容包括奥运会、世界杯与电视之间的相互依赖、彼此渗透的关系，国内外体育比赛电视转播权有偿转让问题，发生在国际大财团、职业体育俱乐部和电视机构之间的收购、兼并现象，以及中国体育与电视联姻的现状及趋势；最后对电视体育节目的内容、制作与转播问题等进行了较为全面、系统的分析与阐述。李晖在《中国体育的电视化生存》一书中，全面、理性对中国电视体育的当下生存与困境、未来命运及大势进行了全景式的深度把脉。内容重点触及体育电视的运营、品牌、新闻内容等，以及电视体育中的赛事、专栏，电视奥运、电视世界杯，并对电视体育主持人、电视体育的新媒体拓展、中国体育电视的内外突围等进行了深邃的阐述与分析。

另外，在一些体育传播学综合性研究性著作中也涉及了体育与电视的关系问题研究。例如，张珂等在三人合编的《当代体育与大众传媒》中，对体育与电视的关系进行了阐述，内容主要涉及电视体育的发展历程、方向、节目形态，以及电视对体育产业发展的作用等。而柯惠新和王兰柱等合著的《媒介与奥运（雅典奥运篇）一个传播效果的实证研究》（2006）和《媒介与奥运（北京奥运篇）一个传播效果的实证研究》（2010），两书都采用了实证研究的方法针对媒介（主要是电视）奥运传播的效果进行了深度把脉，这在我国体育传播研究中为数不多。再有，任广耀的《体育传播学》、许正林的《体育传播学》等著作，尽管不是专门着眼于电视体育的研究，但都涉及了对电视与体育的关系等问题的分析，且视角都有一定的独到之处。

此外，有关体育与电视关系的学位论文以及散见在各类学术刊物上的学术论文也有不少。例如，莫菲的《大众传播媒介与体育产业的行业互动》（2005）夏亮的《论大众媒介与体育产业的互动关系》（2006）、肖沛雄的《体育与电视的"天作之合"——2006年足球世界杯"狂欢节"的启示》（2006），以及王建民的《试论现代体育与电视文化》，等等。总体说来，这些论文大多仅从正面的角度对电视与体育的互动关系加以阐释，缺少批判和理论建构。

以上论及的研究成果有一个共同的特点，都是主要着眼于电视与体育的建构关系来进行分析，并采用由外向内的方式，对中国电视体育的发展提出了希望式的思考。不过，杨河山和曹茜在他们合著的《电视文化》中，采取了解构的研究视角对电视与体育的关系进行了客观和理性的把脉认为，电视与体育之间，因电视的渗透，二者的联系几乎达到了亲密无间的地步，如果没有电视的参与，现代体育便不会有现在这么完美。另外，他们也指出，电视的参与也迫使体育运动产生了诸多的变异。

2. 将电视体育作为媒介事件的研究

杨晓霞的《从申奥报道看报纸对"媒介事件"的表现》（2001）一文，尽管着眼于报纸，但在国内开体育媒介事件研究之先河。李凯在其博士论文《全球性媒介事件与国家形象的建构和传播——奥运的视角》（2005）中，采用戴扬和卡茨对媒介事件的定义，考察作为全球性媒介事件的奥运会对国家形象的建构和传播作用。文章的落脚点在于国家形象的建构，作者提出主办全球性媒介事件如奥运会，是建构良好国家形象的契机，尽管全球性媒介事件与体育媒介事件这两个概念不尽相同，但同样为我们展示了一个审视体育媒介事件功能的视角。麻争旗和徐杨的《体育直播的文本和意义：体育媒介事件的叙述模式》（2006）一文，同样在借鉴了美国学者戴扬和卡茨对媒介事件研究的基础上对体育直播加以观照，进一步提出了"体育媒介事件"概念并对之进行了界定，首次将重大体育赛事的电视直播明确命名为体育媒介事件。他们还对体育媒介事件叙事结构的三个特征——电视角色、竞技表演和观众参与进行了分析。此外，作者在对电视体育文本与体育精神的互动关系进行了深刻解读后认为，世界杯已经成为一种文本符号，有着规则公平、激情活力、平等、友爱、团结、拼搏等象征意义。该文将体育媒介事件研究推上一个新的高度。

郭晴和郝勤在《媒介体育：现代体育社会的拟态图景》（2006）一文中指出，大众媒介所传播的体育信息，往往都是经过选择、放大、分解与重组等人为技术加工后，再呈现给人们的"拟态体育图景"（即虚假的体育"现实"）。但并不知情的人们关于体育的理解和观点却在很大程度上是根据媒介所再现和传播的所谓拟态体育图景来构建的。马希敏在博士学位论文《大众传媒构建的"拟态"体育环境研究》（2009）中，则对"拟态环境"与体育的"媒介化"，传媒构建"拟态"体育环境的维度、生态失衡现象，以及如何提高拟态体育环境的"现实真度性"等问题进行了深入研究。可喜的是，该文还将消费文化和媒介体育的共谋问题作为"拟态环境"的独特景观给予了阐述与分析。

类似的研究还包括，娄本峰和张家明的《媒介事件中体育评论的价值实现及度的把握》（2005）、周根红的《论体育媒介事件与城市文化塑造》（2010）、安平的硕士学位论文《从央视世界杯报道探析体育媒介事件》（2007）、李弋的《媒介事件视阈下姚明退役直播的文本叙述与意义建构》（2012）等。以上这些研究主要从两个角度对电视体育等媒介体育事件进行解读。其中，一个从批判的视角，提醒人们注意电视体育所营造的"拟态体育"环境事实及其所潜在的多种负面效应；而另一个则从建构的视角，提示人们对体育电视媒介事件的拟态环境进行文化和经济等的开发利用。虽然视角有别，但都能自圆其说，只是到目前还缺乏对二者加以整合的研究成果的出现。

3. 关于电视体育（节目）及其制作与传播的研究

从1958年北京电视台（中央电视台前身）开办的第一个体育专栏节目——《体育爱好者》至今，体育已经成为我国电视节目的优势资源，体育节目也已经成为电视台的重要节目内容之一。与之相吻合的是，关于电视体育节目及其传播的相关研究成果也是相当的丰富。其中，张英在《体育新闻报道》（2007年）一书中，专门对电视体育新闻报道进行了研究，她将电视体育新闻的特点概括为直观性、参与性故事化和娱乐化，并将电视体育新闻报道分为体育新闻播报、赛事转播、体育专题类节目和其他的相关节目等主要类型。其后，吴信训在《新编广播电视新闻学》中，专门辟出一节将广播和电视体育新闻作为一体进行了介绍与分析。刘斌在《体育新闻学》（2010）一书中，也对电视体育新闻节目的类型、特征及其制作进行了阐述与分析。而姚治兰的《电视体育节目实务》（2012）一书，对电视体育节目的概念、分类、策划、制作，到具体的节目类型及电视体育记者等都进行了全面、深入和详细的阐述与分析，从总体上反映了中国电视体育节目的整体概貌。

当然，比较来说，针对电视体育业务的研究成果比重较大，但大多针对电视体育传播中具体的问题展开论述，所以内容较为单一。比如，王群和徐力的合著《电视体育解说》（2005）、王喆的专著《电视体育解说论纲》（2008），以及曾鸿的《我国电视体育赛事报道的拓展与创新》（2003）、许志晖的《电视体育新闻的厚度传播——以 CCTV－5 体育新闻报道为参照》（2006）、付晓静的《构建电视体育报道的新模式——以央视世界杯专题报道〈豪门盛宴〉为样本》（2006）、谭康的《2008 北京奥运会电视体育报道新趋势预测》（2008）、高华和彭芳群的《体育电视报道中的审美诉求——以 CCTV－5 为研究样本》（2010）等文。该类成果多为总结、预测、分析电视体育报道方法、内容与模式等的策略反思与追问，尽管它们旨在指导和推动我国电视体育报道的发展，但客观上也为我们提供了有关体育电视报道较为丰富的分析数据和资料。

如果说以上成果对电视体育新闻节目的分析局限于新闻学内部，并注重电视体育新闻业务发展的话，那么，周宪和刘康在《中国当代传媒文化研究》（2011）一书，对电视体育节目分析，则体现了文化学者对电视体育的想象、反思与批判。他们通过对电视体育的话语分析，描述并反思了这种"全球共享"性体育明星的"娱乐叙事"的文化机制，最后批判性地提出，经济话语作为电视体育中的主导性话语形态，已经迫使政治话语做出了相应的妥协。同时，由于"反思叙事"受到压制，中国当代电视体育十分缺乏一种自觉的反思意识，而这正是造成中国电视体育诸多问题的根本原因之一。此外，采取文化研究手段，在批判性思路下，对电视体育加以分析的成果还包括郝勤和陈锋等主编的《体育传播论》（2008）中的部分章节内容（性别歧视、暴力叙事等）。魏伟的《西方电视体育解说中的种族偏见研究》（2010）一文，则更是将长期困扰西方社会的种族偏见如何反映在电视体育中的问题进行了历史、政治、文化方面追问。类似的研究还有不少，尽管非主流，但都多少体现了作者对中国电视体育批判的文化自觉。

4. 关于电视体育发展史的研究

魏伟在《国际广播电视体育史》（2012）一书中，下篇用了七大章来全景式地阐述与分析国际电视体育的发展史。他将国际电视体育的发展分为诞生、初期发展期、稳步发展期、快速发展期、高速发展期、飞速发展期，以及进入21世纪后的发展七大阶段，让人们对国际电视体育发展的进程、规模、节目制作、水平、理念等有了一个全面而深刻的认识。"一切历史都是当代史。""以史为鉴可以知兴衰。"无疑，该著作将会推动我国学者对电视体育的进一步研究，并有助于电视体育传播业界的发展借鉴。刘斌在《体育新闻学》（2010）一书中，对电视体育新闻的兴起与发展进行了梳理，尤其在对我国电视体育新闻节目发展的阐述中，将其分为体育栏目的发展、体育赛事转播的发展、专业体育频道的成立与发展三部分，分别进行了较为详细的描述与分析。此外，秦志希等在《媒介文化新视点》（2010）一书中，对体育传播中民族主义话语生成与演变史进行了较为详细的阐释与解读。其尽管没有将电视体育单列出来，而是在体育传播的整体框架下给予分析，但其中许多内容都是关于电视体育及其传播的，因此，可以说这些内容分析从另一面反映了我国电视体育的发展情况。

5. 电视体育与消费主义的关系研究

随着消费时代的来临，消费文化的流行，近年来电视体育与消费主义的关系进入许多学者的视域。例如，郭晴的论文《贝克汉姆现象：消费社会背景下的偶像崇拜与媒介制造》（2009）、孔德发的网上论文《电视体育直播：观众 媒介 商品和消费》（2007）、李亚琴的硕士学位论文《消费文化批判视域下的媒介体育》（2007）、王庆军的论文《拟态狂欢：消费时代电视体育传播的范式》（2011）、《从仪式到消费：电视传媒对体育意义生产的文化解读》（2012）等，都从批判的视角对电视传媒所再现的体育进行了深入分析，有一定的学术创新性，但在嫁接西方消费社会理论上都还略显生硬，同时也没有意识到消费社会理论自身的不严谨性。此外，在一些综合性媒介文化研究的著作中也涉及了电视体育与消费主义等相关研究成果的，如蒋原伦的《媒体文化与消费时代》（2004）、吕鹏的《性属、媒介与权力再生产：消费社会背景下电视对男性气质的表征研究》（2011）等，这些著作的作者大多是从事文化研究的学者，因此，在分析时，问题意识强、眼光独到、逻辑性强、内容饱满，但因为他们的学术偏向使然，终未能对电视体育作更深层次的问题把脉。不过，他们分析问题的方法，解决问题的手段等的确是很值得我们学习和借鉴的。

还有一些论文在消费主义文化语境中，从营销角度探讨了世界杯电视传播中关于赛事组织者、大众传媒和商家之间的互动与共谋策略，如张明军和翁飙等的论文《2002年足球世界杯的营销与效益分析》（2005）、郭振玺和何海明的论文《一次成功的事件营销——第十七届世界杯足球赛广告营销个案分析》（2005）等，都是建立在商业逻辑与共赢目的基础之上对体育媒介事件（电视）的复杂运行进行研究的。而王晓东和王联聪等的《雅典奥运会和日韩世界杯足球赛电视收视状况的比较》（2005）一文则从受众视角单刀直入，对雅典奥运会和日韩足球世界杯赛的电视收视状况进行了详细比较，并对两大赛事电视转播收视过程中的共性与个性特征分别进行了深入分析。他们认为，两大赛事的举办对我国电视体育市场都有巨大推动作用，其中播出时间是影响电视体育收视率的重要因素，不过，就奥运会收视的"全民性"特征来说，明显优于世界杯。同时，两大赛事在电视受众层面上既有共通性也有明显不同。这一发现及其分析问题的视角，为将来对体育媒介事件本身及其受众的进一步细化分析，提供了一个参考的模式。

对相关成果的梳理可见，我国当前关于电视体育的既有研究虽然在数量和规模上都有了一定的积累，但在本研究所关注的问题上，大都采用了宏大叙事的视角，并没有把研究置放在具体的历史社会的文化政治经济脉络中展开讨论，即使有也只是将其作为前景抑或背景，而不是处在核心位置。尽管大家似乎都津津乐道于电视体育的研究，但一些核心概念的梳理、基本理论的建构却乏人问津，尤其是在西方消费文化理论中国化、电视对中国传统资源的挖掘，以及图像时代自身的视觉范式和审美逻辑的建构方面，还有大量的基础性工作有待完成。这一情况造成大部分的研究常常流于浮面而不具解释力，要不然就是使用道德化评判而情绪化地轻下结论。尽管有些研究也有各种试图系统化的努力，然而却常常沦为缺乏逻辑自洽性的大杂烩，以致难见必要的系统性，以及足够的理论深度。当然，不少研究还是涉及了其中一些关键性内容。其中，值得我们注意的是一些学者已经意识到中国当代电视体育传播与消费社会的关系。因为，只有透过消费社会才能将纠结在电视体育传播中的各种权力话语厘清，并揭示出隐藏在电视体育文化机制中的各种利益关系及其文化立场。不过，有效的电视体育传播实践召唤成熟的电视体育理论，已有的实践需要理论来总结和概括，当下和未来的实践则迫切需要理论来指导。所以，本研究在消费时代的背景下对当下电视体育进行全景式诊断就显得尤为必要。

三、基本概念和相关理论概述

（一）作为研究对象的电视体育的概念与类型

无论是作为现实体育的延伸还是作为独立的电视体育文化空间，电视体育都可视为一个相对独立的"体育世界"，因为其意义是在一个相对独立的过程中被建构（再生产）起来的。另外，现实体育也可理解为是由具有创造性的人类建构而成的，并且总是处在不断的建构过程之中。然而，在这种文化的双重建构中，主观能量可以变得客观化。如今，电视体育本身已经成为一种体育文化的制度化方式和存在，这决定了体育与电视社会的各种关系系统——人与体育、人与人、人与电视以及体育与体育、体育与电视文化生产体系，在相互依赖、休戚与共中已形成一个彼此交互的动力学过程。因此，电视人建构电视体育的过程同时也是再"结构化"的过程，它能够促使人们改变对体育的理解，甚至推动现实体育产生所谓的电视化改变。

因此，在今天，人们无论分析电视文化还是解读体育文化，都很难绕过当下电视体育。电视体育俨然已是最为典型的电视文化范例，其具有电视文化的一切特质，同时表征的又是体育的内容，从而造就电视体育这个概念的丰富性含义，但同时又因它具有两种文化的混合身份，而容易引起歧义，以至不同的人因为不同的目的而常常赋予它不同的意义。迄今为止，理论界对于电视体育并没有形成共识，学者们往往采用不同的概念，诸如体育电视传播、电视体育传播、体育电视节目、电视体育节目、电视体育频道等来指称这一文化形式。然而，因为电视体育既作为电视文化学研究的一个分支，又作为体育人文社会学研究的重要内容，近年来越发引起了诸领域研究者的关注，因此，我们很有必要对"电视体育"这一概念加以理解和界定。

1. 电视体育的概念界定

诚然，电视里的体育世界栩栩如生，同时又充满想象。但对于电视的体育传播来说，由于处于电视文化符号的单一性功能的能动有机组合中，尽管图像的目的原本只是为了展示，结果却将所要展示的内容进行了移位和重构，从而一下造成了一种双重的改变，即赢利方式的改变以及比赛方式的改变①。这种状况下体育电视展演的已不再是体育本身，而是关于体育的影像世界，以至体育自身的意义和内容难免不会因此而得到改变。而且，从传播范围的角度来看，有别于民俗文化的口耳相传以及精英文化的"阳春白雪"，电视传播的体育文本理应归属大众文化。因为这一文本的深层次作用对象和行为主体，无疑都是诉诸由不同年龄、职业、性别、种族、文化取向等所松散构成的普罗大众。此外，无论如何，电视传媒都有着阿多诺所批判的"文化工业"的典型特征——一种使用现代科技手段大规模地复制文化产品的娱乐工业体系。事实上，为了迎合消费者意义上的观众的虚拟消费心理，当下体育电视往往都是以满足观众的感官愉悦为生产目的，感性而非理性层面上的快乐原则成为电视机构的体育文化运作机制。

可见，现代电视传媒作为一种技术逻辑和文化力量，无情地改写了体育的概念和意义，并制度化地塑造着人们周遭的体育文化环境以及社会大众的体育文化习性。在不断加剧的体育电视化过程中，我们已经看到：不是媒体来适应体育，而是体育不断地适应着媒体；人们已从动态的体育实践和互动的面对面的交流，转向单向度面对电视化体育的专注。正如美国人洛伊的直言不讳："电视实际上控制了职业运动的命运，既表现在形式上，也体现在经济基础上。"比如，当下红遍全球的美国 NBA 最初很少有人去关注其比赛。从 1953—1954 年赛季，电视台开始转播 NBA 比赛，其影响力才逐渐扩大。1973 年美国哥伦比亚广播公司买下 NBA 比赛三年播映权，通过电视媒体 NBA 走进了千家万户。1984 年继任总裁大卫·斯特恩，结合 NBA 发展需求，专门制订了一套以电视为媒介的推销方法，从而使 NBA 走向了世界②。因此，我们这里说的电视体育，是一个特定的大众文化范畴，是现代工业和市场经济充分发展后的必然产物。它主要是指兴起于当代都市的、与大工业技术紧密相关的、以全球化的电视传媒为介质大批量生产的文化形态，是处于消费时代或准消费时代，由消费主义意识形态来总体筹划、生产、迎合并引导大众，并采取奇观化、娱乐化、时尚化等运作方式的当代电视化体育文化消费形态。

其中，"电视化"是一个核心运作机制，强调电视对体育的介入、干预、改

---

① 乔治·维加雷洛. 从古老的游戏到体育表演：一个神话的诞生［M］. 乔咪加，译. 北京：中国人民大学出版社，2007：130.

② 王颖哲. 电视转播与体育发展：以 NBA 电视转播为例［J］. 东南传播，2006（10）.

变和支配。因为电视正在以一种强劲而微妙的方式对体育世界进行系统的选择与重构，并越来越影响到体育的实践、行为、空间和时间，甚至于改变了它们原始概念与内涵。以至传统意义上的现实体育向电视化体育进化与过度已经成为一个不争的显在事实。当然，也正是在电视的介入下，作为一种健身性身体运动文化仪式的实在，体育被表征为由种种现象联结而成的酷似家谱的网络体系①，从而在传播时代风貌与沟通社群的情感的同时，成为人类吞吐原始激情的舞台，以至可以煽动起所有形式的狂欢行为。电视体育的这一能力使其当之无愧地成为商品周期中的一个关键环节，其形式的奇观化、运用的灵活性和关系的互联性与当代对快速变化和客制化服务的要求高度契合。因此，便成为经济、政治和文化的折射，呈现出人类生存状况及其关系格局。如大卫·罗所指出的，"巨大的资本投入、人工劳力、政治修辞、社会努力及文化空间的投入所生产的当代媒介体育，也为多种权力形式各领风骚创造了条件"②。随着电视对体育传播影响的扩大，体育的功能性逐渐被掏空，而其符号价值和象征意义却得到无限增殖，久而久之，"英雄""明星""成功""暴力""性感"等在潜移默化中会成为他们理解体育的优势符号主题，从而慢慢地会根据电视化体育的文化价值观而修正自身的体育观，最终连同自己的体育消费行为都得到改写，甚至放弃思考，随波逐流，或陶醉于娱乐至上、游戏生活的顽童世界。

鉴于此，本研究认为，所谓"电视体育"就是由作为大众文化生产传播工具——电视因传播体育所产生的一切社会文化效应的总和，体现了体育电视与它的社会功能及其社会效应的统一，既有着自身的内在规律性又有着外在显性形态的一种以互动为理想目标的泛文化形态。简言之，电视体育即"电视化"的体育，亦即由电视制作人在自觉对社会总体文化逻辑服从的基础上，将体育及其文化信息等内容经刻意甄选、剪裁、放大、拆解、重组和"超文本"链接等，以营造出一种紧张的、刺激的、狂欢的、好看养眼并有"意味"的电视体育作品，包括体育消息、评论、专题、现场直播或实况转播、纪录片和电视剧等。它是一种电视媒体精心挑选和过滤下的体育再现，是一种动态的、生成着的、可变的、偶然性的、具有文本意义的讯息，是引导和影响受众思考和领会体育的电视文本。它既具体也抽象，既松散也集中，既深刻也肤浅。

---

① 汉斯·乌尔里希·古姆布莱希特. 体育之美：为人类的身体喝彩 [M]. 丛明才，译. 上海：上海人民出版社，2008：91.

② 大卫·罗. 体育、文化与媒介：不羁的三位一体 [M]. 吕鹏，译. 北京：清华大学出版社，2013：42.

所以说，从人文社会学科的视角出发，电视体育研究是一个相对较为宽泛的研究范畴——作为一种认知环境出场，电视体育不仅是研究的客体，而且已然超脱自身而成为文化行动、经济共谋、政治参与和社会批评的多重场域。因此，本研究拟将超越中西方体育之二元对立的民族主义文化视角，将体育作为统一的整体，谨慎地保持与研究对象的距离，并从以专业的视角对电视体育进行全景考察。同时，警惕情绪化的干扰，对电视体育文本、电视体育的建构、电视体育的意义生成、电视体育的消费主义编码，以及对电视体育的文化生态和深层危机进行社会文化审视，廓清其中"貌似游戏却是伪"的文化迷障。最后对中国电视体育的理性重构提出自己的文化措施。而这一切，都必须围绕电视体育的文本生产所引发的系列复杂文化现象而进行。

2. 电视体育的基本类型

与人类的文化形态一样，电视体育也是一种文化复合体，在其整体之中包含有不同的形态，而且文化形态一经产生，便具有了相对的独立性以及明显的文化特征。无疑，想让众多体育迷长时间满足于简单的新闻摘要式节目是绝对办不到的。因此，基于大众的这一文化消费心理，为了能够吸引眼球，电视体育节目就必须经过有效的模式化定型并使之日常化，才能使大众不断求新、求异的世俗期待与要求得到合理的控制和缓解。有学者指出，类型化文本是流行文化的关键元素之一，且传媒文化模式化是传媒与大众冲突有效的减震器。如好莱坞大片、武侠小说、综艺大观、电视相亲节目等，它们都离不开各自成功且成熟的固有模式，而且这一操持逐渐成为一种运作模式、一种视角，或者说一种传播。同样，电视体育作为一种可以观赏的体育文化形式，理应可以作为一种社会文本来解读，并可以通过分析电视体育传播中的各种符号能指——人物、行为、规则、身体、性别、声光、场景等来理解其社会文化意义之所指。例如，英国媒介文化学者格雷姆·伯顿就把电视对足球比赛的呈现界定为"按照一定的公式来进行的"类型化文本①。

事实上，电视台往往以频道的划分和不同节目类型的设置来增加节目的辨识度和观众的熟悉度，进而来培养和增强观众的忠诚度，以最终争取和固化其观众群体。丹尼斯·麦奎尔（Denis Mcquail）曾指出，尽管各种传播模式形态各异，但它们的基本过程和要素却是大同小异，其过程仍以美国政治学家哈罗

① 格雷姆·伯顿. 媒体与社会：批判的视角 [M]. 史安斌，译. 北京：清华大学出版社，2007：75.

德·D·拉斯韦尔（Harold D. Lasswell）的 5W 模式最为全面清晰。而作为大众传播的电视体育，其传播的基本过程及其模式符合拉斯韦尔的线性传播过程与模式特征：谁？（电视人）→说了什么？（体育节目）→通过什么渠道？（电视传输）→对谁？（受众）→取得什么效果？（效果反馈）。因此，这就不难理解电视体育为什么是由一组系列性的文本所构成，而这些文本又是以具体的节目形态呈现。例如，电视体育直播节目、为电视而设计的体育赛事节目、体育资讯节目（如央视体育频道的《体坛快讯》《体育新闻》等）、专题类体育节目（如央视体育频道 2004 年雅典奥运专题栏目《我爱世界杯》、2010 年南非世界杯期间专题栏目《豪门盛宴》等）、谈话类体育节目（如央视的《五环夜话》）、娱乐游戏类体育节目（如央视的《城市之间》《全明星猜想》等）、体育纪录片等，都是电视体育常见的节目类型。此外，还出现了益智类、电玩类、竞猜类等创新型节目。

然而，尽管电视体育文本有很多形式、功能和观众群，且每种文本都创造并坚持它自己的规则（这些规则是指亚类型与文本关系，以用来表征体育世界，同时必须将体育世界和更广阔的世界相调适）。① 但因篇幅原因，这里仅重点讲解电视体育转播和为电视而设计的体育赛事两个节目文本类型。

（1）大型体育赛事的"节日化"电视直播

美国传播学者丹尼尔·戴扬与伊莱休·卡茨在 1992 年出版的《媒介事件：历史的现场直播》（*Media Events：The Live Broadcasting of History*）一书中，将"媒介事件"定义为一个极其狭义的操作化概念——重大事件（"国家级或世界级的事件"）的电视现场直播。在这里，媒介事件实际上可以替换为"电视事件"，并且该书还将这种"特殊的电视事件"与一般的电视节目、电视新闻甚至一些重大的新闻事件区分开来，主要用来指称那些具有仪式性的非常规性电视直播事件，它们是"经过提前策划、宣布和广告宣传的"，在一定意义上大众是被"邀请"来参与一种"仪式"、一种"文化表演"②。该书认为，媒介事件的到来并不是作为一件纯粹出乎意料的事（如要闻插播），而是一件像假日般人们盼望已久的事情。为了确保这种仪式框架的要旨不会在观众眼里消失，电视台不惜花上几小时，有时甚至几天，来让观众熟悉事件的行程路线、日程表及其

---

① 大卫·罗. 体育、文化与媒介：不羁的三位一体 [M]. 吕鹏，译. 北京：清华大学出版社，2013：141.

② 闵惠泉. 我们都在见证历史. [M] //丹尼尔·戴扬，伊莱休·卡茨. 媒介事件：历史的现场直播. 麻争旗，译. 北京：北京广播学院出版社，2000：3.

象征符号。其实，超越新闻范畴的媒介事件常常是关于政治、体育等"狂欢性"收视活动，其聚焦于超凡魅力和集体行动之间互动的上升，最终目的是为了唤起社会中心价值、巩固既定社会规范、传承历史文化等。因此，电视事件的时代不仅是一个如本杰明所说的再生产与原生产同样重要的时代，而且是一个再生产比原生产更重要的时代①。当然，在电视直播的体育事件中，"它们是由电视叙述的而不应该是由其创造的事件；实践的本源不在媒介的世俗惯例中，而是在那个赋予其抢占我们时间和注意的权威的'神圣中心'里"②。这些赛事的策划尽管动用了电视"意识"，但并不是电视台所组织的。电视只是被邀请或主动要求参加的。电视体育直播内容涉及真人真事，用真实镜头或是对事件的戏剧化再现来吸引受众。正是在该意义上这些事件成为把我们与中心联系起来的盛大节日。大众受到邀请，或者即使没有电视观众，其也照样会发生，如奥运会、足球世界杯等大型体育赛事。然而，只是当电视镜头对准体育竞技场时，那些重大的体育赛事就不再是单纯的体育比赛，而是衍生为一场令人关注的媒介事件。其时，不论是体育场上的运动员，还是参与电视直播的新闻工作者，或是坐在电视机前的观众，都成为盛大节日的参与者。③

　　不过，这里所谓的大型体育赛事，主要指那些参与者人数上规模大、地理上跨度广、竞技水平在国际、洲际或国内最高的综合或单项体育赛事，也包括那些原本属于地域性，后来具有国际影响力的单项赛事。如代表着世界、洲际、国内竞技体育最高水平的奥运会、各类单项体育世界杯赛、亚运会、全国运动会、NBA、F1 等，不一而足。近年来，中国电视给予大型赛事以足够的关注力，尤其是碰到奥运会和世界杯时，其重视程度以及转播力度往往总是盛况空前。然而，就体育赛事本身的转播来讲，电视直播是现代体育传播过程中一个不可或缺的基础环节，更是一个不断生成的信息体的"中心"，无论何时，电视对体育赛事本身的传播都是所有体育传播的重头戏，甚至是基本前提。当然，在商业时代对于电视机构的体育频道而言，直播或转播大型体育赛事一定意义上已成为其生存之本和发展之源。正如有学者在回顾中国电视对欧洲四大足球联赛和美国 NBA 联赛的转播简史时发现的那样，全球明星资源共享，必须以全球赛

① 丹尼尔·戴扬，伊莱休·卡茨. 媒介事件：历史的现场直播 [M]. 麻争旗，译. 北京：北京广播学院出版社，2000：7 – 18.

② 丹尼尔·戴扬，伊莱休·卡茨. 媒介事件：历史的现场直播 [M]. 麻争旗，译. 北京：北京广播学院出版社，2000：38.

③ 周亭. 奥林匹克的传播学研究 [C]. 北京：中国传媒大学出版社，2009：14.

事资源共享为基础。正是因为大量高水平的赛事传播才制造出规模庞大的体育"粉丝"①。如今，电视体育直播这种形式已被固定下来，并发展成为一种标准，而电视机构也总是会按照这一标准对当下类似的体育活动进行事件叙述和价值评估。

毋庸置疑，现代大型体育赛事传播其实包括许多途径及其场域，诸如官方、组织、人际、广播、报纸以及网络传播等。但其中，最为人们所津津乐道并欲罢不能的有两个：一个是现实传播场，即体育比赛的现场传播空间；一个是体育的观影现场，即经人为加工过的电视体育传播场。如图1所示，这两个传播场之间，前者是现实、是基础，后者是音像、是派生。并且，第一个传播场是完整的、闭合的，但它同时又在整体上成为第二个传播场的信息源，从而造就了第二个传播场开放式的传播流程，这种特殊性是电视体育转播节目最为突出的本质特征。其中，现实传播场的信息是非指向性的，它的观众对其选择在某一固定的视角上具有高度的自由，他们可以自主随意地选择关注对象和决定关注时间。同时，受众与信源近距离，因此反馈直接、能动且强烈。然而，其间信息的发生、流动与变化却是转瞬即逝、不可回复的，一旦错过就几乎再别想捕捉到。

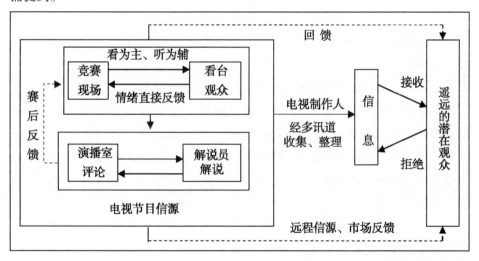

图1

---

① 李健. 体育的想象：解读电视体育节目［M］//周宪，刘康. 中国当代传媒文化研究. 北京：北京大学出版社，2011：140.

但是，在观影现场里，电视就如同魔镜，能把比赛放大到远距离电视观众面前，使比赛的受众在同一时间内扩大到几亿甚至几十亿。电视观众所获得的信息因为经过了人为加工，因此具有强烈的主观指定性。换言之，观众能够看到什么完全取决于摄像师和导播。不过，由于电视技术的支持，信息的获取角度变多、范围变广，甚至比赛信息的时序都可以发生改变，从而使观众能够看到聚焦的、多视角的、慢镜头重复的、环绕立体声的影像信息。不过，与其将之仅仅理解为不在现场的补偿，不如说是通过电视看比赛所具有的优势。缺点却是此时受众的反馈渠道非常薄弱，观影者的反映对于比赛本身来说几乎不会有任何意义，最多只能与节目进行一些"不可见"的互动，如答题或竞猜等低层面的。当然，为了吸引和说服受众持续收视或更深程度的介入，电视决策层采取的手段和策略几近无所不用其极。如演播室的安排，其实正是这样的手段或策略的一种体现，它起着现场人员与电视观众之间的中介作用，并允许有一些演播室和现场之间舞台指示性的对话的出现并成为演出内容的组成部分①。

可见，电视体育现场直播已经彻底颠覆了演员表演与观众反应发生在同一时空的剧场模式，而在很大程度上走向一种表演者与其观众相分离的电影摄影模式，而且由于电视传播手段的运用，又使得经重新建构的体育事件实现了运动选手等主演与电视观众可同步共享的临时框架之中。同时，该直播已经达到了一种近乎完美的状态，其已成为体育事件本身当之无愧的表征，唯一不同的是，大众的反应不再是对原始表演的反应，而是对它的同步替代物的反应。②体育赛事的组织工作是在电视传媒之外，主要包括两层意思：一方面，事件在远离演播室之外的地方发生；另一方面，事件首先不是由电视组织发起。但是，就当下已经仪式化的电视体育直播而言，在其"阈限"内赛事组织和电视组织之间往往也总是能够彼此渗透、相得益彰。不过，在电视体育事件中，除了电视体育直播之外还有一个是专门为电视而设计的体育媒介事件，它同样需要我们的描述与分析。

（2）"为电视而设计"的体育媒介事件——以央视《武林大会》为例

在电视体育现场传播中，是先有真实的事件发生，再在电视传媒的广泛、深入参与下产生"媒介事件"，抑或"媒介奇观"，其遵循："真实事件 → 媒介

---

① 丹尼尔·戴扬，伊莱休·卡茨. 媒介事件：历史的现场直播 [M]. 麻争旗，译. 北京：北京广播学院出版社，2000：12.

② 丹尼尔·戴扬，伊莱休·卡茨. 媒介事件：历史的现场直播 [M]. 麻争旗，译. 北京：北京广播学院出版社，2000：244.

化（编码与把关：修饰、夸张、变形等）→ 媒体事件（奇观）"的传播模式。然而，相较于此，央视《武林大会》的传播模式确是独具匠心的。如央视体育频道总监江和平所说："《武林大会》整个节目从创意到制作都是我们自主开发的，赛事是我们自己组织的，规则是我们自己制定的。带有自主知识产权的节目。"从央视《武林大会》一开始就带有强烈的民族文化关怀意识和前所未的传播实践，我们不难发现其传播基本按照"媒体化的策动 → 组织和导演赛事 → 媒体化加工（编码与把关：聚焦、放大、删减、扭曲）→ 媒体事件（媒体设计和刻意制造的伪事件）"这一范式进行的。

不过，《武林大会》这一传播范式并非空穴来风。其理论研究滥觞于美国历史学家、博物学家丹尼尔·布尔斯廷（Daniel J. Boorstin）。20 世纪 60 年代，布尔斯廷在其著作《形象》一书中首次提出"假事件"概念，并把它定义为经过设计而刻意制造出来的新闻，即如果不经过设计，则可能不会发生的事件。他把诸如记者招待会、大厦剪彩、游行示威乃至候选人电视辩论等事件都归为"假事件"之列。布尔斯廷认为"假事件"具有"不真不假"的特点，用以表述的语言是"超越真伪"的，它们往往比真事件更加吸引人①。正如美国传播学者施拉姆和波特在他们的合著《传播学概论》中评价的那样："丹尼尔·布尔斯廷用历史学家的眼光来审视当代生活，几年前他就察觉到，当下历史初露端倪的潮流之一是大量的'假性事件'（pseudo - events）。这是人为制造的事件，主要用于媒介报道。换句话说，脑子机灵的人不再追随新闻的潮流走，而是在学习如何推动新闻走了。"② 台湾学人吴恕分析了新闻中的这类"假事件"后，归纳出了"假事件"的几种特质：

（1）它不是自然发生的事件，而是经过设计、安排才存在的；（2）安排"假事件"的主要目的是为了立即获得新闻报道，以达到宣传的目的，因此，安排时会特别注意到是否方便于新闻的采访和报道；（3）"假事件"和事实之间的关系是模糊的，因为它是刻意制造出来的，本来并无这一事实的存在；（4）但是，制造出来以后，它又变成了一项事实，有实体的存在，而非虚幻，"假事件"是自我实现的预言，它可以提出预告，而又能自

---

① 黄顺铭. 新闻策划：多维的视野［J］. 中国广播电视学刊，2001（11）.
② 威尔伯·施拉姆，威廉·波特. 传播学概论［M］. 何道宽，译. 北京：中国人民大学出版社，2010：258.

力去实现；（5）"假事件"可以进一步激发其他的"假事件"。"假事件"的这些特质，导致它们具有"不真不假"的属性："说它不真，是因为它本来不存在，是无中生有的；说它不假，是因为它又确实存在，活生生的可以看到、听到。"①

可见，《武林大会》的存在是由媒介一手直接参与组织策划而成，没有电视等传媒的参与，就不会有这样的事件发生。电视参与并推动了体育实践的"原始"生产。当然，《武林大会》只是个典型，类似的节目还有不少，如《城市之间》《武林风》等皆属于吴恕笔下的假事件范畴。不过，当前的电视体育节目已经呈现出越来越强的兼容性和交叉性，体育观众的项目喜好、欣赏口味、审美旨趣以及价值取向等都在变，加上电子通信技术不断完善，体育节目的内容与形态也在日益更新之中，因此，以上列举的电视体育文本的两大类型不可能是终极划分，只是为了我们对文本分析的方便。

总之，通过电视传播体育已经成为我们生活于其中的社会和文化整体的一个部分，其传播的是关于体育的内容与信息，但却以电视文化的形式给予呈现。全球化、开放性、娱乐性、商品化、引导性与狂欢化这几个基本特征如今已经相互纠结，彼此渗透，深刻地影响着当代体育传播的各个层面。因此，电视体育的节目样式实质上是电视文化与体育文化交互融合的产物。而作为一种社会文化现象，其离不开与之共时的社会文化背景的支撑。

（二）作为研究语境的消费时代

1. 消费社会及其理论

每遇社会变迁抑或转型总是会让人陷于不安与困惑之中——人们对它或是谈论，或是冀求，或是反对，或是害怕，有时他们甚至试图赋予它某种意义②。而为了能够赋予变迁的社会以意义，敏于思考的智者们（思想家）总是试图搜索新的概念能指来概括和总结自己所面临的复杂社会现实。当然，这些高度抽象的概括与总结不但反映出理论对现实的追问与反思，而且也折射出思想者所体悟到的社会变化之本质及其驱动。正如后现代主义文化理论开创者弗雷德理克·杰姆逊（fredric Jameson，又译作詹姆逊，詹明信）所指出，二次大战后的某个时期，出现了一种新型的社会：被冠之以后工业社会、跨国资本主义社会、

---

① 刘自雄. 解析"媒介事件"的内涵［J］. 辽东学院学报，2005（5）：35 – 39.
② 史蒂文·瓦戈. 社会变迁［M］. 王晓黎，等译. 北京：北京大学出版社，2007：1.

后现代社会、消费社会、媒体社会等种种名称①。不过，请注意，这其中有一个新词既出于其间，但仿佛又是这许多同类新词的代表和概括，那就是所谓的"消费（者）社会"。

当然，现在我们对于以上这些不一而足的新名词已然并不陌生。原因是，自20世纪90年代以来，以上这些概念就已在我国各类学术刊物上接踵而至。它们反映了思想者们积极思考社会转型的同时，也正被当下社会所广泛讨论、接纳并认同。同时，我们还可以从许多方面深切地感受到自己正在进入一个特征渐趋明显、形态渐趋完善的新型社会——越发完善的市场经济、蓬勃发展的第三产业、繁花似锦的商品生产、越加旺盛的消费需求、日益提高的消费水准和花样翻新的消费观念，以及生活方式的流行、闲暇旅游的诱惑和假日经济的兴起等。其实，这些都毫无悬念地标志着我们正在进入一个新的时代，而这一时代无疑是预示着一个新的社会形态——消费社会的悄然到来。

其实，消费社会并不神秘，它是工业化、城市化的产物，是商品社会的逻辑延伸。如果我们将富裕的物质商品和发达的市场经济理解为消费社会的表征，那么，就可以说工业化是有别于传统农业生产的。大批量商品生产的首要条件，是因为现代工业及其科技为商品的大批量生产提供了基本保障。此外，由农业为主的传统乡村社会向以工业和服务业为主的现代城市社会逐渐转变的城市化（也称城镇化和都市化）进程，则是形成消费社会的另一个重要条件。因为，工业化的发展需要使得大量的劳动力不得不告别自给自足的小农生产与消费模式，而进入城市从事工业生产。社会劳动力的这一生活所迫之情状，势必导致他们生产与消费的分离，进而也造成他们家庭私人空间与公共消费空间的分离。如此，则造成了消费社会所需要的大批量的商品消费者。然而，随着社会的进一步发展，人们经济水平的提高和闲暇时间的增多，以及物质资源的日益丰富与多样化，这一切客观上都为城市市民享用各种商品和服务提供了巨大可能。同时，伴随市场经济的高度发展与进一步完善，第三产业的成长和服务型经济的形成，都为商品的生产、流通、消费与再生产，及其供需平衡的保持创造了良好的外部条件，这一切无疑加速了消费社会的崛起。

20世纪50年代以来，西方理论界关于消费社会的探讨不绝于耳，其视角涉及政治、经济、文化等，不一而足。但相对来说，比较一致地都视"大众消费"

---

① 弗雷德里克·詹姆逊. 文化转向［M］. 胡亚敏，等译. 北京：中国社会科学出版社，2000：19.

为消费社会兴起的标志。至20世纪70年代,"消费社会"这个理论术语奇迹般地演变为一个时髦的学术概念,迅速地流行开来,时至今日它已经成为人们描述当下社会特征时,使用频率极高的一个名词。许多理论家都对消费社会做出了自己的探讨,其中具有代表性的学者除让·波德里亚(Jean Baudrillard)之外,还有齐格蒙·鲍曼、丹尼尔·米勒、蒂姆·爱德华兹、柯林·坎贝尔等。这些理论家在研究的过程中或自觉或不自觉地遵从着某种价值取向,从而形成了消费社会理论研究上的不同派别。从总体上看,关于消费社会理论的不同观点大致可以分为两类。其一,将消费社会作为一种异化而加以批判。此类观点以让·波德里亚为代表,他对消费社会中的许多现象,如广告、时尚等都进行了相当深刻的批判,并试图建立一个相对完整的批判体系。其二,将消费社会推崇为后现代的理想模式。此类观点以齐格蒙·鲍曼为代表,他把消费社会理论看作一种后现代理论。

那么到底什么是消费社会呢?每一个对其感兴趣的研究者都基于自身的学术背景和研究主题而对消费社会有着不同的表述。但几乎所有学者都同意"消费社会所联系的其实是一个特定的历史阶段和一种特殊的生活方式"①。第二次世界大战后,资本主义社会因迅速发展而使得其经济体制、社会结构、生活方式以及人与人之间的关系发生了根本性的变革和重组,并促使那些具有敏锐意识的理论学家为此急速转型的社会重新勾画图谱,以便于指导人们的生活。由此出现了"富裕社会""闲暇社会""技术社会"(列斐伏尔)或"新工业国家"(加尔布雷思)、"后工业社会"(丹尼尔·贝尔等)、"晚期资本主义社会"(弗·詹姆逊)等提法。虽然提法上侧重点有别,但无疑显示了学者们对社会转型期的敏感与思考。

其中,法国著名哲学家、社会学家、后现代理论家让·波德里亚在1970年出版的《消费社会》(*The Consumer Society*)一书,对"消费社会"做了较为系统、完整的论述。他认为,资本主义社会已经从生产社会进入消费社会,消费构成了社会的主导性逻辑。恰如他在另一本著作《物的符号体系》的结论中所介绍的关于写作《消费社会》的计划:"从一开始就必须明确指出,消费是一种积极地关系方式(不仅于物,而且于集体和世界),是一种系统的行为和总体反应的方式。我们的整个文化体系就是建立在这个基础之上的。"② 简言之,消费

---

①　季桂保. 波德里亚的"消费社会"批判理论评述 [J]. 国外社会科学, 1999 (2).
②　让·波德里亚. 消费社会 [M]. 刘成富, 译. 南京:南京大学出版社, 2006:前言1.

社会就是从原来那种以生产为中心的社会转变成以商品消费为中心的社会。齐格蒙·鲍曼则进一步把现代社会分成"生产社会"和"消费社会"两个阶段，而"我们的社会是一个消费社会"①。不过这里需要注意，生产社会和消费社会有着最大的不同，其主要区别在于：生产社会作为生产相对不足和商品短缺的社会，通常要限制消费而鼓励生产。因为过度的消费将会导致扩大再生产的难以为继，这一点是主流意识形态所不允许的。然而，与此相反的是，消费社会则呈现出生产相对过剩的景象，因此需要鼓励消费以便维持、拉动和刺激生产。在生产社会中，人们更多关注的是产品的物质特性、使用或实用价值。而在消费社会中，人们则更多关注的却是商品的符号价值、形象价值与文化精神特质。

把脉学者们对消费社会莫衷一是的讨论和论证，不难发现他们在界定消费社会出现的时间时使用的主要尺度——"消费行为"中到底多大成分是指向"实物消费之外"以及消费人群的大小。不过，需要说明的是，在传统的生产社会中，人们不仅有着消费行为而且也并不缺乏消费的兴趣。只是当时的人们并不把买东西本身当成他们阶级或社会身份的象征。虽然一旦政治条件稳定，上层阶级的生活会明显地富裕和奢侈起来，但是能享受奢侈生活的人毕竟只是极少数，消费人群的数量是极少的。现代的消费社会与贵族奢侈生活不同之处在于，消费行为渗透到社会的各个阶层以及方方面面，消费行为中作为身份认定和寻找自身归属的含义开始凸现出来。与此同时，勤俭、节约的社会传统开始被鼓励和刺激消费的消费主义意识形态所取代。因此，消费社会首先是一个时间的概念，然后才是一些新特质的呈现和某种新秩序的产生。而要厘清这一概念，就得对消费社会的时代特征做进一步发掘。

2. 消费时代的社会特征

从上文分析可知，消费社会是技术延伸、市场经济、闲暇增多、消费导向等社会发展的必然产物。尽管在《资本论》于 1867 年发表后的一个世纪里，"剩余价值"一直是马克思主义经济学和政治学的基础。但是现在已经很清楚，资本继续在产生利润，而这种利润要远远超过能从个体工人那里榨取到的剩余价值。资本已把日常生活的一切方面都商品化了，包括人的身体乃至"看"的过程本身。恰如福柯在《何为启蒙》中所说："人们是否能把现代性看作一种态度而不是历史的一个时期。我说的态度是指对于现时性的一种关系方式：一些

① 齐格蒙特·鲍曼. 全球化：人类的后果 [M]. 郭国良，译. 北京：商务印书馆，2001：76.

人所做的自愿选择，一种思考和感觉的方式，一种行动、行为的方式。"① 而昂利·列斐伏尔则认为："日常生活和现代性是两类连接在一起、互相关联的现象，它们不是完全独立的实体，而是互相笼罩，互相掩藏，既揭示又遮蔽。"② 两位学者虽然都是针对现代性来说的，但他们的观点显然都适合于当下，因为它们表征了那些生活于后现代之人对于现代的体认。即一种现代社会加诸生活于其中的人的心理感受，以及人们对于所生活世界的价值判断与立场。因此，从总体上看，消费社会的产生，"几乎对社会、文化和个人生活的方方面面带来了巨大的差异"③。正是这种与生产社会的巨大差异，构成了消费社会的诸多时代特征。

（1）物质包围人——商品丰盛挤压人际关系

波德里亚在其著作《消费社会》的开篇就曾指出："今天，在我们的周围，存在着一种由不断增长的物、服务和物质财富所构成的惊人的消费和丰盛现象。它构成了人类自然环境中的一种根本变化。恰当地说，富裕的人们不再像过去那样受到人的包围，而是受到物的包围。"甚至他还进一步认为，我们已经"生活在物的时代，并根据它们的节奏和不断替代的现实而生活着。在以往的所有文明中，能够在一代又一代人之后存在下来的是物，是经久不衰的工具或建筑物，而今天，看到物的产生、完善与消亡的却是我们自己"④。确实，不难看出，物（商品）的丰盛、堆积已是今天这个时代给我们的印象最深的视觉特征了，"在丰盛的最基本的而意义最为深刻的形式——堆积之外，物以全套或整套的形式组成"。以至"今天，很少有物会在没有反映其背景的情况下单独地被提供出来。消费者与物的关系因而出现了变化。他不会再从特别用途上去看这个物，而是从它的全部意义上去看全套的物。洗衣机、电冰箱、洗碗机等，除了各自作为器具之外，都含有另外一层意义。橱窗、广告、生产的商号和商标在这里起着主要作用，并强加着一种一致的集体观念，好似一条链子、一个几乎无法分离的整体，它们不再是一串简单的商品，而是一串意义，因为它们相互暗示着更复杂的高档商品，并使消费者产生一系列更为复

---

① 杜小真. 福柯集［M］. 上海：上海远东出版社，1998：534.

② 尼古拉斯·米尔佐夫. 视觉文化导论［M］. 倪伟，译. 南京：江苏人民出版社，2006：33.

③ 齐格蒙特·鲍曼. 全球化：人类的后果［M］. 郭国良，译. 北京：商务印书馆，2001：77.

④ 让·波德里亚. 消费社会［M］. 刘成富，译. 南京：南京大学出版社，2006：1.

杂的动机"①。

概言之，处在消费社会里的人们，其日常生活已然发生根本性变化。任何成功个人或阶层，其周围不再像过去那样总是被形形色色的人所环绕，而是被各种各样有控制能力的物（商品）所包围。同时，整个社会的基本结构也不再以人为中心，而是以受人崇拜的物（商品）为中心。因此，今天我们已不难理解，世界是人的社会，但也是产品的仓库。产品抑或商品世界的秩序少不了要经过形形色色的传媒按照品牌进行区分、编码和排列，从而形成"物的体系"。不过，根据波德里亚的理解，这里"物远不仅是一种实用的东西，它具有一种符号的社会价值，正是这种符号的交换价值才是更为根本的——使用价值常常只不过是一种对物的操持的保证（或者甚至是纯粹的和简单的合理化）"②。可见，消费社会里的物对人的包围意味着物的主动性。物不是昔日那种被动地被人们所使用，而是反客为主，积极主动地服务，并满足人们的各种需求。而且物的功能齐全，高贵而又典雅，能够让每一个使用它的人顷刻之间"改变"身份而成为高贵、典雅的成功者。当然，所谓的物的主动性其实是一种隐喻，所指为某种常常被文明所掩盖的东西。

（2）"我买故我在"——大众消费占据中心地位

当然，与物质商品的"丰裕"代替了过往普遍的"贫困"的这一社会状况紧密相伴的是，资本的增值点由"物质需求"向非物质性的"文化需求"的转向，进而导致人的需求结构的重组。正如马克思在其《资本论》（第一卷）中所指出的，商品是一种二重性的东西，包括实用价值和价值，但其价值的实现依赖于商品是否能够被交换出去。所以，从商品到货币的第一形态转化成为商品的"惊险的跳跃"，"这个跳跃如果不成功，摔坏的不是商品，但一定是商品占有者"③。可见，只有商品能够顺利销售，才能让资本得以增值。因此，就必须对潜在的消费者进行欲望"需求"的操纵。恰如美国经济学家约翰·肯尼思·加尔布雷斯（John Kenneth Galbraith）在《丰裕社会》一书中指出："欲望可借广告来人工制造，借推销术来发生催化作用，借劝导者的谨慎操纵以形成，这种事实表明这些欲望是并不很迫切的。饥饿的人从不需要人们告诉他需要食

---

① 让·波德里亚. 消费社会 [M]. 刘成富，译. 南京：南京大学出版社，2006：2-3.
② 让·波德里亚. 符号政治经济学批判 [M]. 夏莹，译. 南京：南京大学出版社，2009：2.
③ 卡尔·马克思. 资本论 [M]. 陈启修，译. 北京：人民出版社，2004：127.

物"①。这样，"在消费社会中，每个人都是消费者。消费是获得生活资源的唯一方式（不管这些资源是物质——功能意义上的资源、如食物、衣服、交通工具等，还是符号——文化意义上的资源，如媒体、教育、语言等）"②，因为，只有大众都来参与消费，才能解决生产过剩所造成的社会无限生产与消费者有限消费之间的矛盾。而这直接导致了过去那种仅仅用于维持生存的必要消费向超过必要消费的所谓奢侈消费的过渡，并成为社会消费的主导样态。

其实，大众消费得以流行的前提是大众首先得有更多的闲暇，因为这是奠定社会消费结构的根本性基础。所以，随着视觉消费的流行，消费社会颠倒了以生产为中心（即生产决定消费）的社会结构，将消费和消费行为置于主导地位之上，从而使得"消费文化打破了旧存的交易关系，不仅以漫无节制的'消费欲望'（desire to consume）和'消费癖好'（propensity to consume）取代特定而明确的需求（need）将消费蔓延为生活重心，并且使商品活动渗入到生活的每个领域"③。不过注意，这里的消费不是指个人的随意消费行为，而是指"一种主动的集体行为，是一种约束、一种道德、一种制度。它完全是一种价值体系，具备这个概念所必需的集团一体化及社会控制功能"④。换言之，在消费社会，其消费已成为大众行为和普遍现象，整个社会都在围绕商品的展示与消费而组织，消费控制了整个社会生产并成了生活的中心与时代的标志。

（3）形象即商品——影像符号刺激视觉消费

如果说消费社会的典型标志就是倍增的作为商品的物包围了人以及大众消费崛起。那么，当我们把目光转向当代法国思想家、情境主义国际的创始人居伊·德波（Guy Debord）关于"景观社会"的理论时，将"别是一番滋味在心头"。亦如德波所说："在现代生产无所不在的社会，生活本身展现为景观的庞大堆聚。直接存在的一切全都转化为一个表象。"⑤ 透过这一理论我们可以更加完整地把握到当下社会商品物质与视觉文化特性之间逻辑上的必然联系——与其说"物包围人"其实不如说是影像在包围人；消费社会本质上是一个景观社

① 约翰·肯尼斯·加尔布雷斯. 丰裕社会［M］. 赵通，译. 上海：上海人民出版社，1965：134.
② 约翰·菲斯克. 理解大众文化［M］. 王晓珏，译. 北京：中央编译出版社，2001.
③ 陈龙. 传媒文化研究［M］. 北京：中国人民大学出版社，2009：79.
④ 让·波德里亚. 消费社会［M］. 刘成富，译. 南京：南京大学出版社，2006：52.
⑤ 居伊·德波. 王昭凤译. 景观社会［M］. 南京：南京大学出版社，2007：3.

会，商品即 spectacle（景观、形象、影像、奇观）。正如杰姆逊所总结的："商品物化的最后阶段是形象，商品拜物教的最后形态是将物转化为形象①。"其实，自从中国改革开放以来，所谓这种商品与景象相互依赖、彼此阐释的缠结状况已经发展得越来越为普遍而明显。放眼周遭，从城市公共规划设计到家庭私人室内装潢，从大型豪华精品商场到个性鲜明的小巧购物店，从熠熠生辉的广告展示走廊到琳琅满目的商品陈列柜台……说不清道不完，但明显的一个事实是，"在我们居住的城市里，我们每天都看到大量的广告影像。再没有任何别的影像这样俯拾皆是"，而且"历史上也没有任何一种形态的社会，曾经出现过这么集中的影像、这么密集的视觉信息"②。以至和过往的任何一个时代相比，今天我们生活在一个图像富裕甚至过剩的时代，生活在图像的包围甚至重压的现实情境之中③。这样，就导致了当代社会和文化的一个所谓"以形象为基础的现实"。

　　毫无疑问，在这个现实中，经济活动离不开形象的阐释、包装和宣传，随处可见的商品广告及其种种表现形式就是最好的证明。正像杰姆逊所说，"平凡与日常的消费品，与奢侈、奇异、美、浪漫日益联系在一起，而它们原来的用途或功能则越来越难以解码出来"④。于是，"以形象为基础的经济"行为及其体系的出现在所难免。因此，由詹姆逊断言的"形象即商品"⑤，抑或"商品即形象"已成为不容争辩的当下文化现象。正如贝斯特（Steven Best）和凯尔纳（Douglas Kellner）所总结的，在德波对景观的广泛界定之下，教育机制和代议制民主制度以及无休止的消费玩意的发明、运动、媒体文化还有城市与郊外的建筑和设计，是这个景观的最完整构成⑥。"形象即商品"的社会现象，表明了当下不但是商品充裕而又丰富的社会，更是一个不择手段地利用商品形象来激发大众购买欲望的社会。恰如消费理论家韦里斯所言："在发达的消费社会中，

---

① 弗·杰姆逊. 后现代主义与文化理论 [M]. 唐小兵，译. 西安：陕西师范大学出版社，1986：204.
② 约翰·伯格. 观看之道 [M]. 戴行钺，译. 桂林：广西师范大学出版社，2007：139.
③ 周宪. 视觉文化的转向 [M]. 北京：北京大学出版社，2008：60.
④ 迈克·费瑟斯通. 消费文化与后现代主义 [M]. 刘精明，译. 南京：译林出版社，2000：124.
⑤ 弗雷德里克·詹姆逊. 文化转向 [M]. 胡亚敏，译. 北京：中国社会科学出版社，2000：131.
⑥ 斯蒂芬·贝斯特，道格拉斯·凯尔纳. 后现代转向 [M]. 陈刚，译. 南京：南京大学出版社，2002：106.

消费行为并不需要涉及经济上的交换。我们使用自己的眼睛来消费，每当我们推着购物小车在超市过道里上上下下时，或每当我们看电视，或驾车开过广告林立的高速公路时，就是在接触商品了。"①

（4）美丽成资本——身体成为被经营的景观

如今，在我们现实的生活世界，作为一种形象的视觉图像的霸权几乎无处不在，从主题公园，到城市规划；从美容瘦身，到形象设计；从音乐的图像化（MTV），到奥运会的视觉狂欢；从广告图像美学化，到网络、游戏或电影中的虚拟影像……图像成为这个时代最富裕、最丰富的日常生活资源，成为人们无法逃避的符号情境，成为我们文化的仪式。由此，当下美学因为其对感性、外观和愉悦等特征越发强调的当代意义而变得越来越重要和突出。恰如因写作《风格的本质：审美价值的兴起如何重塑商业、文化和意识》一书而走红的作者美国学者波斯特·丽尔（Virginia Postrel）所言："美学是呈现而非讲述，是让人愉悦而非说教。其效果是直接的、感性的和情感的，而不是认知性的，尽管事后我们会分析它。"无独有偶，20 世纪中叶的一位工业设计家在谈到其工作领域时更是认为，美学"主要是运用线、形、调子、色彩和肌理来激起观赏者情绪反应的一门艺术"②。

然而，在现实生活的美学呈现中，最典型的例子莫过于人的身体这一外观符号了。由于所有的视觉图像几乎都离不开身体，或曰美丽，以至今天的人们对自己身体的关注与关心已经不仅只集中在单一的肉身健康上了，而是更加强调其外表的时尚，一种可见形体的美丽。因为"身体不仅仅是我们'拥有'的物理实体，它也是一个行动系统，一种实践模式，并且，在日常的互动中，身体的实际嵌入，是维持连贯的自我认同感的基本途径"③。因此，在消费时代，人们对待身体的态度已不再像传统社会那样总是设法对它实施遮蔽，而是千方百计变花样地予以展示，并将其自然价值最大化地转化为生产形式④。据此，我们很容易就能得出，消费社会中人们的身体自然会被转化为消费主义文化的能指。在消费的全套装备中，有一种比其他一切都更美丽、更珍贵、更光彩夺目的物品——它比负载了全部内涵的汽车还负载了更沉重的内涵，这便是身体。

---

① 周宪. 视觉文化的转向 [M]. 北京：北京大学出版社，2008：108.
② 周宪. 视觉文化的转向 [M]. 北京：北京大学出版社，2008：10.
③ 安东尼·吉登斯. 现代性与自我认同 [M]. 赵旭东，译. 北京：生活·读书·新知三联书店，1998：111.
④ 让·波德里亚. 消费社会 [M]. 刘成富，译. 南京：南京大学出版社，2006：30 – 32.

在经历了一千年的清教传统之后，对它作为身体和性解放符号的"重新发现"，它（特别是女性身体）在广告、时尚、大众文化中的完全出场——人们给它套上的卫生保健学、营养学、医疗学的光环，时时萦绕心头的对青春、美貌、阳刚/阴柔之气的追求，以及附带的护理、饮食制度、健身实践和包裹着它的快感神话——今天的一切都证明身体变成了救赎物品，在这一心理和意识形态功能中它彻底取代了灵魂①。

诚如菲斯克指出的，"人们的身体在进入'文本而文本化'的过程中，被转化为会这些规则的能指"②，以至"被重新占有"了的身体从一开始就唯"资本主义"目的马首是瞻。"身体之所以被重新占有，依据的并不是主体的自主目标，而是一种娱乐及享乐主义效益的标准化原则、一种直接与一个生产及指导性消费的社会编码规则及标准相联系的工具约束。换言之，即人们管理自己的身体，把它当作一种财产来照料、当作社会地位能指之一来操纵。"③ 于是，"美丽之于女性，变成了宗教式绝对命令"。"美丽之所以成为一个如此绝对的命令，只是因为它是资本的一种形式。"同时，"因为美丽仅仅是交换着的符号的一种材料。它作为价值/符号运作着"。因此，"美丽的逻辑，同样也是时尚的逻辑，可以被界定为身体的一切具体价值、（能量的、动作的、新的）'实用价值'向唯一一种功用性'交换价值'的蜕变"④。

以上四点深刻地触及了消费社会的本质与核心，尽管在某些方面依然还存在着广泛且持久的学术争论，但不容置疑的一点是，消费社会作为一个新型的社会形态已经或正在全方位的影响和改变我们的生活世界以及行为方式。

3. 视觉消费：消费时代的核心要素

波德里亚在论述"作为新生产力征象和控制的消费"这一段内容时，表露了自己对于消费社会新特征的认识："消费社会也是进行消费培训、进行面向消费的社会驯化的社会——也就是与新型生产力的出现以及一种生产力高度发达的经济体系的垄断性调整相适应的一种新的特定社会化模式。"而且"消费者的需求和满足都是生产力，如今他们和其他（如劳动力等）一样受到约束并被合

---

① 让·波德里亚. 消费社会［M］. 刘成富，译. 南京：南京大学出版社，2006：98－99.

② 约翰·菲斯克. 理解大众文化［M］. 王晓珏，译. 北京：中央编译出版社，2001：96－97.

③ 让·波德里亚. 消费社会［M］. 刘成富，译. 南京：南京大学出版社，2006：101.

④ 让·波德里亚. 消费社会［M］. 刘成富，译. 南京：南京大学出版社，2006：102.

理化"①。可见，在波氏眼里，消费社会就是以"消费"来进行"社会驯化"的社会，且"在这一层次消费者也被要求并被动员成为劳动者"②。当然，这里消费取代了生产的角色，在促进社会生产力和扩大再生产的过程中发挥重大作用。不过，针对这一发现，玛丽·道格拉斯和贝伦·伊舍伍德有很好的概括，"消费活动是消费同仁联合建立价值体系的过程；要驳斥这一观点，独具消费个案的作用不大。消费活动乃是以商品为媒介，使人与事的分类流程中产生的一整套特定的判断显现、固定的过程。所以，我们现在已把消费定义为一种仪式性活动"③。换言之，说消费已然成为一种大众消费的狂欢仪式。

如今，商品的形象及其所传达的符号价值，已成为商品广告倾力制造和积极推销的内容。从而导致服务于视觉的消费（行为）或因视觉而为的消费（行为）的流行，且这一消费行为引出了一个重要的概念——"视觉消费"。对于这一概念，英国学者施罗德（Jonathan E. Schroeder）理解独到，"我用视觉消费这个概念不仅表明视觉导向的消费者行为，如看录像、旅游或浏览商店橱窗，而且还意指一种探讨消费、视觉和文化关系的理论方法，包括视觉形象是怎样被消费者研究所讨论的。视觉消费是以注意力为核心的体验经济的核心要素。我们生活在一个数字化的电子世界上，它以形象为基础，旨在抓住人们的眼球、建立品牌、创立心理上的共享共知，设计出成功的产品和服务"④。其实，所谓的注意力经济和眼球经济的说法便是基于视觉消费而言的。在视觉消费过程中，人们通过视觉行为来展开各种各样的消费活动，其中形形色色的商品或服务的形象则是这一活动的中介，而几乎所有这些形象离不开大众传媒的支持与运作，因此，消费也是在实现着这些商品符号性的"被看"的价值。所以说，是形象（符号）推动并促进了消费行为的发生，而消费行为则越来越依赖于形象（符号）的展示。用德波的话来说就是，在"景观社会"，展示一件商品胜过对一件商品的拥有。因此，视觉消费成了消费社会中消费行为最终得以实现的不可或缺的重要内容，如果能够设法使用各种美丽形象"抓住眼球"，那么就可以把闲暇转变成为一种新的生产形式。

恰如有人在论述大众文艺时代的包装时所分析的，包装是对形象的总体设计，它不是制作自我表现的场所，而是大众满足自己的需要进行文化消费的领

① 让·波德里亚. 消费社会［M］. 刘成富，译. 南京：南京大学出版社，2006：52 – 53.
② 让·波德里亚. 消费社会［M］. 刘成富，译. 南京：南京大学出版社，2006：55.
③ 罗钢，王中忱. 消费文化读本［M］. 北京：中国社会科学出版社，2003：63.
④ 周宪. 视觉文化的转向［M］. 北京：北京大学出版社，2008：108.

地。形象当然是单薄的，但它并不是空无。在形象之中，暗含着与大众最隐秘的需要千丝万缕的联系。形象只有指向大众的情感和潜意识，才能够被大众选择和消费。因而，包装不是一种外在的形式，而是构成形象的过程，是文化产品和大众的联结点①。而杰姆逊更是一针见血地指出，对于广告来说，"真正的革命不能在'想象界'里进行，广告正是把那些最深层的欲望通过形象引入到消费中去"②。不过，说到底，物的主动性是建立在人的欲望基础之上的。在物的背后流淌着欲望的冲动，与现代神话同构的传媒文化无非是将欲望转换为关于物的形象化语言，让一个个美丽的形象来喻示或激发人们那内心深处的、可能是尚未苏醒的欲求。借助传媒文化迷人的手段，关于物（商品）的种种叙事既神奇又宏伟，物在历史上还从来没有像在今天，在传媒文化兴起的时代取得如此重要的地位。而这一切都是为了你——一个不知名的神话倾听者而存在，当然，它更是为千千万万的大众而存在，否则的话就不成其为神话③。

　　然而，现代传媒的发展让现代神话逐渐泛化、扩散，并迅速打破昔日种种叙事藩篱，将神话的言说扩散到消费时代所有的领域。尽管一般来说，现代神话中对物的叙事，基本上是由广告媒体文化来承担。但这仅仅只是表面，最为重要的是，消费时代的传媒文化早已与其广告文化在相互渗透、彼此借重中互文、同构，并已积淀、建构成一个总体性的文化成规，抑或公式。其中，所谓"公式"就好像一张包罗万象的"蓝图"，且这张蓝图是围绕着一些想象性冲突元素而展开的。当然，冲突最终会得到解决。

　　事实上，作为典型传媒文化的电视体育文本更是体现了这一特点。不过电视体育中的"公式"大多来自体育运动本身：现场解说员、节目主持人，有时还包括演播室嘉宾充当了赛事的叙事人；竞赛中的运动选手担当了虚拟冲突的主人翁；演播室成为一个揭示赛事象征意义的背景；作为情节发展中的比赛是以某个选手或某体育团队最终"战胜"对手而谢幕，但几乎所有的参赛选手都能友好地面对对手和裁判，即使是自己失利的情况之下。而电视体育文本中运动选手的技术对抗、进攻与防守战术、比赛的程序安排、裁判的打分与判罚、比赛过程中观众的吆喝声等，都已成为电视观众所期待的"成规"。这些规则既确定并控制了体育文本的意义，也为电视生产者提供了构建文本所需的一个清

①　陈刚. 大众文化与当代乌托邦［M］. 北京：作家出版社，1996：137 – 138.
②　弗·杰姆逊. 后现代主义与文化理论［M］. 唐小兵，译. 西安：陕西师范大学出版社，1986：203.
③　蒋原伦. 媒体文化与消费时代［M］. 北京：中央编译出版社，2004：89 – 91.

晰的构架，当然也有助于观众理解文本的意义。可见这一成规即视觉消费。

四、研究进路：逻辑起点、思路、方法、创新与不足

（一）研究的逻辑起点

逻辑起点是一门学科逻辑结构的起始范畴，也是一门学科理论体系的始自对象。对逻辑起点的确定一般应依据其本质规定性（即本质特征）。黑格尔在其《逻辑学》（又称《小逻辑》）一书中曾提出，作为逻辑起点必须同时满足以下三条本质规定性范畴：第一，逻辑起点应是一门学科中最简单、最抽象的范畴；第二，逻辑起点应揭示对象的最本质规定，以此作为整个学科体系赖以建立的基础，而理论体系的全部发展都包含在这个胚芽中；第三，逻辑起点应与它所反映的研究对象在历史上的起点相符合（即逻辑起点应与历史起点相同）。不过，有学者通过考察"资本论"把"商品"作为逻辑起点进行理论建构的过程及经验后，提出了一个重要建议——关于逻辑起点的本质规定性，除了黑格尔提出的三条以外，还应再补充两条，即第四，逻辑起点应与研究对象保持一致性（即逻辑起点的抽象性应受它所反映的研究对象的限制——既不可抽象不足，也不应抽象过度）；第五，逻辑起点应当以"直接存在"形态承担一定的社会关系①。了解逻辑起点的本质规定性，有助于我们进一步确定某个具体学科的逻辑起点。

"媒介即讯息。"任何一种媒介囿于其自身的物理或化学性质，不论其传递何种形态或类型的大众艺术，免不了都会受到某种来自它自身性质的限制。因此，任何门类的艺术形式都必然以其独特的表现媒介为其标志，当然这也是它与其他艺术形式相互之间的本质区别。正如有学者总结的那样："文学艺术的表现媒介是文字和语言；绘画艺术的表现媒介是二维平面上的色彩和线条；戏剧艺术的表现媒介是语言和外部形体动作；音乐艺术的表现媒介是运动的乐音；雕塑艺术的表现媒介是三维空间的点、线、面（体积）；舞蹈艺术的表现媒介是外部形体动作；影视艺术的表现媒介是运动的声画影像。"②

---

① 瞿葆奎，郑金洲. 教育学逻辑起点：昨天的观点与今天的认识［J］. 上海教育科研，1998（3）.

② 赵智，彭文忠. 解码影像：影像与文化传播［M］. 长沙：湖南人民出版社，2009：3.

那么什么是影像呢？通俗地讲，影像是指通过一组光学机械、电子装置和数字设备以及感光材料等来感受，并在物理或化学方法上生成、编辑并存储下因光的反射而造成的被摄对象在一定角度上逼真的轮廓图像系列，以及那些利用传媒科技自我营造的超真实的虚拟图像组合。运动的影像之所以能够形成，则是由于人眼有视觉暂留的特性。所谓视觉暂留，简单地说即视觉的短暂停留。其原理为，人们观看物体时，就会成像于眼睛的视网膜上，而视网膜上的感光细胞在得到光的刺激后，将以生物电流的形式通过视神经传送于大脑，这时大脑根据这种刺激就产生一种看见物体的知觉。但当物体移离后，视神经对物体的印象并不会立即消失，而是要再滞留 0.1 ~ 0.4 秒的时间，这种现象被称为"视觉暂留"①。其最平常的例子莫过于，在夜晚，将一束燃烧的火把飞快地做环形舞动，就会在我们眼前呈现一个连续不断的"火圈"。

可见，影像尽管也是现代科技进步的产物，但与那些仅具有一般功能的科技手段明显不同的是，它已经成为一种媒介，一种能够直接用于叙事、表意甚至隐喻的视觉语言艺术。正是由于这一特点，影像已被广泛应用于新闻传播、信息交流、科学研究、医疗诊断、形象建构、青春珍藏、爱情见证等社会事务与日常生活领域，并成为人们所喜闻乐见和踊跃尝试的表现形式和承载中介。不过，我们应该重视影像的二重性：第一，影像是客观、真实的存在物，原因是它能够被人的视觉所直接感知；第二，影像不等于现实，它只是现实的模拟。因为影像创作者的价值判断、道德判断、审美经验必然渗透进影像建构之中，其主观性镜头选择以及视点选择的结果必然与人们在现场所见到的事物本来面目大相径庭，就更不用说影像边框的限制以及拍摄中的多机位设置等所能造成的超真实艺术效果了。但是，现代影视艺术的最大魅力正在于它能够提供一个直观的、超乎逼真的、声色并茂的影像世界。因为该影像世界直接作用于人的两大主要接收器官——眼睛和耳朵，这与人们日常生活中的观看经验具有了某种相似性，并且和现实世界中的人一样，屏幕中的人栩栩如生、呼之欲出。此外，屏幕中的一切与生活中的对等物也几乎一模一样、毫无二致。因此，如此这般建立在运动的声画影像与变动的社会现实之间酷似性基础上的情境真实，毫无悬念地消解了影视观众对摄像机"在场"的心理防范，以及他们对自身

---

① "视觉暂留"现象在 17 世纪由科学家牛顿首次发现，而由英国人彼得·马克·罗格特在 1824 年向伦敦皇家协会提交了名为《关于活动物体的视觉留影原理》的研究报告，从而公布了这一原理。

"不在场"的心理缺憾。

　　分析至此，我们不难看出，作为八大艺术门类（文学、音乐、舞蹈、戏剧、绘画、建筑、雕塑、电影/影视）之一的影视艺术与其他门类艺术的本质区别正在于其表现媒介的与众不同——直观、生动、形象的"运动的声画影像"。那么，电视体育作为影视艺术形式的一个分支，其独特的表现媒介应该是什么呢？要解决这一问题，我们一方面必须要考虑电视体育作为影视艺术的"家族"成员当然理应有其共通性的一面，同时另一方面还得兼顾电视体育是以体育作为传播的对象与内容的。因此，综合两方面因素，我们认为"运动的体育声画影像"可以作为是对电视体育独特的表现媒介的指称。因为"运动的声画影像"表明了电视体育是作为影视艺术"家族"成员的身份认同，而"体育"恰恰是对"运动的声画影像"的限定，以表明该表现媒介传播的对象和内容受限于体育的整体框定。因此，两者的结合体——"运动的体育声画影像"作为电视体育的独特的表现媒介，体现了电视体育与其他门类艺术以及影视艺术"家族"中其他成员的根本区别。

　　因此，根据上文对逻辑起点确定方法的理论分析，我们认为，研究电视体育的逻辑起点，不仅应该从电视体育与其他艺术门类以及影视艺术"家族"中其他成员的本质区别处着手进行，更应该从电视体育自身的特殊规定性地方由浅及深。换句话说，我们应该从"体育—运动的声画影像"这个电视体育与其他艺术形式以及其他"家族"成员的根本区别入手，来进行电视体育的理论分析与建构，从而揭示出电视体育内部的、本质的、特殊的规律。所以，"运动的体育声画影像"是我们进行电视体育理论建构与表达的逻辑起点。

　　（二）研究思路

　　贯穿本研究始终的基本研究思路是，对消费时代下电视体育的批判性分析，并将焦点集中于揭示电视体育传播的当下实践对社会大众体育、社会、文化等经验和认同建构的作用。当然，作为当下体育不可避免的电视化发展趋向，电视体育的出现有其深刻的社会、文化和历史的根源。但是，身为一个准理论工作者，自然有必要对这一新出现的焦点性文化现象进行反思与追问，从而有望揭示出隐喻在这一现象背后复杂的文化意蕴。如今，我们一方面深切地感受到电视体育的消费主义倾向正在改变我们的体育经验及其文化形态；另一方面，我们也不难发觉电视体育的消费主义膨胀所带来的诸多值得深省的负面效应。当然，如果仅仅对当前我国电视体育所显现出的消费主义文化生产的某些弊端进行批评，那还是一种浅层次的研究，最多还只是停留在电视文化批评的水准。

消费时代的电视体育研究，首先要关注当下中国电视体育的生产和消费方面。电视体育产品是人们文化生活的消费对象，但其说到底是由人生产和制造出来的，必定联结着制作人的价值倾向，并携带着各种各样的利益诉求，中国的电视体育也不例外。因此，本研究认为消费时代的电视体育研究需要一种批判性而非赞同性的话语实践，也需要一种参与性而非回避性的研究态度，更需要一种批判性建构而非简单化破坏的分析立场。

随着我国20世纪90年代的改革开放的深入以及经济、文化的全球化发展，消费文化和媒介文化实际上已成为中国所处的现实语境。而电视体育作为典型的视觉文化范例，具有当代媒介文化的一切特质：巨大的包容性、开放性和消费性，其话题积极面向当代生活开放——具备娱乐性、狂欢性等特点的同时，还具有强烈的感官刺激成分和梦幻色彩等。因此，在消费时代的今天，研究电视体育的现实境况和未来走向，不可忽略的是消费文化对电视体育的影响。

本研究所要关注的，正是将消费文化的影响深入到具体的电视体育之中，对电视体育事件策划中的符号操作、电视体育运作过程中所遵循的消费的社会逻辑进行研究。在消费时代的语境中，由于电视媒介的深刻介入以及多媒体技术的积极发挥，与消费文化紧密结合的电视体育，对人的影响已不再仅仅停留在单纯的体育信息的传播，而是由资本、技术带来的消费文化观念通过对体育赛事的扩大再生产的影响。电视体育已经成为由资本所主宰的文化市场中的一种消费文化形式。在这里，体育被转化成为影像符号，向人们传递电视体育文本信息的同时，也传递了占支配地位的文化、价值观念系统及其异化的弊端等。因此，对这些变化的具体呈现及其原因的探究，可以映射和反观电视体育所涉及的社会历史，以及由此带来更加深刻地对体育、电视体育的未来走向与人类生存境遇的思考。其中，消费社会理论、大众传媒理论、视觉文化理论及符号学理论是本论文研究的理论基础，给本研究提供了工具和视角，但理论不是本研究的最终目的。本研究将把理论贯穿于研究思想和方法之中，在具体案例研究的基础上总结其中的普遍规律。

（三）主要研究方法

本研究论题坚持历史唯物主义方法为总指导原则，根据"社会存在决定社会意识"，以及"文化是一定的经济政治的观念的反映，是一定时代的产物"这两个历史唯物主义的基本原理，立足当代科技革命以及社会形态变革的历史大背景和大视野来透析电视体育文化及其传播。全书在系统论方法观照下，采用消费社会理论来为当下电视体育实践号脉，同时侧重宏观研究视角和定性研究之取向。

首先，运用多种学科互为方法的文本综合分析的研究手段。电视与体育已形成一个一体化的复杂性系统。电视体育的生成，是由电视传媒嵌入体育系统并与之相互耦合而实现的，其是一个由复杂性体育事件所引发的复杂性过程。电视—体育系统的诸多复杂性特征，各有其内在的文化根源和动力机制。从复杂性视角来审视电视—体育这一学术领域，首先要面临的就是研究范式的转型，即由经典研究转向复杂性研究。因此，电视—体育既可以看作是复杂性科学的对象，又可以看作是多学科的共同论域。同时，电视体育作为一种视觉文化，其跨学科性质决定了其在研究方法上的多元交叉格局。恰如米歇尔所极力主张的视觉文化研究要"去学科性"或"学科间性"一样。同时，又由于本论题在以消费社会理论贯串全书的同时，其所引用的材料将涉及新闻传播学、视觉文化学、媒介文化学、经济学、符号学、体育学、文化人类学、精神分析学和社会心理学等已经制度化了的多学科理论，并与现代性、后现代主义、女性主义、后殖民主义等研究相交叉，因此在具体的论述操作上必然会要求借鉴这些学科的研究方法。

其次，"宏观"与"微观"相结合，但更加侧重宏观研究视角。宏观研究指本研究的整体性，涵盖的范围广、涉及的问题多，着眼点在于电视体育的一些带有全局和根本性的问题。微观研究主要指对一些具体电视体育文本的个案问题分析。

最后，本论题研究的理论基础是消费社会理论，同时采用文献研读法、文本分析法、比较研究法、案例解析法。

1. 文献研读法

主要利用南京师范大学图书馆、南京大学图书馆、南京体育学院图书馆，以及 CNKI 中国期刊全文数据库、CALLS 学位论文库、CNKI 中国优秀博士、硕士学位论文全文数据库、中华传媒网、中国新闻研究中心网等网站收集电视体育研究、消费文化研究相关的研究文献和资料，并在深入研读的基础上甄别、分析、整理出对本研究有用的内容。

2. 文本分析法

文本分析是一个解构的过程，旨在探索文本运作的技术方式以及其构建和生产意义的文化机制，并要求最终确定该文本的各种隐喻和象征意义。这种研究法不太拘泥于某些个别的具体概念、词语或结构，而是将文本看作一个整体来进一步探讨它的深层意义。因此，具体来说，本研究主要探讨当前电视体育的制作与传播是如何运用符号手段、叙事策略来生产文本，并建构或重构受众头脑中对电视"体育"的诠释框架，以及这种框架背后所支撑着的不可见的消费主义意识形态。

3. 比较研究法

通过比较、分析电视体育传播中两种媒介事件（电视体育现场直播和为电视而设计的体育赛事）之间的传播模式，以及西方现代体育电视化、奇观化、国际化传播和我国民族传统体育传统意义上的传播特点等，把握各自的特征和差异，从不同角度总结电视体育文本创作的经验、规律，以及他者的长处与我国民族传统体育传播的不足等。

4. 案例分析法

运用传播学的相关理论，对国外电视体育传播的经典成功案例（如美国职业篮球赛事 NBA 等）和我国央视的《武林大会》节目等进行分析，通过寻绎语符分延的技术逻辑，来把脉电视体育传播中技术运用的资本逻辑和文化逻辑相互缠绕的机理及其引发的文化变异。

（四）主要创新特点

首先，本研究运用历史唯物主义的观点和方法，从考察因现代科技革命和全球化发展趋势所带来的社会形态的深刻变革入手，揭示由技术社会形态、消费社会形态和全球社会形态而引起的当代视觉文化转向与电视体育作为全球跨民族、跨文化、跨地域的视觉文化盛宴的电视体育崛起的内在关联性，并阐释了电视体育能指的漂移与剩余正是为消费的社会组织和生产消费的欲望。

其次，本研究提供了不同于单一学科（如哲学、社会学、传播学）的视野和方法论尝试，具体运用多学科性、跨学科性、综合性相结合的研究方法，深入、系统地论述电视体育在消费时代的地位，及其两者之间各种引力和斥力的动态交互作用。

再者，本研究确立和运用了一种批判的视角，重新审视了当下社会对于体育与运动的"观看的方式"和"表征的技巧"，为人们提供了一种进入当代日常生活批判的新路径。

（五）研究不足与改进方向

电视体育不像想象的那样简单，而是一个十分宽广的范畴，其不仅仅体现为体育或者文本的呈现，还牵涉到诸如社会、政治、经济的环境，电视机构的体制，电视体育生产者的认知以及受众的接受，等等。但本研究仅是囿于电视体育在消费时代的制作理念与呈现策略这个层面，主要的不足体现在两点。一是研究分析主要着力于电视传媒的权力及其对体育运动的消费主义的策略利用上，而对受众接受电视体育文本的具体情况及其效果分析不足。二是尽管研究最后提出了消费时代下中国电视体育的理性重构，但并没有将中国电视体育的整体面貌极其复杂局面勾勒出来，而是将其几近等同于全球化的文化形态加以整体分析。这样就难免产生一些关于电视体育传播效果的追问，以及中国电视体育的个性缺失的疑窦。

然而，就像曾经有不少人问球王贝利他哪一场球踢得最好时，他的回答总是"下一场"。其实，每个研究都有其层次性和局限性。本研究的目的在于为揭示出消费时代电视体育文本制作及其传播的一个最基本的范式以及原因，以期为将来进一步的研究奉献些许力所能及的努力。所以在这里并没有涉及受众对其接受的分析和价值上的评判。但在该领域的以后更为系统和完整的研究进路中，电视体育的"生产—呈现—接受"，以及对其的"描述—分析—批判"上，都必须成为一个完整的整体。本研究以后的改进将朝两个方向努力：一个是受众对电视体育的认知研究及相关的效果分析；另一个则是中国电视体育在消费文化框架下的整体面貌呈现。

第 1 章

理解电视与体育：一个文化史的视角

在对消费时代的电视体育这一文本是如何制作与传播，又如何与消费主义文化发生牵连进行深入分析之前，首先从历史学视角对体育与电视两者之间的关系演进进行把脉是很有说服力的。毕竟我们没有什么必然的理由可以无视电视体育的今日辉煌，以及体育和传媒二者间长期发展中所产生的种种关联。如今，电视和体育已是现代社会生活中两个重要的文化现象与文化内容。不过，对这二者来说，电视的角色原本是传播信息的载体之一，体育是电视所传播的对象，但二者之间的互动随着消费时代的到来，早已超越了昔日工具与目的的简单思维。伴着商业化、产业化的发展进程及其需要，电视和体育二者之间既相互依赖、互为促进，又各自发展、彼此竞争。

一、从健身到竞赛：体育的延展与本质的悬搁

从远古的蛮荒时代到当今的璀璨文明，仪式一直伴随着我们。美国流行文化研究创始人约翰·费斯克等人将仪式界定为："组织化的象征活动与典礼活动，用以界定和表现特殊的时刻、事件或变化所包含的社会与文化意味。"[①] 而法国著名人类学家范·根内普在其《通过仪式》一书中，首次对那些因地点、状态、年龄、社会地位等情况发生变化而实施的仪式进行了系统的分析，并将

---

① 约翰·费斯克. 关键概念：传播与文化研究辞典 [M]. 李彬，译. 北京：新华出版社，2004：243.

之称为"过渡仪式",他认为人们的日常生活和成长都伴随着仪式①——"从个体的修饰、家务,到市民群体的游行、选举,再到体现文化、变迁、宗教等观念的节日、婚姻、弥撒等"②,皆属仪式范畴。因此,推言之,就日常生活中"非生产性"体力消耗的体育运动来说,把脉其词源与本质,它的仪式层面的意义将不彰自明。

(一) 体育的词源爬梳

发轫于古代民间游戏和传统祭祀仪式的现代体育,恰如对民间文学的继承和改造产生了高雅文学、对下里巴人俗调的借鉴与创新生成了阳春白雪的雅乐一样,在有相对"清闲"时间进行思想的学校里,原本"粗俗"的民间游戏和传统的节日仪式经吸收、改造,逐渐脱离了它们原初的功能和含义,而转变为一种具有自律规则且无功利又无偿的身体训练活动。在西方,伴随着资产阶级现代化的进程,英国的公立学校,作为对贵族或资产阶级上层家庭的子弟的体能训练与身体教育的手段,体育被幸运地安排进入学校教育的课程体系之中,成为一种与民间仪式或生产实践相脱离的、以自身为目的的活动,并通过"自身合法化"的方式成为为身体而身体的身体艺术,具有理性自律的游戏规则。在中国,"体育"一词则同"美育""智育"等词一样是在近代随着洋枪洋炮洋米洋面以及"德"(democracy)、"赛"(science)二先生一起进驻并首先定居在学校教育的层面,而成为学科制度建设的一个内容分支③。

但随着学校教育工业化发展的普及,体育也就被带入了大众化的发展阶段,而作为一个特殊的文化场域从自为(for itself)走向自在(in itself),成为人们生活一部分的同时,与社会场域双向互动、彼此建构。恰如法国思想家乔治·维加雷洛在比较了古老的竞技游戏与现代体育表演后指出,体育游戏的成长经历了从合法的社会不平等发展到要求和争取社会平等的过程,它从分散的时空发展到有规划的时空,从弱文化性发展到强文化性。当然,这并不意味着体育游戏的成长经历了从无到有,从乏味到有趣的发展,而是它首先改变了意义,从古老发散的竞技游戏转变成大型、特别是新型的运动方式。首先,从旧制度时期的竞技运动过渡到现代体育,比赛得到了更为集中的全国性管理,出现了

---

① 张宇丹,吴丽. 可视的文化:影像文化传播论 [M]. 昆明:云南大学出版社,2009:209-212.
② 迈克尔·所罗门. 消费者行为:购买、拥有与存在 [M]. 张硕阳,译. 北京:经济科学出版社,2003:484.
③ 魏鹏举. 体育的剩余价值:一个文化研究的典型个案 [EB/OL].

体育联合会制度以及内部民主、等级鲜明的行政管理。其次，大家主动承认和接受了明文制定和实施的一定规则。事实上，19 世纪末，体育建构了一整套完全崭新的表现方式，一整套行为和象征的方式，甚至成为集体想象的自我参照①。这一进程直接推动了现代体育的现代化发展进程，使得它在社会团体活动中起着越来越重要的作用，并"出席"过人类社会许多重大的时刻和场合。同时，该进程也把体育变成一个既语焉不详而又被反复使用，并不断增生的模糊文化概念。就此，英国社会理论家克里斯·希林（Chris Shilling）的总结很有代表性，他认为，有关"（体育）运动"的定义历时而变，但现在一般是指某些特定的活动和竞戏（games），它们已经发展成为团队之间或个人之间的竞争性对抗，并因此备受推崇②。不过，"一切历史都是当代史"，了解了体育的演变，我们研究的目光无疑要转向现代体育。

（二）现代体育的崛起

现代体育运动无疑已经演变成为一种制度化了的社会文化活动，但作为一种社会文化活动抑或文化现象的存在，它依然可以通过多种显著特征（如游戏、仪式、运动、商业等）来给予识别。当然，由于文化及其发展本身的复杂性，这些特征中的任何一个都应只是有其局部真理性或合理性的一个方面而已，尽管它们各自都指称整体，其实各自并不能真正代替整体本身，它们只有整合在一起方能表征现代体育运动。

1. 规则化的行为游戏

荷兰学者 J. 胡伊青加认为，游戏是一种极为古老、极为普遍的活动，它是一种自愿的活动或消遣，这种活动或消遣是在某一固定的时空范围内进行的，其规则是游戏者自愿接受的，但又有绝对的约束力，游戏以自身为目的而又伴有一种紧张、愉快的情感以及对它"不同于日常生活"的意识。而竞赛具有游戏的全部形式特征，同时也具有游戏的大部分功能特征。并且游戏要么"表现为"一场比赛，要么成为一场为最佳地表现某事物而展开的比赛③。其实，换

---

① 乔治·维加雷洛. 从古老的游戏到体育表演：一个神话的诞生 ［M］. 乔咪加，译. 北京：中国人民大学出版社，2007：111 – 198.

② 克里斯·希林. 文化、技术与社会中的身体 ［M］. 李康，译. 北京：北京大学出版社，2011：107.

③ J. 胡伊青加. 人：游戏者 ［M］. 成穷，译. 贵州：贵州人民出版社，2007：13 – 46.

一种说法就是"当人们游戏时，文化便形成了"①，因此，我们毫不奇怪，早在两千多年前，游戏在希腊就已发展为大规模的奥林匹克竞技运动，而自19世纪最后15年以来，游戏（game）在体育（sport）的形式下，已受到人们越来越严肃的对待；规则也逐渐变得严格与精密②。从而使许多体育项目经历了一个以"现代化"为核心的重新定义的过程。当然，窥斑见豹，类似的改进一直在进行。其中，比较典型的莫过于昆斯伯里制定了一系列规则，把原本是"赤手空拳"的野蛮搏斗改造为"超日常"性质的现代拳击运动。

直至近代以降，由于对体育运动加以不断的规范和监督，现代体育已成为一种在严格规则要求下的即兴身体行为实践，并试图通过这种技术实践形成一种转换——将压抑的日常生活暂时引向别样的时空关联之中。这样，规则操控了比赛的过程和结果，使得运动员和观众可以采用共同的标准来理解体育运动，从而塑造出了现代体育运动的形式，对观众产生了一定的吸引力，并且把它变成一种具有可操作性的娱乐形式③。因此，现代体育不可避免地逐渐脱离了纯粹的游戏特征，而作为一种间奏曲、一种我们日常生活的插曲，装饰生活、拓展生活并作为一种生活功能为个人和社会所需要，从而具有了双重意义。一重意义在于，体育运动能将参与者的其他日常社会身份暂时遮蔽，只存留体育规则允许存留的作为游戏的符号性部分——无等级抽象的个人身份——社会人概念。这有助于"游戏共同体"的认同感及归属感的形成，也有利于对包含机会平等、裁判公正与参赛者须履行道德的游戏精神的推广和维护；而另一重意义则是，观众观看具有游戏性的体育运动时，哪怕只是暂时地投入其中，也能在这种最简单、最基本也最纯粹的"内模仿"④之快感享受中，心跳加速和心旷神怡，从而缓解日积的生活压力并排放郁积的有害情绪，进而使日常的繁文缛节与窒息秩序的暂时退场。

其实，每个体育项目的规则都给运动员的比赛提供了具体的目的并设计出可能做出的动作。同时，还直接或含蓄地规定了运动员能达到该项目所能取得

---

① 斯科特·拉什，西莉亚·卢瑞. 全球文化工业——物的媒介化［M］. 要新乐，译. 北京：社会科学文献出版社，2010：294.
② J. 胡伊青加. 人：游戏者［M］. 成穷，译. 贵州：贵州人民出版社，2007：194.
③ 格雷姆·伯顿. 媒体与社会：批判的视角［M］. 史安斌，译. 北京：清华大学出版社，2007：456.
④ 所谓内模仿，即心灵的模仿，它是审美快感的基本来源。

的最高水平，这就是规则存在的必要与意义①。不过，我们需要明白的是，在体育运动中，规则是针对具体的项目而专门设定的，除此之外，它们就没有太多的日常生活所指。因此，所有体育项目的规则实际上都规定并强化了自身游离于现实的独立性，而这正是社会仪式性意义所内在的魅力质。正如有学者所总结的：体育运动原本只是一种游戏，当人们将运动的技巧不断地丰富，将胜负的意义极大地扩张时，体育运动就开始具备强烈的竞争因素而成为名副其实的比赛②。

2. 仪式化的人体运动

如果说上文的两种仪式定义过于宽泛的话，J. 胡伊青加对仪式的理解更能切合本研究的分析要旨，他认为：所谓仪式，主要是一种显示、表现、游戏性表演或一种替代性的想象性实现。换言之，仪式是一种"被表演的某种东西"，即行为、行动。然而，仪式产生于神圣的游戏，就其能把参与者带入另一个"世界"而言，仪式行为具有游戏的所有形式特征与本质特征。仪式与游戏的此种统一，被柏拉图毫无保留地确认为一种既定事实。因此，仪式是嫁接到游戏之上的，但其首要的东西是且一直是游戏。当然，仪式产生的效果与其说是象征地显示于行动中，不如说是实际地重现于行动中。因此，仪式的功能远非单纯的模仿，它使崇拜者参与到神圣的发生本身之中去。恰如舞台演员专注于他的表演，但始终知道"这是表演"③。其实，处于竞赛中的运动员们也是如此，尽管他们也曾一时忘情地委诸这个悬置于日常生活的所谓"游戏"的领域。

因此，虽然经过了现代学校制度的改造和祛魅，但源于民间的古代游戏和祭祀仪式的现代体育所具有的仪式化意味始终或隐或现地存在着，无论在商业化之前还是之后，体育的魅力从心理分析的角度来看，与古代的巫术仪式一样来自它能够为练习者提供一种"剩余的能指"——欲望的想象性满足，使从事体育运动的青少年相信体育具有身体的、生活的多重意义，使体育教师和教育管理者相信体育运动是组织青少年的上佳方式——教会他们在社会上应该扮演什么角色、遵循什么规则，以及如何与人相处等。尽管体育本身只是表现为一种人体运动形式，然而通过体育运动这种超出生活直接需要，并将意义赋予行为的"有意味的形式"，青少年不仅可以满足游戏的欲望，而且也可以在安全的

---

① 汉斯·乌尔里希·古姆布莱希特. 体育之美：为人类的身体喝彩 [M]. 丛明才，译. 上海：上海人民出版社，2008：41-42.
② 张帆. 电视体育传播的戏剧化情境 [M]. 现代传播，1999：3.
③ J. 胡伊青加. 人：游戏者 [M]. 成穷，译. 贵州：贵州人民出版社，2007：14-17.

保障下消解本能的具有破坏冲动的对抗欲望，象征性地实现人际交往和自我实现的更高层次的欲望①。此外，体育仪式化地直接呈现了人与自然的关系——体现了人对世界、对大自然的驾驭能力，在这一仪式中，观众将自己与选手认同，与各种场景和关系认同，并深深浸入其中。尤其，在日常生活之内被隔离的临时世界——体育场馆里，当运动员实施"个体苦行"的奋力拼搏过程中，有时一下子能够建立"人—神"关系的仪式性交通，特别当适逢一个明确胜利者诞生时，则其张力可以换来自身情感的升华以及旁观者"集体的迷狂"，从而使得个体承受的运动恰恰能体现出作为仪式的社会化效应。

３. 商业化的组织形式

规则化和仪式化已多少道出了体育运动组织化发展的特点。不过，消费时代的体育运动已经愈发演变成为一个高度组织化的商业性文化综合实体。美国著名学者阿瑟·阿萨·伯杰（Arthur Asa Berger）在其 1982 年出版的《媒介分析技巧》著作中，从符号学视角分析橄榄球比赛时，写道：

> 橄榄球场上有各式各样身穿衣服的人：裁判员身着斑条形纹服；球员戴头盔披肩；乐队进行着；啦啦队穿着运动上衣与迷你裙；教练佩戴耳机与其他电子设备；还有乐队指挥与鼓乐队以及其他许许多多的人。所有这些参与者的制服与饰物都是球赛中各种技能、活动和功能的能指：裁判规则、体育活动、音乐娱乐、性暴露、比赛策略等。因此，橄榄球赛并非仅仅是体育运动，而是许多事件综合的一个更大的体系，这极大地增强了它的重要性②。

其实，如果放眼当下的体育赛事，我们不难发现，伯杰所分析的橄榄球赛现象如今已在体育运动领域有过之而无不及地遍地开花，并为世人所熟识。

事实上，商业化已成为现代体育发展的显著特点，这一特点直接导致今天的体育已不再只是为了运动员们的兴趣以及需要而存在，而是"已经被完全包装成观众的一种娱乐体验，即使观众对他们正在观看的比赛所知甚少。"甚至"从运动队队色的选择到体育赛事的时间安排以及媒体报道的方式，无不渗透着

---

① 魏鹏举. 体育的剩余价值：一个文化研究的典型个案［EB/OL］.
② 阿瑟·阿萨·伯杰. 媒介分析技巧［M］. 李德刚，译. 北京：中国人民大学出版社，2005：162.

公司利益的影响……体育现在已经成为公司的事业，已经与商业兴趣和全球资本主义扩张的过程联结为一个整体。"同时，"商业化也将运动员变成了艺人；运动员通过自己的表演来创造收入"。不管怎样，体育从未像今天这样被如此盛大地包装、推广、展现、操办为一种商业产品。当然，该产品基本上能产生一个明确胜利者，可重复的、能管理的身体竞赛，并"通过建造一些形式的边界与物理屏障，而合法化地确保能将那些不愿付入场费或没有获得入场资格的人排除在外"①。于是，人们根据门票收入和特许权收入、许可费、商品和媒体转播权的收益来评估体育；根据市场份额、收视率和广告潜力来评估运动会和体育赛事；根据签约潜能和上镜形象来评估运动员（他们广受欢迎的程度，也许取决于他们与公司名称或标识的联系）②。然而，我们需要注意的是，现代体育发展到今天，就像滚雪球一般越来越复杂化了，以至人们谁都可以脱口而出关于体育的故事，但谁又能真正将体育说清楚呢？这样，我们分析的笔触就不得不伸向体育运动的本质问题。

（三）体育健身转向竞赛营利

其实将体育看作仪式非作者的独创，英国人类学者菲奥纳·鲍伊就曾指出，"仪式在某种意义上是一种表演或文化戏剧"，且"游戏、体育、戏剧艺术和仪式，共有某些基本的品性。它们都需要有一种特殊的时间秩序，一种附属于物体的特殊的、非多产的价值，以及经常是在一个特殊的地点进行表演"③。当人们在体育运动的时候可以在相对公正、公开、公平的基础上，提倡那在道德上遭人白眼的"锱铢必较"——可以尽情在智慧，以及力量、速度、耐力、灵敏、柔韧等身体素质综合参与下实施个体与个体或群体与群体的严肃性斗智斗勇，而免受世俗评判之约束，并能在零点零几秒和零点零几厘米中分出高低与成败。从这一点看，体育运动分明就是一种仪式的表演。恰如加里·史密斯所认为的那样："完美的体育竞技表演是伟大的艺术。"④

但在体育活动抑或体育仪式表演过程中，作为对象性和工具性的身体有着

---

① 大卫·罗. 体育、文化与媒介：不羁的三位一体［M］. 吕鹏，译. 北京：清华大学出版社，2013：13.

② 杰·科克利. 体育社会学：议题与争议［M］. 管兵，译. 北京：清华大学出版社，2003：410－458.

③ 菲奥纳·鲍伊. 宗教人类学导论［M］. 金泽，译. 北京：中国人民大学出版社，2004：182.

④ SMITH G. The Noble Sports Fan［J］. Journal of Sport & Social Issues，1988（12）.

与众不同的独特性——进行体育活动的身体是与其主体同一的工具和对象①。任何时候，体育作为过剩精力的显化，都是通过个人或群体以其自身的自然身体为对象客体的特殊身体运动实践——身体及其部分的位移和技能，其目的首先就应该是增强体质、娱乐身心，即健身性本质诉求。不管体育如何发展，离开了健身性这一点，体育作为仪式存在的合法性基础将会坍塌。因为在大多数体育比赛中，运动员们彼此之间并不需要直接进行对抗，而是需要借用足球、篮球、双杠、水等器物作为中介物，而恰恰是因为人们为了占有它、把握它，人们才在这一过程中变得强壮、灵巧和英勇。尽管有一段时期，人们开始有意将"业余体育"与"职业体育"区分出来，前者的目的是出于消遣与受教育，后者则是为了获得收入并追求一种轰动效果。然而不久后，这两者之间很快又缩短了距离。自20世纪中叶以来，二者在形式上相互补充，不断完善，最终趋于统一②。因此，健身性仪式应作为体育的本质之定位，因为它统一了体育运动的仪式形式与文化功能。

认识到体育运动作为一种健身性仪式很重要。亲身参加业余体育运动时，人们通过肌肉和有氧运动锻炼身体的同时，还可以缓解紧张和放松情绪，最终娱乐身心。而有组织的职业体育的发展则更加突出了作为一种"健康的竞争"的体育运动与日常生活的差别。例如，"花样滑冰中的一些高难动作在日常生活中是毫无用处的，而许多个动作相互配合在比赛中无疑会引起有意的关注"③。而这一"关注"更加突出了职业体育的仪式性消费功能：体育职业化使体育赛事前所未有的精彩激烈和商业化。这样，随着现代科学技术的发达和市场经济观念的介入，体育竞技作为一个能够引起"关注"的被"看"的对象就逐渐由自然属性（身体运动）进入社会属性（仪式化），再进而便很容易成为具有娱乐属性的商品。因此，职业体育又称为商业竞技体育，是一种商业行为，具有高度组织化的特征，参与者被分割为对立的利益群体。敢于冒险的投资商选择普及率较高、观众人数较多的项目，投资修建场馆，建立职业俱乐部或职业代

---

① 谭华.体育本质论［M］.成都：四川科学技术出版社，2008：76-78.
② 汉斯·乌尔里希·古姆布莱希特.体育之美：为人类的身体喝彩［M］.丛明才，译.上海：上海人民出版社，2008：69.
③ 汉斯·乌尔里希·古姆布莱希特.体育之美：为人类的身体喝彩［M］.丛明才，译.上海：上海人民出版社，2008：23.

表队，通过收取门票费、赞助费、转会费或其他经营性费用来赚取利益①。然而，在现代体育越发辉煌的过程中，不得不倚重大众传媒的技术与符号来推销自己的形象及商品、刺激大众的欲望与消费，以至营造出了一个属于当下时代的"媒介体育"神话。只不过，该神话已与健身行为本身渐行渐远。

二、从反映到导演：电视的使用与图像的胜利

相较于体育悠久的历史，电视只是 20 世纪人类最伟大的科技发明之一。从 1925 年约翰·贝尔德在电视屏幕上第一次清晰显示出一个木偶人的鼻子和眼睛，到 1929 年英国广播公司（BBC）进行了世界上第一次电视广播，电视开始走进人类的生活。尽管由于第二次世界大战的全面爆发而延缓了电视发展的步伐，但并没有阻止得了电视研究的脚步以及世人对于电视科技的向往。战争结束后不久，世界主要国家电视业基本成型。尤其 20 世纪 60 年代以后，由于电视技术日臻完善，特别是通信卫星的投入使用，电视迅速普及，并在很短的时间里开始由早期更多用于娱乐的媒介变为新闻为王的媒介，而一跃成为世界各国影响力最大的新闻媒体，以至人类从此进入电视时代。

如今电视能将国内外每天所发生的各个方面内容，包括社会生活、科技进步、娱乐趣闻、体坛动态、政治风云等，以最为直观的方式和最为快捷的速度传播到寻常百姓家，使人民大众在观看仪式中掌握信息、增长见闻、扩大视野、娱乐生活、激发讨论等。电视之所以能够达到这一功能，是因为它提供了 个特殊的视觉再现世界的方式。这一"假作真时真亦假"的再现方式挑战了人们长期以来历史形成的感知方式、认知能力以及认知心理，以至对人们的意识范畴和观念系统带来了前所未有的扩展与冲击。

（一）声画并举：电视的传播优势

无疑，电视传媒是依赖视听语言进行传播的，而视听语言在形式上主要包括画面、声音、文字等因素。其中，画面这一视觉信息的载体，是电视的基本符号要素，包括活动画面、特技画面以及图画照片等静止画面等。其往往通过连续运动的图像，来展现事情的场景和过程。特别的，经过一定的场面调度或

---

① 石义彬，余靖. 全球化语境下的体育"殖民"："皇马中国行"及相关体育现象思考 [M] //单波，石义彬. 跨文化传播新论. 武汉：武汉大学出版社，2005：179 - 191.

者蒙太奇组接等技术手段，可以让看似真实、客观的电视画面蕴涵着特定的意义渗透和观念隐语。可见，电视画面带有强烈的人为特点，但在正常的观影活动中人们却很难发现其中的奥妙。这一特点道出了一个事实：虽然电视能够高度模拟真实，但其实际上呈现的并非是完全真实的客观世界。

其次，声音也是电视传媒的一个必备因素，具有语言、音响和音乐三个范畴，其是电视画面的重要补充，起着解释、串联、补充、渲染和延伸等的功能与作用。其中，声音的叙事往往较画面叙事有更强的完整性，甚至可以搭建起节目的结构，尤其是对同期声的运用可以使电视的真实性更加可靠。当然，除了画面和声音之外，电视中还常常会出现文字符号，其包括人物话语字幕、提示性字幕、解释性字幕以及栏目的名称等。电视中的文字符号主要用以消除内容的不确定性，以帮助观众更好地理解节目。

事实上，符号的多样性就成了电视先天的优点。这些多样性的符号构成一种多为多向的立体结构，它们之间的组合方式与配比不是任意的、无序的、简单叠加的，而是一种艺术的、巧妙的有机整合，是多声部的合唱与重奏。因此，必须将声音和图像作为一个传播统一体，进行整体把握，而不宜将二者的信息分割。当然，针对不同的新闻报道抑或电视节目，它们所处的位置及相互间的关系会有所不同，各符号自身的逻辑可能也并不连贯，但当这些符号要素在一定的传播理念整合下，就能传达出准确的信息。总体来说，作为大众传播媒介的电视除了"视听兼备"和"双线互补"的先天传播优势外，还具有如下特性。

1. 直观的立体性感受

电视是通过电子手段真实再现声音和图像来传达信息的。因此，电视的接受者可以通过传播者及其所转播的具体对象，观其形、听其声，从而得以察其情。这一特点造就了电视在真实再现事物的变化过程方面具有得天独厚的优势：俗话说"百闻不如一见"。如果用语言描述一件事情的发展变化过程，可以想象，无论人们如何努力地叙述，都将难以纤毫毕现地传达出事情发展的过程。更别说，现实生活中的事物发展往往总是复杂交错地以多形式、全方位同时发生的。事实上，伴随着一个具体事情发展变化的氛围、内因等，仅仅靠历史性的语言去同步传达共时性的信息是不可想象的。我们平常所说的"说时迟，那时快"以及"花开两朵，各表一枝"，正表明了语言叙述本身所面临的无奈。

2. 人际间交流性模拟

电视的传播者与受众在演播室、热线与采访直播等节目中的互动性交流，能够及时地打消在传播过程中产生的潜在不确定性因素，而使传播本身更具真实性和针对性，进而增加了传播的效果。同时，建立在信息及时反馈基础上的交流情境，更加符合人们日常交流的方式和习惯，因而更能引发受众的兴趣与参与感。进言之，特定情境的可"察言观色"的安排可以使信息的交流更加自然、生动，并具有生成感，从而产生较为理想的传播效果。

3. 直播的零时差实现

随着技术化时代的到来，一方面，采集和播放信息的电视设备可以随时同步工作，从而将信息在第一时间传递给受众；另一方面，电视信号的接收技术也在不断进步，手机电视、移动电视满足了人们在多场合获得信息的愿望和可能。不过，最能体现时效性的技术莫过于现场直播了，其可以让天各一方的人们在同一时间接触到同样的信息，从而消除时间和空间的距离实现"零时差"的传播与接受。

4. 信息的历时性播出

电视按时间顺序"线性"播出的特点，导致其信号转瞬即逝、过眼不留，因此很难表现那些过于复杂的内容。再者，电视画面主要是那些直观的符号能指，这就导致其在面对事物的内在联系和人物的心理活动时往往难以奏效。因此，电视更适合于展示、告知与再现，而不太适合于分析、解释和说理。

综上所述，以上这些电视所具有的特点，决定了它的最大优势在于形象展示、现场告知和过程再现——电视可以将形象、现场和过程直接通过运动的、连贯的画面无远弗届地呈现在人们的面前，让观众既看到事态的发展情势，又听到现场的一切声音，实现人们"千里眼"和"顺风耳"的愿望。事实上，远在 1937 年 5 月 12 日，英国广播公司用一条同轴电缆把亚历山大宫和海德公园连接起来，并利用有史以来第一辆电视转播车播送了英国国王乔治六世加冕的实况。因此，电视的这些优势造就了其自身极强的现场感、贴近性、感染力和说服力等诸多传播功能。

（二）说服大众进行交换：电视商业功能凸显

一般来讲，依照所有权、经费来源和节目宗旨的不同，国际上的电视机构大致可分为三大类型：公共电视、政府电视和商业电视。然而，事实上许多国家的电视现状是以一种体制为主，多种体制并存。就像美国，其三大电视网均为商性机构，同时还存在公共电视网等其他类型的电视机构。但在电视新闻发展之初，由于其使用成本的昂贵，加上报道内容和报道形式在竞争中还未成熟，它的商业功能尤其是商业潜力还没有被世人所发现，所以其基本上是充当公共电视或政府电视的。如 1948 年 8 月 15 日，CBS 开办了第一个晚间新闻节目。当时，没有一个广告商愿意出钱资助节目，电视业内人士也没有看到这种新媒体的价值①。当然，这种情况不会持续太久。20世纪50年代，苏格兰电视台的首位所有者罗伊汤普逊就直言不讳地将商业电视成为"印刷自己钞票的许可证"②。20世纪60年代后，随着电子新闻采录设备以及卫星传送技术的投入使用，电视记者已然有能力在新闻事件发生现场进行同步传播，或对重大事件进行实况报道。电视逐渐在重大事件的报道中扮演重要角色，并显示出自身的传播优势与社会影响力。与商业社会发展逻辑一致，西方社会大约在20世纪70年代、中国在20世纪80年代末和90年代初，都逐步实现了媒介运作机制的转型，从而打破公共电视和政府电视长期主宰电视世界的格局。由此，电视的商业功能等到了巨大的重视与解放。

事实上，电视结构的节目制作及其传播自然也离不开大量资金支持。换言之，电视节目制作与传播需要巨额成本的支撑。在电视生产的成本当中，广告和宣传推广的费用占据了相当大一部分的预算。此外，电视生产也需要劳动力成本，其中包括专业技术人员，尤其是那些负责高科技技术制作的人员费用。当然，电视产业最大的一笔开支还是用在邀请明星，因为他们可以吸引到观众，从而能够确保满意的收入。除此之外，新技术的开拓与使用也需要成本。因为新技术的投资理论上可以带来产品以及劳动力等成本的下降，产品品质的提升，竞争率的提高，甚至可以带来规模化经济。然而，电视机构的收入直接来自其自身产品销售的额度是有限的，因此电视所获得的利润和资助有一部分必然来自于其他渠道。考虑到电视必须依赖广告，这一事实强化了其以市场为核心的价值观念。因此，可以说电视机构的利益与其他商业机构的利益之间有着高度的同构性。这样，我们就可以将电视产品与其他类型的商品等量齐观了。

尽管表面上，电视节目向来是免费的，维系电视新闻报道的是电视机构与广告主源源不断的投入，且电视机构并没有要求观众付出什么。但迫于商业压力的电视人和广告主不会平白无故地将凝结了双方金钱与心血的电视节目白白献给素不相识的观众，电视机构的正常运转必然要求它实现的收入远远超过其为制作和传播节目所预先付出的成本。事实上，电视与其他所有先前的大众传播媒体一样，其之所以能够生存与发展，秘密正在于它可以通过一个商业交换

---

① 饶立华. 电子媒介新闻教程：广播与电视［M］. 北京：中国人民大学出版社，2000：32.

② 大卫·麦克奎恩. 理解电视：电视节目类型的概念与变迁［M］. 苗棣，等译. 北京：华夏出版社，2003：13.

的体系，从观众身上得到剩余价值的回报抑或分成。这一交换体系，实际上就如同一个观众群（想象的整体，也是实实在在的消费者）购买并使用包含商品营销费用的高价的商品（广告主的产品），同时观众群（想象的整体）免费享受电视节目内容的"社会契约"。这种关系可以概述为"二次售卖"。其中，一次售卖即是电视向人推销自身生产的视觉化信息，以争取最大数目的观众；二次售卖则是向广告商推销在一次销售过程中所赢得的受众数。可见，一次售卖是二次售卖的基础。就电视而言，主要就是通过二次售卖而获得丰厚利润的，从而实现自身与市场的联姻。关于此，将在后文中进一步加以阐释。

这里我们继续要说的是，电视节目是文化的，同时也是经济的。说它是经济的，是指在经济社会中以及经济全球化战略中能起到重要的中介作用，再说电视本身就是一种经济——"传媒经济"，它可进一步凝聚为"传媒产业"。说它是文化的，指的是电视节目的内容本身就是文化内容的传播，在经过日积月累下其衍变成一种传媒文化，美其名曰"电视文化"。而且电视的经济和文化之间相互渗透、彼此约束。尤其当大众媒介被发展成为大规模、正式的、官僚主义的组织，以模仿企业连续加工产品的方式来从事新闻、文化和娱乐的生产的时候，他们也表现了对内容贪得无厌的渴求①。对电视而言，其时段需要被填充，以实现它们信息和娱乐的双重功能。当然，任何一种文化都会行使一定的文化功能，而且其功能还会随着社会政治及其文化的变迁而"与时俱进"，电视文化亦然。

（三）娱乐化趋势：电视文化功能的转变

无疑，文化离不开一定的环境，并始终与环境双向互动、彼此建构。因此，当我们以辩证的思维来观照电视文化的时代发展时，我们不得不考虑一个事实，即随着消费时代的来临，社会为当下电视发展提供了一个特定的文化氛围——电视文化滋生、发展的土壤，同时它必然会对电视文化的发展及其方向产生决定性的制约与影响。以至，尽管"利润从来都不是评价媒介的单一标准"②，但随着电视商业功能的进一步发掘，以及其所产生利润的持续增长，造成电视在服务公众和赚取钱财之间的张力与日俱增。从而使昔日旨在强调政治、经济方面的信息传递和交流功能的电视，在娱乐功能的发挥以及娱乐信息的发布上受

① 大卫·罗.体育、文化与媒介：不羁的三位一体［M］.吕鹏，译.北京：清华大学出版社，2013：35.
② 大卫·罗.体育、文化与媒介：不羁的三位一体［M］.吕鹏，译.北京：清华大学出版社，2013：32.

到了人们前所未有的关注，以至于竟有人直呼电视文化为"娱乐产业"。

尽管将电视文化简单地理解为娱乐产业，显得有些草率和偏激，但这一说法多少也准确概括了电视文化在消费时代的功能走向。因为，消费时代的商品化逻辑是任何事物无法逃离的语境，它总是以商人的眼光审视和评估一切，并尝试设法将它们都变为能够获利的商品化工具。如此一来，艺术作品、民族文化、技术乃至思想著作等有形的、无形的人类一切智慧结晶都将可以被商品化为各种利益符码。这一过程中，电视文化凭借其视听兼备的符号化功能，无远弗届的传播能力以及无处不在的电视观众，自然会成为无数商人、投资者觊觎的对象。同样，深受消费逻辑刺激，并长期浸淫于消费文化氛围中的观众，其对于与消费相关的娱乐、消遣的无意识关注，自然也会潜移默化中推动电视文化功能的偏向。

因此，消费时代的人们提出了新的要求，作为一种对忙碌而紧张的竞争时代的精神调整与心理修复手段，逗笑的、欢快的、不用动脑筋的娱乐类节目自然比深沉的、说教的节目更容易受到大众的喜爱，娱乐性内容自然会更加吸引受众。于是，这就造成了愈是迎合普遍口味，消遣性、娱乐性愈强的东西当然愈有市场，获取利润的可能性就愈大，对资本的诱惑力也愈大①。所以，社会大众普遍对娱乐、轻松、宣泄与狂欢的要求，因为得到了经济规律的支持而取得了合法性，并理直气壮成为引领电视娱乐化趋势的一大时代动力。

不难发现，随着文化市场化的竞争压力的加强，电视节目的娱乐化以及娱乐化的电视节目已经成为影响收视率的不得不考虑的主要因素之一。电视的娱乐化趋势表现出三个明显的特征：一是娱乐化的栏目愈来愈多，二是节目的娱乐性愈来愈强，三是节目中的娱乐时段间隔出现得愈来愈频繁。当然这很不同于昔日对传媒内容"寓教于乐"的要求，传统的"寓教于乐"中，"教"为目的，"乐"仅是手段，单纯的"乐"在节目中缺少合法性基础。而在消费时代，这一格局已然变成"一切皆为手段，娱乐才是目的"。然而，对于本身就具备多种娱乐因子的体育运动来说，电视的说服力和感染力及其娱乐化功能，也许早就预示了两者之间某种不一般的神话演绎。这从当下体育赛事电视转播权所体现出的巨大能量，就可见一斑。

---

① 欧阳宏生. 电视文化学 ［M］. 成都：四川大学出版社，2006：297 – 298.

三、互利依存：当体育牵手电视

本来，体育和电视作为两种不同的社会组织性文化复合物，有着明显不同的功能诉求，同时在对人事、物质要求、专业技能、与政府和非政府机构的关系等也都有着不同的要求标准。简言之，在体育中进行"身体锻炼"和在媒介中进行"象征建构"可能被预设着保有不同的文化追求，不过极少有可信服的理由可让它们在一种基本的水准上参与到这种追求中去①。然而，到了 1936 年，当世界上第一次成功地对一场足球赛进行电视实况转播之后，体育才进入了一个新的时代——电视体育时代，自此人类摆脱了现场观看体育所受到的物理空间阻隔与视觉生理局限，从而开辟了现代体育传播的新纪元。

但无论如何，与电视邂逅之前的体育，它的社会影响短暂而渺小。即使再激烈的比赛，它所掀起的欢呼之声浪也永远无法越过竞赛场有限的物理空间，更遑论其能在广袤的大地上空久久震荡了。即使在崇尚竞技娱乐的古罗马帝国的恺撒（Julius Caesar）时期（公元前 1 世纪）重建的古罗马竞技场可以容纳 15 万观众，到了康斯坦丁大帝（constantine I）时期可以容纳的观众增加到 25 万②。此后再也没有听说有出其右者——即使是对于现代奥运会来说，国际奥委会对主运动场的要求也只是能容 8 万以上观众③。因此，倘若没有电视来现场直播或转播，能够有幸观看奥运会等体育盛况的人至多也莫过于其座位数了。然而，有了电视的加盟，一届奥运会开幕式或一场足球世界杯决赛，于是就成为一个几亿，乃至几十亿人关注并为之狂欢的"神圣的日子"，成为国家级或世界级的"大众传播的盛大节日"，成为群体情感的一种宣泄④。当然，对于绝大多数人而言，尽管他们看到的只是离开地面，进入"空中"的体育的现场直播；经历的也只是一种不在场的"现场体验"。但是，电视体育以其身临其境的现场

---

① 大卫·罗. 体育、文化与媒介：不羁的三位一体 [M]. 吕鹏，译. 北京：清华大学出版社，2013：15.

② 简宁斯·布莱恩特，道尔夫·兹尔曼. 媒介效果：理论与研究前沿 [M]. 石义彬，译. 北京：华夏出版社，2009：407.

③ 据资料记载，目前可容纳人数最多的也莫过于在澳大利亚悉尼召开的 2000 年奥运会主会场，其可提供 11 万个座位左右。

④ 闵惠泉. 我们都在见证历史 [M] //丹尼尔·戴扬，伊莱休·卡茨. 媒介事件：历史的现场直播. 麻争旗，译. 北京：北京广播学院出版社，2000：3.

感、出人意料的效果、冲击的场景、运动的韵律，使天下无数人为之倾倒①。当然，想要理解体育和电视彼此对对方的重要性，还必须对体育和电视之间叠加式的深层关系予以审视。

（一）电视耦合体育：彼此间的"使用与满足"

尽管媒体体育传播已有200多年的历史，但直至"20世纪上半叶，体育和媒体的关系相对来说比较简单，那时，运动对人们来说更多意味着消遣娱乐而不是财政收入"②。因此，尽管1936年电视一经发明就很快被用于奥运会、网球、足球等的转播，但也由于早期电视画面模糊、摄影角度粗略以及没有慢镜头回放等局限，加上赛事主办方也担心赛场入座率，从而导致电视体育传播一度波澜不惊，并未站稳脚跟。这从国际奥委会第五任主席艾弗里·布伦戴奇（Avery Brundage）的话中就能反证出来。他在1960年罗马奥运会开幕前曾预言："在没有电视媒体的60年里，奥林匹克运动进展顺利，而在未来，它一样可以做到这一点。"③④ 不过，它的这一失之武断的结论被历史证明是错误的。因为，仅仅一代人的时间，电视传媒的力量就使奥运会成为200多个国家中最被广泛收看的赛事，而到了2000年，全球大约就有37亿的电视观众收看了澳大利亚的悉尼奥运会。但相较于布氏的短视，英国广播公司（BBC）电视前总监科克却很有远见，他在1937年底前后就对英国足球总会说："我可以预料电视工业在未来的时代举足轻重，如能与足球事业配合，肯定相得益彰。"⑤ 显然，科克的预言如今早已成为现实。因为至20世纪中叶，随着电视画面质量的提高和节目的发展使电视变得非常流行，从而使电视对体育的报道戏剧性地改变了——起初体育组织为了转播他们的比赛要向电视网付费，但当电视管理者发现体育吸引了众多的观众和相应的广告收入后，他们开始为获得独家转播比赛的权利支付相当多的费用给体育组织。同时，职业球队也开始发现电视是一个非常有潜力的收入来源之一。相对于门票收入和其他更传统的收入来源来说，电视收入更加固定，有着更大的升值空间⑥。于是，电视和体育之间开始打破

---

① 杨河山，曹茜. 电视文化［M］. 哈尔滨：北方文艺出版社，1992：173－178.

② 威廉·尼克斯，帕特里克·莫纳汉. 体育媒体关系营销［M］. 易剑东，译. 沈阳：辽宁科学技术出版社，2005：前言001.

③ 理查德·W·庞德. 奥林匹克内幕［M］. 屠国元，译. 长沙：湖南文艺出版社，2006：158.

④ 张江南. 体育传媒案例分析［M］. 武汉：华中师范大学出版社，2009：65.

⑤ 吴昊. 人间百货/足球电视化［N/OL］. 大公报，2010－12－12.

⑥ 哈里斯. 媒介心理学［M］. 相德宝，译. 北京：中国轻工业出版社，2007：153.

了点头之交的局面，走进跨界合作的伙伴关系，接触开始频繁。

然而，电视在传播体育信息的过程中，不但增加了体育的娱乐功能，而且更为体育推广提供了潜在的财源。这样的经济模式刺激了 20 世纪后期体育电视覆盖范围和运动队伍规模的扩大。电视为体育组织提供巨大的经济收入，同时还包括向公众曝光的机会以及热情体育迷的支持。尤其这些支持，反过来也为电视提供了借以计算广告费的观众群，这种经济关系通常使两者成为由一家大集团运作的一个大型商业整体，此时对他们来说，盈利与否和体育竞赛是否能够取胜同等重要。终于，体育和电视在组织结构上成功牵起手来。

当然，体育运动本身就因其胜负成败的不确定性等视觉和娱乐诱惑力因素深受大众的喜爱，但电视手段使得体育的呈现更为生动直观、规则分明，从而吸引了大量不同层次观众的同时，让体育更为普及。电视和体育相互推动，彼此借力。一方面，体育成为电视文化的重要组成部分；另一方面，电视给予体育数目庞大的免费宣传（包括运动队、运动员及其有关产品的宣传）。而体育组织无须支付任何广告费，既可以得到电视的广泛报道，这一点就足以令其他行业羡慕不已。除此之外，每逢重大赛事，如奥运会、足球世界杯等，电视组织间还得通过残酷的竞标仪式，最后中标者再支付巨额资金购买赛事电视转播权。而电视依靠竞拍得来的转播权，立刻就能拉来赞助商和广告商无数，从而弥补转播权费等开销经费之外，仍能够捞得个盘满钵满。

如今，电视与体育的关系日益密切，其彼此"联姻"已经成为当今世界普遍的一种社会文化现象——大型体育赛事是观众观看最多的节目之一，电视赞助商成为多数专业体育比赛（如奥运会）和业余体育比赛（如 CUBA）的重要一部分[1]。电视传媒依靠体育而放大的赛场眼球效应，"桃李不言下自成蹊"，各方厂商接踵而至，纷纷向电视献媚、攀亲。哪里有利益哪里就少不了竞争和争斗。在一次又一次的电视转播权争夺战中，电视转播权费节节攀升，其解决了体育部门后顾之忧的同时，也给那夺得转播权的电视网带来了无尽的压力。还来不及庆祝成功的电视已不得不仔细盘算如何才能进一步挖掘体育这座"金矿"的巨大潜力，以便在收回成本的基础上还能更赚一大笔。不过，体育组织并未从此一劳永逸、坐享其成，其也在积极思考如何让自己永葆魅力，以便能长久留住电视传媒"芳心"的同时，在未来的转播权谈判桌上赢得更大主动和更多利益。因此，如果说当初萨马兰奇说"奥运会和体育是'天作之合'"，是

---

① 哈里斯. 媒介心理学［M］. 相德宝，译. 北京：中国轻工业出版社，2007：153.

出于一种亲历成功过后的欣慰和感慨的话，如今，电视和体育自然已是一个全球性架构的共生性生产复合体，彼此互为媒介，相得益彰。恰如法国新闻官员雅克·马钱德（Jacques Marchand）所说："最初，媒体和体育的婚姻是一场你情我愿的结合，然后就变成出于便利的结合；而到了今天，随着（全球）电视的出现，变成了一种基于金钱的便利。"① 因此，现在我们已很难想象离开现代大众传媒的体育将会是什么样子？但可以肯定地说，没有传媒的借力，体育一定不会是今天这个状态，当然更没有今天它所有的地位。

（二）两全其美：电视与体育的相互影响

一定程度上说，电视和体育的结合对体育组织和电视产业来说都是有利的，前后二者存在着一种彼此影响、相互促进的关系，每一方的成长都依赖于另一方的普及和商业上的成功。因为体育组织通过将转播权拍卖给出价最高的竞标者而获利，转播商将广告时间卖给广告主而获利，谁能提供更多的受众，谁获利就更多②。其中，播放时间、版面空间、体育明星、体育团队及其受众都具有一定的价值，它们之间都是相互关联的，并且共享了一个相当实际的层面——金钱③。无疑，体育让电视多了份吸引观众的好内容的同时，也推动了电视的专业化、科技化和国际化。不过，因转播权而赢得的"金钱的魅力已经改变了体育，并将继续使其变得面目全非，而竞技也将越来越多地被重新包装变成电视节目"④。如今，两者的关系还在继续演进。

1. 体育对电视的影响

电视组织不是慈善机构，其舍得花巨大的转播权费在体育赛事上，主要是因为电视机构清楚体育比赛并非一般的社会事件，它能给电视提供不少宝贵的品质。借助体育的对抗性、刺激性、游戏性、娱乐性、不确定性等内在特点，电视组织可以引来名利双收。同时，就受众而言，体育可以为电视准备大量，甚至有时是巨大的有一定忠诚度的观众群，而且这一"忠诚"还可以延伸至体育之外的其他形式，诸如体育产品（体育赞助商和投资体育广告的公司等），以

---

① 杰·科克利. 体育社会学：议题与争议［M］. 管兵，译. 北京：清华大学出版社，2003：462.

② 威廉·尼克斯，帕特里克·莫纳汉. 体育媒体关系营销［M］. 易剑东，等译. 沈阳：辽宁科学技术出版社，2005：19.

③ 约翰·伯格. 观看之道［M］. 戴行钺，译. 桂林：广西师范大学出版社，2007：344.

④ 杰·科克利. 体育社会学：议题与争议［M］. 管兵，译. 北京：清华大学出版社，2003：463.

及对国家、城市的情感（该情感往往既能得到政府重视又能为商业所开发利用）等。恰如，CBS 体育部门前负责人罗伯特·伍瑟（Robert Wussler）就认为，对一个电视网来说体育在"提升支持率，吸纳会员，吸引广告主以及可以在黄金时间大肆宣传"方面是最好的方法①。体育对电视的影响体现在多个方面。

（1）丰富了电视传媒的传播内容

普利策曾经断言："最吸引人民眼球的新闻莫过于体育、绯闻和罪恶。"这里暂且不去讨论这一表述是否科学合理，而是将分析的触角延伸至体育与电视的关系之上。相较于所谓的"绯闻"和"罪恶"，电视传媒似乎更为青睐"体育"这个承载着光荣与梦想、健康与公正、拼搏与积极的永不言弃而又永不过时的大众文化。当然，空口无凭，有数据佐证：2006 年世界杯期间，世界范围内有 376 个频道转播了此项赛事，大大超过了 2002 年世界杯的 232 个转播频道的数据；所有转播时间的累积足以让一家频道连续 8 年不断地播放；2006 年世界杯在世界范围内的累计观众收视人数达 262.9 亿②。可见，借助电视传媒，体育运动能够超越国家、民族和地区的界限与屏障，跨越彼此之间的文化差异与语境，使得地球村的所有村民都能够共同陶醉于由体育运动这一原点所引发和营造出的魅力世界，并能从中体验和感受到无与伦比的激情与力量。

电视需要体育，因为体育运动既简单明了又复杂多变的不确定性特点非常适合电视传媒的娱乐功能需求。其形神兼备的运动形态、激情洋溢的情感流露以及意蕴深厚的文化场域作为体育运动的三原色自然能够成为电视文化的座上贵客。以美国三大电视网为例，三台年度体育节目均已超过 2000 小时，如果没有了体育，电视台的节目将减少 30%③。而在奥运会、足球世界杯等超大型国际体育赛事期间，如何转播好这些体育盛会就成了诸多电视机构绞尽脑汁、各显神通的事情。因为哪家电视机构都不会无视体育背后的注意力资源。例如，2008 年北京奥运会的开幕式，全球就有超过 40 亿人收看，单就中国而言，收视人数已达 8.42 亿人。因此，体育传播无疑已经成为电视传媒不可或缺的重要内容，而且随着体育运动的商业化、产业化发展进程的加快，这一境况还会有增

---

① 威廉·尼克斯，帕特里克·莫纳汉. 体育媒体关系营销［M］. 易剑东，等译. 沈阳：辽宁科学技术出版社，2005：7.

② 刘东. 体育赛事和电视联姻的传播学分析. 参见周婷. 奥林匹克的传播学研究［M］. 北京：中国传媒大学出版社，2009：39.

③ 许永，骆正林. 赛事转播权的魅力：体育报道与媒体发展初探［J］. 新闻记者，2000（9）.

无减。

（2）促进了电视机构的经济效益

首先，因为转播体育比赛，可以使电视制作成本最小化，而且收视率的可预知性强，所以还可以预先告知目标受众，下一场赛事的时间、地点及比赛双方阵容等内容，来激发和吊足体育迷们关于体育的期待以及观看的胃口。特别的，有些重大赛事还会向全世界播送，并成功引起全球体育嘉年华。由此，电视吸引了大量的忠实观众，保证了稳定、可观的收视率——根据国际足球联合会（FIFA）的统计，2002年世界杯比赛一共吸引了300亿电视观众，其中巴西队和德国队的决赛吸引了13亿观众①。这对于世界各国的广告商和赞助商来说都具有巨大的吸引力，从而保证了体育报道所带来的利润成为电视主要的收入来源之一。

由于传播体育而创造的体育电视资产，其规模在成几何级地增长。如今，各种关于电视转播权的合同，其标价甚至都达到了8位数（美元）。例如，1995年，美国广播公司为了获得2008年奥运会的美国地区电视转播权，就提前支付了8亿9千4百万美元，而当时2008年奥运会的举办地都尚未确定②。由此可见一斑。几多年来，体育仿佛一座开掘不完的"金矿"，让电视机构兴奋不已，忙乎不停。例如，1980年第一家全体育电视台——全天候转播体育赛事娱乐体育节目电视网（ESPN）的诞生；后来不久，娱乐体育二台（ESPN2）、福克斯体育（Fox Sports）等又相继宣告成立，这些都不失为体育促进电视收入发展的一个充分有力的注脚。随着电视媒体的产业化、市场化运作，媒体间的竞争越来越激烈，电视体育报道也在这种感召下及时地调整了角色，用市场模式经营管理体育节目，仅以央视为例，其广告创收居所有频道的次席③。可见，电视联姻体育，表面上带来的是一项十分广泛的信息资源和文化资本，实质上却是白花花的金银资本。

（3）开掘了电视媒体的传播潜力

体育这一巨大的产业一刻不停地生产和再生产着自己的有形与无形资产，

---

① 罗纳德 B. 伍兹. 体育运动中的社会学问题［M］. 田慧，译. 北京：人民体育出版社，2011：74.

② 詹姆斯·库兰，米切尔·吉尔维奇. 大众媒介与社会［M］. 杨击，译. 北京：华夏出版社，2006：336.

③ 杨法香，哈洪存. 反思电视体育报道的价值引领责任及其他［J］. 当代电视，2006（7）.

建构着一系列极其诱人的意识形态，使人们相信体育就意味着健康，体育是力量的象征，体育是美的源泉，体育是个人自我实现的途径，体育是一个国家向世界证明强大的舞台……体育的魔力不仅使个人着迷，而且也令许多国家兴奋①。因此，一些重大体育赛事往往都是难得的媒介事件，而体育媒介事件也给电视组织提供试验新形式以及进行新技术试验的机会。同时也会为电视台展示其记者和制片人的才能提供一个橱窗，由此吸引广告人和观众在恢复常态后支持他们的常规节目②。

　　事实上，电视机构面对重大体育赛事这一媒介事件挑战，也总想给予最完美的演绎。于是，一些高科技传播手段应运而生并很快为各家电视机构所装备。例如，我们常常惊叹当下电视为体育表演所提供的新视觉传播努力。屏幕上打出秒表，镜头跟踪运动员以便更好地显示速度，用慢镜头分解动作；屏幕采用双画面，同时显示赛场环境和俯瞰镜头、赛跑和赛车的近身图像等。很多的信息都是现场观众所看不到的，这些信息构成了一种完全崭新的成绩评判标准和体育文化③。2008北京奥运会为了使更多电视观众能够欣赏到更加精美的体育画面，体验到激情四射的奥运现场，还首次实现了标准化高清信息服务。因此，某种程度上说，体育也成就了电视的传播力。恰如加利福尼亚州立大学媒体专家雪莉·贝基（Shirley Biagi）在评价体育媒体关系营销时所说，前30年电视广泛流行的一个最主要因素就是体育④。此话无疑道出了体育之于电视传播力的贡献。

　　（4）完善了电视组织的专业形象

　　表面上看，电视组织获得了参与体育传播的特殊位置，因此能够收取太多益处。尤其在一个影响泛滥、品牌价值至关重要的时代，转播奥运会等世界性大型体育赛事可以获得名望、竞争优势等"溢出效应"。然而，殊不知，电视体育传播中有时必须经受双重挑战，首先，承诺要"真实"地表现体育事件，传递其明显特征；其次，要为电视观众提供节日体验的功能性替代。可是，根据

---

① 魏鹏举.体育的剩余价值：一个文化研究的典型个案［EB/OL］.文化研究网.

② 丹尼尔·戴扬，伊莱休·卡茨.媒介事件：历史的现场直播［M］.麻争旗，译.北京：北京广播学院出版社，2000：228.

③ 乔治·维加雷洛.从古老的游戏到体育表演：一个神话的诞生［M］.乔咪加，译.北京：中国人民大学出版社，2007：146.

④ 威廉·尼克斯，帕特里克·莫纳汉，等.体育媒体关系营销［M］.易剑东，等译.沈阳：辽宁科学技术出版社，2005：7.

麦克卢汉的"媒介即讯息"理论，电视在表现体育的过程中不可能不叠加上自己的印记——通过再现自己理解的体育赛事表演的精彩，并突出自己对观众情绪反应的反应，以及补偿观众被剥夺的直接参与的遗憾，电视俨然已成为体育传播中的主要角色抑或演员。

因此，对于电视机构来说，体育直播要求事件被及时架构，其传播的挑战性刺激了电视组织的周身神经，体育电视事件要求电视台将大量的设备集中起来进行共享，并需要各部门之间异乎寻常的精诚团结，以使出大规模地展现人员、设备、建议、鼓励以及实用方法的全部解数①。此外，体育事件甚至还要求平日处于竞争关系的电视网络之间暂时性地携手共谋，以及形式多样地合作。诸如此类的事件无疑都需要电视做出令人满意的专业答卷，然而当他们能够胜任这一艰巨任务的同时，电视组织将必定赢得业界尊重，从而为自己树立最好的专业形象。正如杰·科克利在其《运动思考——电视和奥运会：互惠互利的联姻？》一文中所评价的，"NBC经理们知道，电视报道奥运会可以增加年收入，并能树立公司地位和权力"②。

（5）放大了电视传媒的观众数量

前电视时代，人们如要欣赏体育比赛只能到现场观看。但体育比赛是彻底的瞬间艺术，其精彩动作犹如过眼云烟，稍纵即逝，因此那些无法亲临现场的观众只能眼巴巴地在遗憾中错失看的机会。然而，处身电视时代则不同，体育传播的传播方式发生了根本改变，重要体育赛事往往都可以通过电视的转播、录播等手段而得以保存并广泛传播。尤其是电视媒体的现场转播使得观众足不出户就能享尽赛事的精彩和体育的魅力，以及由此而带来的内心的快乐。可见，电视体育传播，彻底地改变了体育的传播形态，而使体育比赛远远超越了狭小比赛现场的局限，让亿万观众能够"天涯若比邻"地收看到发生在世界任何地方的各种体育盛况。同时电视体育还能够全方位、多角度地呈现运动中的每一个精彩瞬间及其原本不可见的细节。

因此，是电视体育传播的立体化扩散为体育观众搭建了新的传播平台，并有效扩大了体育赛事的观众群体。根据CSM的调查结果显示，2008年北京奥运会期间，收看了CCTV奥运赛事转播的中国内地受众达到11.2亿人，占全国电

① 丹尼尔·戴扬，伊莱休·卡茨. 媒介事件：历史的现场直播［M］. 麻争旗，译. 北京：北京广播学院出版社，2000：228.
② 杰·科克利. 管兵等译. 体育社会学：议题与争议［M］. 北京：清华大学出版社，2003：479.

视总人口的92%①。不过，没有了体育竞赛过程精彩纷呈、妙趣横生，其结果往往又难以预料、不可确定，那么，所谓扩大了的观众群体就成了无稽之谈。因为，人类的注意力是媒体竞争的核心，也是媒体使用的最宝贵的资源——但是，它也是最稀缺、最容易消耗的资源。既然全部的注意力不会增加，注意力竞争就是一次赌赛，是一场再分配的战争，即某一信息只有以牺牲其他信息为代价才能赢得较多的注意②。而体育就是那种能够战胜其他信息而又能引来广泛注意力资源的元资源。

2. 电视对体育的影响

尽管电视的历史远远短于体育，但无疑，体育正是借助电视才得以走向辉煌，并成为当前社会文化中重要的组成部分。如今，尽管很多的体育项目及其赛事产生了全球性的影响，并流行于当下世界，但如果缺少了电视的帮助，那简直就是神话故事。因此，造成体育广泛社会文化影响力的原因中，体育自身的因素固然是一方面，但其中电视对体育施以的影响却是不能忽视的巨大因素。

（1）巩固了体育的社会地位

电视传媒的生动直观、色彩丰富、声形并茂，以及其实时性、现场感、线性等传播优点，正好与体育比赛的娱乐性、多变性、对抗性、悬念性、刺激性、去文化性、不确定性等诸多内在特点不谋而合。如今，电视不仅很好地反应和表现了体育，而且电视体育节目更大地放大和延伸了体育时空。面对电视体育节目快节奏、强刺激、超时空、多角度、可回放等特点，即使那些平常对娱乐节目来说最难"伺候"的中青年男子群体，也会吊诡地成为电视体育节目最忠实的观众。恰如邓宁所指出的，"从来不曾有什么活动能够如此定期充当着全世界那么多人在同一时间共同关注的焦点"③。有数据显示，1998年美国世界杯足球赛决赛直播观众达30亿人，2000年全球观看悉尼奥运会开幕式电视直播的人数达50亿人，2002年韩日世界杯期间通过电视观看比赛的观众超过400亿人次，而这一数目意味着全球每四个人中就有一个人看了世界杯。可以说，电视传媒凭借传播优势，取得了现代体育传播主导地位的同时，事实上也巩固了体

---

①　CSM：2008年第29届北京奥运会中国电视观众收视简报［DB/OL］. （2008 – 08 – 25）〔2019 – 04 – 01〕.

②　齐格蒙特·鲍曼. 被围困的社会［M］. 郇建立，译. 南京：江苏人民出版社，2006：150.

③　克里斯·希林. 文化、技术与社会中的身体［M］. 李康，译. 北京：北京大学出版社，2011：123.

育的社会地位。

　　同时，在电视体育的强力传播下，不少经常能够在电视上露面的运动员的体育表现获得了大众的认可，以至他们也获得了不一样的待遇——球迷树立自己的体育英雄、寻找他们的签名或照片、效仿他们的职业生涯、加入球迷俱乐部并穿上印有他们号码的球衣，孩子们还模仿球星们打球的风格。球星的生活方式也受到关注，热爱家庭的球星会受到褒扬并被奉为楷模①。可见，电视的高曝光率扩大了体育赛事的影响的同时，更提升了赛事本身的品牌价值。以至如果不是电视体育的传播，平常生活中的人们不会像今天这样来谈论和看待体育运动。正如维加雷洛所言："电视传媒的介入，让体育得到了大量的曝光和追捧，进而确立了它更为正统的地位。"②

　　（2）促进了体育运动的全球化

　　众所周知，四年一届的奥运会和世界杯足球赛以及 F1 方程式赛车等规模庞大的高水平竞赛，已成为体育运动全球化的重要标志。美国学者哈维、雷尔和蒂博 1996 年曾得出"体育比赛与全球化关系密切，且相互影响"③ 的研究结论。其实，体育运动本身的社会性、娱乐性、参与性、去政治性等天然特质，本身就有利于来自不同国家、不同民族、不同地区、不同性别和不同年龄的人们之间，在统一的规则下进行各种不同层次性的体育竞赛。以奥林匹克运动为代表的现代国际体育赛事的全球化发展，正是建立在体育自身特质的基础之上，然而，电视传媒的介入，更推动了体育运动的全球化步伐，并让体育运动全球同时异地共享成为现实。在电视的推波助澜下，国际奥委会（IOC）已一步步地将二百多个国家的国家奥委会拢到账下，并让奥林匹克运动会变成了人类历史上最成功、最赚钱的传媒体育赛事④。此外，"电视对体育赛事的转播有缩小地区差异的倾向，同时人们也开始更多地接触一些本地区不流行的体育活动"。⑤比如，受电视影响，跆拳道在我国青少年群体中越来越流行起来，而中华武术

---

①　罗纳德 B. 伍兹. 体育运动中的社会学问题［M］. 田慧，译. 北京：人民体育出版社，2011：70.

②　乔治·维加雷洛. 从古老的游戏到体育表演：一个神话的诞生［M］. 乔咪加，译. 北京：中国人民大学出版社，2007：4.

③　苏珊·泰勒·伊斯特曼. 媒介宣传研究［M］. 张丽华，译. 北京：中国传媒大学出版社，2008：183.

④　杰·科克利. 体育社会学：议题与争议［M］. 管兵，译. 北京：清华大学出版社，2003：416.

⑤　哈里斯. 媒介心理学［M］. 相德宝，译. 北京：中国轻工业出版社，2007：157.

也渐渐流行于世界各地。还有，"在彩色电视得到广泛的应用之前，很难报道斯诺克，因为球的颜色看起来都像是非常相近的灰色。但是彩色一被引进，英国广播公司的斯诺克节目《黑球挑战赛》就赢得了大量的观众，而且提升了比赛的形象"①。现如今，斯诺克的电视转播已经成为各国千家万户客厅的常客。无疑，今天我们打开电视，经常就能看到那些与我们长相不同，又打扮奇特的人（黑人、白人）活跃在运动场上，同时除了大部分项目我们熟识之外，还包括我们所不熟悉的。当然，如果没有电视，这一切都将成为无稽之谈。

（3）催生了体育比赛的新景观

奥运会、世界杯在由电视而引起的全球注视下已作为一种自足的景观而存在，以至现在的大多数体育比赛都较过去增添了更加丰富、鲜艳的色彩。首先，这体现在体育场馆设施的变化，如"由于烦人的阴雨天气总是与电视直播过不去，所以现在建了越来越多的穹形体育场，因此哪怕是阴雨天气也可以进行电视实况转播"。还有，电视体育节目推动了大型体育赛事的形式和内容的创新——安全而绚丽的冷焰火的采用，巨型投影仪也得到了开发。其次，为了适应电视转播，不少体育器材也因此而发生了改变。例如，过去几个世纪，网球运动属于精英的一项体育活动，正是电视对于网球循环赛的直播才使其普及成大众的一项体育活动。再次，运动员服装姓名化。电视转播之前，运动员服装除了适应运动需要之外，其主要只是用来区分对手而已。而现在还需要在运动员服装的后背上写上他们各自的姓名，以便让电视观众辨认。此外，电脑技术的加盟使得体育比赛的计分板更便于了解比赛情况的同时，越来越色彩缤纷和动感十足。为了填补比赛的中间空隙，也为了丰富赛事内容，如今的体育赛事中增加了无数长相姣好、舞姿优美的体育宝贝表演，以至体育宝贝已成为一项职业。可见，电视与体育结合得如此完美，经常使我们分不清到底是电视在再现体育，还是体育在再现电视。

（4）推动了体育运动的产业化

与日俱增的电视转播权费用使得许多体育组织告别了捉襟见肘、四处"化缘"和计划度日的最初尴尬阶段，并将体育从遵循一定规则的单纯竞技运动扩展为一种能够带来经济利润的产业。例如，美国广播公司（ABC）曾分别以2.75 亿美元和9000 万美元分别买下 1984 年的夏季奥运会和冬季奥运会的转播

---

① 乔纳森·比格纳尔，杰里米·奥莱巴.21 世纪电视人生存手册［M］.栾轶玫，译.北京：清华大学出版社，2008：116 - 117.

权。而更为可观的是，他一次花去 36 亿美元用于购买 2000 年到 2008 年 5 届夏季和冬季奥运会的转播权。此外，因为电视转播，对于体育无形资产的生成和增值起到了非常巨大的作用。体育的无形资产主要包括专利权、商品权、特许经营权、冠名权、吉祥物和纪念品等。而出售这些无形资产也能获得巨大的收益。例如，悉尼和雅典奥运会的吉祥物销售额分别为 1 亿多美元和 2 亿多美元。另外，体育已经成为许多商家企业扩大商品影响及形象宣传的工具。他们通过赞助、冠名、注册商标等，借体育比赛这一平台扩大自身影响、创造经济价值的同时，更带动了体育产业本身的发展。运动服上的标识权、奥运会著名的"五环"标志的使用权等。

事实上，电视已经把体育转变成一个全球性的超级产业，围绕体育形成的产业链（如电视转播、门票、广告、品牌等）日趋扩张，形成了如奥运会、足球世界杯、美国 NBA、欧洲足球联赛等建立在非物质性需求基础上的成功的商业运作模式。尽管其中有的内容在传统经济体系中早已存在（如门票），但其所占权重的迅速增加，还主要靠电视传媒的鼎力相助。体育产业的运营基于预先售出的各种权利（如电视播映权）。比赛是这一产业体系的核心，它以不同的形式（如新闻简报、首播权和重播权）被售出给不同的电视机构。这一产业体系还纳入了"贴片广告"（如比赛用球和球鞋），同时也纳入了衍生产品（如供出售的俱乐部杂志、纪念品以及比赛视频集锦)①。一句话，是电视扩展了体育的商业利益，从而使得商业利益诉求和产业化发展成为观赏性体育不得不考虑的问题。难怪传媒大亨默多克曾满怀信心地评价道，"体育绝对能击败电影和娱乐工业的其他一切产品"②。

（5）丰富了体育观众的体验模式

电视体育节目的制作和编辑是为了提高观众的参与感，在比赛进行时激发观众与比赛之间的互动③。同时电视体育节目中摄像机的位置可以提供比一般现场观众可以获得的更近距离的视野。摄像机镜头之间的切换可以让电视观众能够对比赛者的努力和情绪产生认同感。它甚至可以使用双重画面，反应对比

---

① 格雷姆·伯顿. 媒体与社会：批判的视角 [M]. 史安斌，译. 北京：清华大学出版社，2007：345.

② 石义彬，余靖. 全球化语境下的体育"殖民"："皇马中国行"及相关体育现象思考 [M] //单波，石义彬. 跨文化传播新论. 武汉：武汉大学出版社，2005：179 – 191.

③ 乔纳森·比格纳尔，杰里米·奥莱巴. 21 世纪电视人生存手册 [M]. 栾轶玫，译. 北京：清华大学出版社，2008：119.

两个距离遥远的对手的步伐，以及采用慢镜头以便更好地显示姿态、力度和不足①。因此，"可以将一切尽收眼底"的电视屏幕无疑为世界各地数以百万计的体育迷开阔了收看体育节目的空间，故而有很多观众为了收看大型体育赛事跨时区、跨文化现场直播，常常调整自己的作息时间和作息活动。电视技术以及由此而形成的视觉习惯给如何看待体育带来了新的观点和角度。从而，在某种程度上电视体育观众能够较现场观众看得"更多"，理解的"更好"——他们得到了更多的、即时的、权威的关于比赛的评论性观点。此外，多次重复的慢动作回放，以及镜头对关键运动员的不吝光顾等也加重了评论的意味。因此，电视转播会使许多球迷产生一种幻觉，好像自己处于一个教练的位置——根据对场上情况的观察不断调整自己的战略②。而且，现场观众因为被给定地点的具体物理空间及其视力范围局限，他们所能看到的与其所看到的体育事件的协调组和相比只能是最为零碎的一瞥而已。还有，谁也不可能从所有的有利位置来观看比赛，加上外面现场的天气有时又冷又潮湿，还要遭受人群的推挤摩擦。由此，家庭电视观众和现场原始观众之间便划出了经纬。总之，电视体育观众能够更好地对比赛聚焦，并能在电视技术的帮助下看得更好更全面，甚至能体会到作为"裁判"的身份认同。尽管赛事不可能没有自己的专职裁判，但是，电视体育仍然欢迎大众来扮演"仲裁"的角色——与真正的裁判一同执行裁决，乃至可以对裁判进行裁决，评判其制裁的是否公平。这些也许就是能够解释现代不少体育迷宁可选择在家观看电视体育，而不到现场的有力注脚。

四、体育电视化："电视—体育"复合体的张力要求

体育与电视的结缘，确实为体育插上了翅膀，以至体育信息不仅能够超越国家、地域等空间设置，而且能够打破时间流逝的线性特征，从而将覆盖并回旋于地球上的各个角落。但是，当人们发现电视体育节目不仅仅为观众提供信息和娱乐，还能将观众提供给广告主的时候，电视体育便带来了传播领域的"诸侯争霸"。不过，长期以来，在现代电视体育传播中，西方电视传媒主要是

① 乔治·维加雷洛.从古老的游戏到体育表演：一个神话的诞生［M］.乔咪加，译.北京：中国人民大学出版社，2007：149.
② 汉斯·乌尔里希·古姆布莱希特.体育之美：为人类的身体喝彩［M］.丛明才，译.上海：上海人民出版社，2008：133.

美国的电视机构占据着体育传播的霸主地位。有统计表明，美国 NBC 自 1980 年到 2000 年，为奥运会电视转播权已经花费了 19.48 亿美元，此外，其还另出资 28.45 亿美元买断了从 2004 年到 2008 年所有冬季和夏季奥运会的电视转播权。在各家传媒公司中，鲁珀特·默多克所控制的新闻集团无疑最引人瞩目，据说他曾想将支付给国际奥委会 10 亿美元以获取奥运会的全球转播权，并且还威胁说如果自己竞标失败，他将自行创建一个与奥运会相抗衡的体育赛会①。

尽管默多克最终未能如愿，但作为电视传媒强大霸道的一面却彰显无疑。因为，由电视体育转播所有权所赋予的网络覆盖和地位、受众规模和忠诚度、高度集中的内容、广告价格、跨市场营销，以及收视费用和附加电子服务销售等所能创造的直接和间接的经济利益，确实十分可观。因此，默多克全面涉足足球、高尔夫、板球、橄榄球、拳击、田径等众多体育赛事——这是他从 1992 年事件中得来的启示。当时他一举获得了英国足球超级联赛的转播权，凭借用户数的飞速激增以及在刚兴起的收费电视中更多时间地播放受全球观众喜欢的内容，且仅靠这一项赛事，默多克就将其在英国失败的天空卫星频道，变成了一个高赢利的企业。在公开承认其环球化企业运作的重要性之余，默翁也相应地将体育形容为其"环球传播帝国的基石"。甚至他认为，体育，尤其是足球，就其将观众席引到收费电视的能力而言，绝对超过电影和其他任何娱乐方式。他还说："我们对绝大部分国家的主要体育赛事都拥有长期转播权，我们将在亚洲继续这一做法，也就是将体育作为我们付费电视的敲门砖和主要收入来源。"② 可见，表面看，默多克在夸体育的好，其实不然，它是在夸耀自己超常的正确判断力及其所掌控体育电视的传播力。

无疑，电视传媒作为 20 世纪电子科技的结晶，是所有大众传媒中最为依赖科技的一种，科技的水平相当程度上决定着电视传媒的发展。加拿大传播学者麦克卢汉曾认为，传播技术决定着历史发展的轨迹和特质，"媒介即讯息"，具有支配力量的是科技本身，而不是其所传达的内容。尽管这一观点引发了广泛的争议，但"技术决定论"在如今这个科技日新月异的社会中，不仅体现在理论界还体现在日常生活里却颇有市场。诚如波德里亚所说，电视之眼不再是绝对凝视的镜头，而且理想性的控制不再是透明性的源头——这仍然预示着一个

---

① 詹姆斯·库兰，米切尔·吉尔维奇. 大众媒介与社会 [M]. 杨击，译. 北京：华夏出版社，2006：336.

② 詹姆斯·库兰，米切尔·吉尔维奇. 大众媒介与社会 [M]. 杨击，译. 北京：华夏出版社，2006：337.

客观的空间（如文艺复兴时代的空间），以及某个全方位掌控的凝视。即使那不是一个囚禁性的系统。可能更加微妙，但总还是在的，把玩着看与被看的对立，即使全景敞视的焦点是个盲点。"再也不是你在看电视，而是电视在看着你（现场直播）！"① 事实上，将视觉与听觉符号结合在一起的电视作为一种全息媒介，因拥有强烈的现场感和冲击力，从而使得自身在传媒化生存的时代里处于支配性地位——无论多么重大的事情，如果不经电视光顾就很难被人们知晓，反之，一些微不足道的小事情，经过电视的特别宠爱，也会成为万众瞩目的"重大事件"。诚如国外学者所言：

> 电视，作为我们时代共同的"说书人"（storytelling），是一个集中化的叙事（storytelling）系统，其不同于早期媒介之处。首先在于，它总是集中化地大批量生产一整套连贯的图像与讯息，并把它们提供给规模庞大而又各式各样的群体，同时，他被大多数的观众以一种近乎不加选择的、仪式主义的（ritualistic）方式来使用②。

与此同时，现代人的生存压力以及居住空间的相对封闭性与私密性，使得他们更多地选择与电视为伴，从而让电视成为当下普受欢迎的文化现象。并且，人们在消费这一文化形态时，不仅培养了特有的文化旨趣，而且同时还产生了永不满足的心理期待——依赖电视才能够了解周遭所发生的事情抑或自己感兴趣的遥远事物。关乎此，波兹曼有过详细而独到的论述，他认为：

> 没有什么人会因为年幼而被禁止观看电视，没有什么人会因为贫穷而不得不舍弃电视，没有什么教育崇高得不受电视的影响。最重要的是，任何一个公众感兴趣的话题——政治、新闻、教育、宗教、科学和体育——都能在电视中找到自己的位置。所有这一切都证明了，电视的倾向影响着公众对于所有话题的理解。

此外，他还进一步说"电视正把我们的文化转变成娱乐业的广阔舞台"，并

---

① 波德里亚. 拟像的进程 [M] //吴琼. 视觉文化的奇观：视觉文化总论. 北京：中国人民大学出版社，2005：111.

② 简宁斯·布莱恩特，道尔夫·兹尔曼. 媒介效果：理论与研究前沿 [M]. 石义彬，彭彪，译. 北京：华夏出版社，2009：34.

将"娱乐本身变成了表现一切经历的形式"①。以至"电视是我们了解公众信息的样板。和早些时候的印刷机一样，电视已经获得了定义新闻存在形式的力量，而且它还决定了我们如何对新闻做出反应。在把新闻包装成杂耍同时，电视也引诱其他媒介这样做，于是整个信息环境都变成了电视的一面镜子"②。因此，这就不难理解，电视技术足以将现实体育打包得更为完美地输送到社会的私人空间里，而且在其隐喻性的转移中，技术的能量并没有消失，而是发生了形态的转变，以另一种文化复合体样式进行，并吸引观众眼球。

　　当然，相对于技术而言，电视也是一个经济领域的范畴，是一种信息产业，甚至是其他产业发展的助推器。无疑，电视传媒对现代体育的健康发展功勋卓著，因为电视技术已具有了一种特殊的功能——它可以将本地的赛事传达给无数的国外观众，同时也时常将一些国外的比赛带入国内，传媒还增强了人们体育经验的强度③。美国著名批判传媒理论学者苏·卡利·詹森（Sue Curry Jansen）曾指出，电视在很大程度上使橄榄球从一种国家的爱好逐渐发展并成为国际化的运动。同时，它也是最具有利润的产业之一④。其实，放眼周遭，受益于电视的又何止橄榄球这一项呢？不过，电视和体育之间的关系在同谋"共生"的同时，其实也错综复杂、等级分明，危机重重。因为"不同的体育项目在国际体育组织中的相对分量越来越取决于它们在电视上的成功程度及其相应的经济效益"⑤。而且最重要的是，无论人们对现实情况感到怎样的喜悦或忧虑，传媒（通常指电视）将成为影响现代体育发展和命运最重要的部分。⑥ 诚如美国学者古姆布莱希特所指出的那样，"在我们今天所处的时代，职业体育的存在（既包括职业体育的资金依赖，也包括业余体育的生存需求）在经济上依赖广播

① 尼尔·波兹曼. 娱乐至死［M］. 章艳，译. 桂林：广西师范大学出版社，2004：103 - 114.

② 尼尔·波兹曼. 娱乐至死［M］. 章艳，译. 桂林：广西师范大学出版社，2004：144.

③ 詹姆斯·库兰，米切尔·吉尔维奇. 大众媒介与社会［M］. 杨击，译. 北京：华夏出版社，2006：343.

④ 苏·卡利·詹森. 批判的传媒理论：权力媒介社会性别和科技［M］. 曹晋主，译. 上海：复旦大学出版社，2007：279.

⑤ 皮埃尔·布尔迪厄. 关于电视［M］. 许钧，译. 沈阳：辽宁教育出版社，2000：101 - 102.

⑥ 詹姆斯·库兰，米切尔·吉尔维奇. 大众媒介与社会［M］. 杨击，译. 北京：华夏出版社，2006：332.

和电视转播，这一点是毋庸置疑的"。① 有例为证，1964 年，老的美国橄榄球队因为和全国广播公司签署了 5 年电视转播的协议获得了 2200 万美元，从而逃脱了破产的命运②。类似的事情不胜枚举，就连前国际奥委会主席萨马兰奇都曾发出惊世预言，"将来的体育运动会简单地归为两类：一类是适合电视的口味，另一类则不适合，体育项目只有在属于第一类的情况下才有机会发展，否则要么衰落，要么踏步不前"③。

尽管没有电视转播，积极参加体育运动的人不会平白无故地增加或减少，但商业化体育将不能得到广泛的传播，社会的注意力也就不会集中于体育比赛，同时生活中的人们也就不可能会优先议论体育的是非长短。当然，体育的形式有多种，它们各自都有着自身的目的与功能。因此并不是每种形式的体育都需依赖于电视而存在。现实生活中的人们仍然喜爱并亲身参加体育运动（如民俗体育、群众体育等），尽管他们在活动中从未有媒体光顾过，但却似乎并不影响这些项目的开展，因为它们从来就不需要取悦传媒及其背后的观众注意力，而只为其参加者自身而存在与独享。但如果某项体育运动需大规模发展时，情况就不同了，尤其当它有可能发展为所谓的体育产业时，其存在和成功以及体育组织才会设法亲近媒体（主要是电视）。因为，没有媒体报道，尤其是电视的转播，商业观赏性体育的普及和创收潜力将在很大程度上受限。

但毫无疑问，职业（观赏型）体育依赖媒体而生存，且体育通过媒体所产生的收入大部分来自电视转播费。而业余体育和媒体则没有这么密切的关系④。因为，尽管商业体育的收入来源包括门票、豪华包厢费、特许权、场地广告、运动队标识和经营权以及电视转播取费等。但其中的电视转播权收入比门票等其他收入有较大的增长潜力空间。而且，除转播权费之外，商业体育的其他收入（如场地广告费、运动队标识等）还取决于电视是否转播。还有，一场体育赛事的门票、豪华包厢、停车位、广告位等毕竟是有限的，即使再提高价格也将是于事无补，而且价格的高昂会使普通观众望而却步。

---

① 汉斯·乌尔里希·古姆布莱希特. 体育之美：为人类的身体喝彩［M］. 丛明才，译. 上海：上海人民出版社，2008：132.
② 哈里斯. 媒介心理学［M］. 相德宝，译. 北京：中国轻工业出版社，2007：158.
③ 杰·科克利. 体育社会学：议题与争议［M］. 管兵，等译. 北京：清华大学出版社，2003：478.
④ 罗纳德 B. 伍兹. 体育运动中的社会学问题［M］. 田慧，译. 北京：人民体育出版社，2011：68-69.

　　因此，不难理解，现代体育运动的电视转播促进了其在全球的普及度。比如，当下流行的女子足球运动，正是在电视的广泛传播下所激起的一种文化反应。甚至有美国学者认为，如果没有媒体（主要是电视）对足球宣传的贡献，向美国人兜售足球的进程就会大大减慢，而且似乎注定要失败。此外，某些职业水平的、真正国际化的运动项目，如网球和高尔夫，也依赖于电视报道，因为这些项目的赛事每周都在不同的国家进行。顶级的球员来自各个国家，世界的兴趣也随着所喜爱球员成绩的变化而变化。职业网球的四大世界级赛事是网球大满贯，分别在澳大利亚、法国、英国和美国举行。全球报道为职业网球赛事的成功奠定了基础①。因为这样可以争取到运动员所在国家的收视率，而收视率就意味经济利润。因此，某种程度上说，奥运会、世界杯等国际大型体育赛事的成功就是充分利用不同国籍运动员之间的相互竞技来获得各个国家的电视观众。一言以蔽之，无论过去、现在还是未来，是电视化生存决定了体育运动的生存样式与发展模式。

　　那么，问题是，决定体育电视化生存的电视—体育这一文化复合体的张力又来自哪里呢？要回答这一问题，我们无法不将分析的触角延伸至电视体育与消费及其文化的关系追问上来。

---

　　①　罗纳德 B. 伍兹. 体育运动中的社会学问题［M］. 田慧，译. 北京：人民体育出版社，2011：134.

第 2 章

与消费共舞：消费时代的电视体育

事实上，消费时代的消费主义文化之风无往而不胜，作为影像存在的电视体育为消费文化所征用有其必然性。因为电视体育具有人类视觉共识性的优势——直观、具象，容易被人们所认知和把握。同时，电视体育传真、刺激的视觉冲击力，使之更具有了争夺注意力的明显优势。当然，值得一书的是，受益于技术发展而如虎添翼的电视体育，甚至已经能够揭示"视觉无意识"，而产生所谓的"陌生化效应"，制造出亦真亦幻的虚拟时空，挑战着观众的原始生理感官潜能。这一切无疑为重视并依凭形象去激发消费行为的消费文化提供了相当优越的资源。而"从大众消费文化的本质来看，消遣娱乐对它而言无疑是第一位的，我们不能要求它以精英文化的方式来对抗政治文化或者追求终极意义，否则无异取消了它的存在"。因此，电视体育对消费功能的开发和娱乐功能的提升，就成了当下电视体育适应消费社会时代的必然选择。

一、电视体育的二重属性与商业化压力

消费时代，电视文化与消费文化已经融合为一个紧密联系相互依存的整体。一方面，弥漫于整个社会的消费文化作为电视文化不可逃避的外部环境，使得电视文化无法不选择与时代逻辑相互适应并彼此建构，以在积极"共舞"中寻求发展的新时空。另一方面，消费时代中的社会本身也多少会受制于电视文化这一当下大众文化工业代表的力量，并设法对之采取妥协式收编。如此，"任性"的电视文化"识时务"地选择了突破往昔传统社会文化生产的特点，不仅设法使自身成为在消费主义潮流下资本累积性地蓄势待发，而且充当了消费社会时代发展的"马前卒"和"鼓吹手"。同时，文化资本理论坚信文化资本可

在社会场域中发挥重要作用——因为文化产品是经济资本和文化资本的统一，从而消费文化产品在人的社会构成方面具有多重影响，能在很大程度上确立、区分社会成员的地位、阶层、品味、认同、生活方式。又随着电视传媒技术的日益精良以及其市场化的进一步推进，进一步满足了大众作为消费者难能可贵的选择权和评判权资格需要，从而使得受众开始赢得传播活动的中心地位。于是，在市场经济下，电视是作为一种文化消费而存在，必然以追求利润最大化为原则，收视率成了评判节目好坏的尺度。

不过，与普通物质生产有别的是，作为文化产品的电视体育生产过程其实具有精神和物质的二重性，由精神生产和物质生产两个阶段所组成。其中，精神生产阶段是电视体育产品的创作阶段，其以创造性的脑力劳动为主，必须经过一定的所谓创作后才能向社会传播的电视文化产品。不过，这里电视体育作品所反映出的思想性、文化性和审美性，相应地体现了它作为社会意识形态的本质特征，因而属于上层建筑的范畴。而物质生产阶段则是电视体育作品在技术化作用下的传播、复制或再生产阶段。通过这一阶段原本属于精神产品的电视体育被物质化，从而披上物的外衣。只是这里的生产活动表现为经营过程，裹挟其内的劳动耗费可由社会必要劳动时间来计量，从而受经济规律所支配。然而，一般而言，消费是人类通过消费一定的物品，以满足自身特定需要或欲望的一种经济行为。但从电视体育为人们提供服务的形式和功能来看，无疑，电视体育属于精神产品。因此说，如果着眼于创作，电视体育自然归为精神产品，而从其创作性之外来看，电视体育则属于物质产品。无论如何，电视体育得以顺利跨越并联通了两个层面：一方面具有了意识形态属性和社会公益性功能，另一方面又具有了娱乐消费属性和经济盈利的功能。一句话，电视体育的生产既关乎社会效益的要求，然而又离不开经济效益的压力。

然而，正如有人所指出的，"现代社会的商品拜物教会不可避免地演化为图像拜物教"① 一样。作为电视文化典型代表之一的电视体育强调直观的感知及其视觉冲击力，其大众性、世俗化和感性的再现方式与消费时代的文化特征正相契合，更容易为大众所认同、接受，乃至模仿。因此，在消费时代的社会氛围中，电视体育所受到的最大冲击就在于它强化了自身的商业属性。为了谋求与促成自身产品以及欲与之"勾连"产品现实消费的形成，只得以更为巧妙、

---

① 张宇丹，吴丽. 可视的文化：影像文化传播论［M］. 昆明：云南大学出版社，2009：261.

吸睛、有效的编码方式。事实上，电视的体育表征在实质上与消费时代广阔的社会结构与过程同步、一致。观看电视体育可以被看作一种社会文化建构，当然，这种建构与另外一种总体性的始终处于意义的生产、改造以及传播的周而复始、螺旋上升之中的社会建构相联系。电视体育传播的体育内容并不意味着就真的不证自明值得关注，而在于它们都能够以一种能保证始终尊重电视文本生产与呈现的一般规则的方式被建构。无疑，这一规则，与整个社会的文化特征相吻合。当然，这种复制统辖业务工作的专业意识形态的自觉，不只是在电视体育制作与传播的基础业务中被遵守。

因此，从电视体育的市场化、产业化这个角度看，电视体育节目就是一种名副其实的生产。而电视体育一旦成为商品，其必须要服从整个市场行情和商业逻辑的调控。不过，这种局势给电视体育带来诱惑的同时，也带来了许多困惑。市场化的体育电视必须直面市场的挑剔，其电视体育节目的制作和播出就必须充分考虑到手中的接受心理与审美期待。而正因为产业身份这一明摆的事实，所以，电视体育最为关心的自然是其市场销路使然。事实上，在文化工业的氛围与逻辑下，电视体育的生产就如流水线上的其他物质产品一样，有着一整套模式化、标准化、制度化的生产手段，包括信息风暴、话题营造、事件运作、明星塑造、性别说事以及金牌至上、娱乐狂欢等。无疑，生产电视体育的这些手段背后，隐藏的是电视传媒对当代消费文化的推崇、体验和实践。消费文化，作为当代消费社会的文化"圣经"和生活润滑剂，以不断创造和刺激大众的需求为最大特点，电视体育的生产和传播过程是一个利用符号的繁殖、影像的仿真建构拟态体育"现实"的过程，其真正目的并不在于这一拟态体育能指狂欢的使用价值，而是在于其交换价值——能够换来广告商的持续青睐。当然，这正突出表征了电视体育商业化所带来的压力使然。

二、欲望化重组：电视—体育剩余能指的嫁接

在《论摄影》一书中，苏珊·桑塔格认为："人类无可救赎地留在柏拉图的洞穴里，老习惯未改，依然在并非真实的影像中陶醉。"他还进一步指出："照片能以最直接、实效的方式煽动欲望。"[1] 当然，这里的照片是静止的，其每一

---

① 苏珊·桑塔格. 论摄影 [M]. 黄灿然，译. 上海：上海译文出版社，2010：7-24.

张都只代表一个重要时刻，一个被捕捉到的体验。而以视像连续呈现的电视体育亦是如此。体育界不仅是明星荟萃之地，更是视觉奇观的福地，其中因竞争的成功而带来的荣誉、意义象征和金钱等烙有商业社会基本价值观的符号能指在电视体育中都得到了淋漓尽致的诠释和放大。同时，电视体育奇观往往夸大因观看而带来的快感，并对那些可见与不可见之物（明星价值、金牌意义、英雄举动以及战术使用等）在拒绝意义和深度的情况下极尽吹捧与链接之能事，极度凸显那些表象的浮华张力，并刺激相关意义的隐喻想象。其战略目标正在于"通过他人来激起每个人对物化社会的神话的欲望"①，以图在目迷五色的氛围里让众口难调、口味时新的观众共同享用着"同一个世界，同一个梦想"。恰似周宪曾一针见血地指出的那样："消费社会就是一个消费欲望无穷发展的社会，而消费欲望的无止境同时包含了对视觉快感的无尽追索。"② 无疑，电视体育正是一种嫁接了能够带来无尽视觉快感的剩余能指式欲望奇观，从而更好地配合消费文化的征用。

（一）快乐原则：电视体育嫁接欲望的基础

德国哲学家威尔什曾指出，当代视觉文化的深刻意义就是消费社会中的快乐主义③。如果我们将这句话里的"视觉文化"置换成"电视体育"其意义依然成立。因为，作为视觉文化的典型代表，电视体育往往总是追求一种最为简单的快乐效果——通过"大肆渲染比赛中的动作，添油加醋；他们散布内部消息，分析各种策略、绘声绘色地对运动员进行描述、美化比赛、宣扬比赛的重要性"④。让人产生激情亢奋、血性狂野和狂热宣泄的瞬间愉悦，并最终力图让信息接收者感到一种压力忘却、紧张消解和情绪舒缓的功效。例如，为了娱乐效果，福建电视台 2001 年体育频道改版时，就把"体育也娱乐"作为一种新的思维方式运用于其中，推出了一系列具有娱乐功效的体育节目，如《WS 丽人行》《刊 8 夜总汇》等⑤。2005 年，该频道更是直接打出"内容边缘化，形式娱乐化"的传播理念，让流行时尚将体育运动装扮成了时尚生活的体现、感官享乐的表达，使得很多体育比赛被有意地策划成一次地道的粗糙娱乐体验。

---

① 蒋原伦. 媒体文化与消费时代［M］. 北京：中央编译出版社，2004：95.
② 周宪. 视觉文化的转向［M］. 北京：北京大学出版社，2008：132.
③ 周宪.20 世纪西方美学［M］. 南京：南京大学出版社，1997：12.
④ 杰·科克利. 体育社会学：议题与争议［M］. 管兵，译. 北京：清华大学出版社，2003：254.
⑤ 陈建国. 娱乐化功能体育电视的另一条出路［J］. 东南传播，2006（8）.

电视体育传播无疑是一种人类行为，但人类行为，无论如何出奇，如何自相矛盾，皆由欲望引起。而欲望是人类行为的逻辑起点，是人体各种器官官能渴望得到满足而通过相应的生理—心理过程表现出来的一种现象。人类欲望的无限性，欲望满足的依次递升性，欲望强度的有限和反复再现性以及满足欲望的对象的可替代性等重要特性，使它成为人类行为发生的根本动力①。当然，内在的欲望只有在外化为某些具体对象时才有实现的可能，由此便产生了所谓的需要。诸如人们对于食物、衣服、住房等不可或缺又不一而足的物质需要。进言之，需要、要求和欲望共同构成了拉康需求理论的三元结构。其中，需要一般指向的是人的生物性匮乏，它总是以具体的物的缺失为欲求对象；而要求则是指人离开母体之后语言构造的一个"我要"，是以非具象的缺失为欲求的对象。因此需要是本真的，而要求则是异化的。欲望则是"我要"的进一步异化的结果，它成为一个对物的无限欲求，这种欲求由此变成了一个永远无法满足的过程②。对此，学者王宁有过通俗的阐释：欲望（want or desire）是一种主观的、被感觉到的并常常是强烈的匮乏感、欲求和愿望，它既包括人体器官在匮乏状态下渴望得到功能满足的生理冲动（如饥饿、性欲），又包括个体渴望获得某种东西（占有欲望）或进入某种状态的心理倾向③。

简言之，人的欲望分为生理（物质）欲望和心理（精神）欲望。然而，从理论上来说，在过往普遍贫困的社会状况下，"文化（精神）"与"物质"的矛盾构成了基本矛盾，而在已经摆脱了普遍贫困的丰裕社会里，这应该已经不再是什么主要矛盾了。恰如丹尼尔·贝尔指出的，"欲求超过了生理本能，进入心理层次，它因而是无限的要求"④。而刘方喜则进一步认为"总体来说，消费社会满足大众的恰恰主要不是'物质欲望'，而是'文化欲望'"⑤。

不过，人类对于物质的需要及其追求只是人类行为的一个表象而已。因为心理学研究成果已然表明，人们欲望的形成必须建立在相应官能的生物基础之上。当人接触外物时，这一外物的信号首先由人的感受器官将其捕捉并转换再

---

①　陈惠雄. 快乐原则：人类经济行为的分析［M］. 北京：经济科学出版社，2003：34 - 35.

②　让·波德里亚. 符号政治经济学批判［M］. 夏莹，译. 南京：南京大学出版社，2009：1.

③　王宁. 消费社会学［M］. 北京：社会科学文献出版社，2011：26.

④　丹尼尔·贝尔. 后工业社会的来临：对社会预测的一项探索［M］. 高铦，译. 北京：新华出版社，1997：68.

⑤　刘方喜. 消费社会［M］. 北京：中国社会科学出版社，2011：10.

传至中枢神经，这时，大脑中枢会根据传入的信号再结合自身各种官能所需进行综合分析，最后产生需要或是拒斥的行为判断——当人体遭受到不良刺激时，则会引起神经中枢的抑制过程，从而产生对不良刺激源的拒斥行为。反之，当人体感受到良性刺激时，往往会引起神经中枢的兴奋，从而产生或强化对某种刺激源的需要。

因此，正常情况下人的欲望满足（各种需要行为）总是与相应中枢神经的兴奋过程相一致。进言之，一些事物抑或活动之所以能够满足人们的欲望，实际上都是建立在切合于相关中枢神经兴奋需要的生物性基础之上。这就不难理解，人们的一切行为，最终都是为了实现各自精神上的快乐满足，无所不包的人类行为皆在一定的精神快乐需要支配下而产生，皆为实现一定的快乐满足展开。这又叫人类行为的快乐原则（hedonic principle）。人们的各种行为与行为的具体目的都在这一原则支配下产生，都是人们精神上"舍苦求乐"的结果。恰如英国著名功利主义经济学家詹姆斯·穆勒（James Mill）所说："对快乐的追求是人的一切行为的潜在指导者，人们之所以这样做而不那样做，就在于他们趋乐避苦的天性。"①

（二）狂欢化：对生命自由法则的拟仿

尽管"生命本身是狂欢节的主题，它的法则即自由"②。但在科层林立、等级森严、工具理性极度膨胀的现代社会，对情感与身体的自我控制为生命一大特征。人们的工作、学习和生活节奏较之以往大大加快，越来越大的生活压力，如工作、婚姻、房子、车子、票子、晋升等已压得人们喘不过气来。如此，人们被自己所生产的商品和确立的制度深深地束缚起来，不同人群的现实地位悬殊被迫有形和无形地拉大。正如马克斯·韦伯所称，现代日常生活已进入理性化时代，这个时代特征是追求效率，精于计算，生活、工作要求规格一致，人们将日益处于理性的"牢笼"之中。这就使得在文明的紧身衣中已经憋得太久的人类对现实生活多少充满恐惧和无助。当然，一种另外就是现代体育的反社会性，其严明的规则和准确的判罚取消了任何特权，日常生活中的规矩、法令、秩序等在竞赛中被暂时"悬置"或"抛弃"，而让观众们在欣赏体育之美的过程中能够放浪形骸地忘情狂欢，从而展现出放大个性的无穷爆发力——体育竞赛之中，激烈的对抗使人心生紧张，刺激的角逐令人慨当以慷，让人或悲或

---

① 王润生．西方功利主义论理学［M］．北京：中国社会科学出版社，1986：36．
② 张冰．艺术与生活的双重变奏：《拉伯雷和他的世界》读后［J］．读书，1991（8）．

欢、或癫或狂，又如梦如幻、如痴如醉。

然而，体育一旦经过现代传媒尤其是电视的加工，就更增加了它的狂欢属性，同时强化了人们对电视化体育文本的期许与依赖。例如，电视体育的一大特点就是不忘围绕着赛场中的现场观众群做文章，以便突出和烘托场面的热闹。其常把镜头聚焦到观众席，有意捕捉观众那尖叫欢呼、人浪喝彩的画面和音效，来构建一种强烈的互动感。这一技术安排的影响是显著的，常会鼓励太过投入的球迷对对方球员发出嘘声、辱骂裁判、侮辱客队支持者、造人浪，为本队的出色表现喝彩，并试图站在电视镜头前①。恰如国外有人直言不讳："作为一名体育观众，我所追求的并不是理性的（或是道德的）、使人振奋的目标，我只是单纯地享受那种可以大声欢呼、激情绽放的瞬间。"② 当然，对无数因为电视体育而与天各一方的体育赛事建立了联系的电视体育观众而言，尽管体育赛事本身抑或结果并不会实质性地影响到其现实生活，但却丝毫不妨碍他们为体育而狂的精神、情感甚至身体的文化投入。究其原因，正是由于电视体育为人们营造了一种近似理想化的拟态时空，在这一时空里，社会制度以及人际关系均被有意地进行了文化修饰与重置。

对于此种现象，苏联文艺学家和符号学家米哈伊尔·巴赫金（Mikhail Bakhtin）的"狂欢理论"可以给予其以完美的诠释。"狂欢"狭义上是指一个强调时间概念的民间传统节庆日。该节日起源于中世纪的欧洲，其历史可以追溯到古希腊的酒神节（Bacchanal）和古罗马的农神节（Satuinalia）③。在狂欢节期间，人们举行宴会、彩车游行和化装舞会等活动，暂时从错综复杂的社会现实关系中解脱出来，摘下日常生活中因各自种族、职业、性别、年龄、地位等所附加的面具，在"留一半清醒留一半醉"的现实与游戏参半的状态中重构了一种别样的新型人际关系——一种最自由、最平等和最民主的人际交流形式——小丑和傻瓜、国王与乞丐、巨人与侏儒同台演出，无论尊卑长幼，人人都是狂欢中自由和平等的一分子。巴赫金指出，狂欢节作为文化转型期离心与向心力冲突的宣泄口和语言杂多现象的特殊表征，起了一个联结、沟通大众文化与精

---

① 罗纳德 B. 伍兹. 体育运动中的社会学问题［M］. 田慧，译. 北京：人民体育出版社，2011：278.

② 汉斯·乌尔里希·古姆布莱希特. 体育之美：为人类的身体喝彩［M］. 丛明才，译. 上海：上海人民出版社，2008：16.

③ 宋春香. 他者文化语境中的狂欢理论［M］. 北京：中国社会科学出版社，2009：2.

英文化鸿沟的枢纽作用①。换句话说，狂欢代表着大众文化对主流文化和精英文化的一种颠覆与反叛，在这里，多音齐鸣、众声喧哗、随心所欲、放纵不轨。

尽管到了现代社会，传统的狂欢节已不多见，但大众媒介却能借助现代科技手段来拟仿与重构狂欢。而电视体育正体现了一个仿佛"实现了"的乌托邦，为人们营造了一个拟态的文化时空连同虚拟的观众席位。它移植了原本固定时间的节日，而使之日常化为仪式奇观，男性和女性观众在这里都能找到情感宣泄的突破口，他们可以毫不避讳地通过荧屏正视异性或同性的身体能指，直白表露对他们的爱慕和崇敬之情，一些平时被认为是出格的、异常的行为在这里被当作是正常的、合理的。它甚至使得人们平日里所向往的一切，包括哪些"梦幻的材料"在这沉浸其中的海洋般的同感体验里似乎都成为现实，它是观众"一切梦想的实现，包括正义、富庶、法治、财产、自由"②。这正对应于巴氏对狂欢的理解：狂欢节仿佛是庆贺暂时摆脱占统治地位的真理和现有的制度，庆贺暂时取消一切等级关系、特权、规范和禁令。这是真正的时间节日，不断生成、交替和更新的节日。它与一切永存、完成和终结相敌对。它面向未完成的将来。

在狂欢中，所有人都不是作为观众观看，而是积极的参加者，要参与到狂欢中③。因此，电视体育的全面开放、凯旋狂欢的乌托邦诉求在本质上正是迎合了拟仿狂欢的需要。正如菲斯克所指出："游戏所要求的注意力的集中导致社会身份及其所承载的意识形态的丧失。这是一种对宰制力量的逃避。"④ 事实上，恰有研究表明，大约2/5的体育迷收看体育赛事电视转播正是为了逃避现实⑤。不过，正如人不可能永远生活在狂欢节中一样，电视体育的商业逻辑也使得它所再现的狂欢难逃理性的魔掌。学者郑也夫评价得好，"在人生和社会中，永远找不到田径场上同一条起跑线、棋盘上一方十六个子、足球上场一边是十一个人这样的公平竞争。因而，一切体育竞赛就成了人们对社会竞争中不

---

① 刘康．对话的喧声：巴赫金的文化转型理论［M］．北京：中国人民大学出版社，1995：193.

② 让·波德里亚．美国［M］．张生，译．南京：南京大学出版社，2011：132.

③ 北冈诚司．巴赫金：对话与狂欢［M］．魏炫，译．石家庄：河北教育出版社，2002：267.

④ 约翰·菲斯克．理解大众文化［M］．王晓珏，译．北京：中央编译出版社，2001：147 - 148.

⑤ Wann D, Rochelle A. Using Sport s Fandom as an Escape: Searching f or Relief from Under - stimulation and Over - stimulation ［J］. Unpublished Manuscript, 1999（7）.

公正现象做出的游戏补偿"①。其实，消费时代的电视体育所张扬的颠覆性的行为实践也无非是吸引大众眼球的一种商业手段而已，节目之外现实生活中的大众想要摆脱从属地位的路依然漫长，他们欢呼的其实是一个无法取胜的乌托邦碎片。

（三）欲望投射：电视体育的消费主义逻辑

体育电视正是紧紧抓住了人类"趋乐避苦"的这一本质，通过给欲望化的体育狂欢、审美实现以强大的技术支持的过程中，进行着欲望的直接袭用、巧妙嫁接、淳淳诱导和适时催生，并在欲望的释放与消费中推动着自身的兴盛。当下电视体育实则就是一种视听觉的表层搜索和欲望唤起——挑战观众的视听经验，诉诸人们的即时反应——利用图像和声响（解说）将体育的深意具体化、炫目化、震撼化，给受众增添竞赛快感与游戏意趣的同时，更激发了他们欲望的目光探索和心理投射。简言之，尽可能多地刺激人们的感官和神经，激发人们的快感和欲望就是其成功的一个主要诀窍。电视体育文本中，图像和解说互为阐发、彼此印证，从解说到图像，再从图像到解说，形成了一个独特的"互文性"叙述空间。无论两者之间是对应与吻合，还是偶尔出现了差异和错位，都能在这种即兴的"互文"中产生即刻的愉悦体验和意义增殖。

特别的，电视体育往往能够驾轻就熟地戏弄人们的欲望，抑或发出了欲望的邀请。关乎此，一个典型的例子就是，我们拿消费社会中重要的消费品"身体"来说，波德里亚强调"当代神话建构的身体并不比灵魂更加物质。它，和后者一样，是一种观念"②。不过，这里我们不要忘记前文提到的，"欲望可借广告来人工制造，借推销术来发生催化作用，借劝导者的谨慎操纵以形成，这种事实表明这些欲望是并不很迫切的。饥饿的人从不需要人们告诉他需要食物"。加尔布雷斯同时还指出，"生产诱发更多的欲望以及对更多产品的需要"，"它并不出自自身的消费者需要。不如说依赖效果意指它来自生产过程本身"。③因此，当下电视体育所推送的林林总总关于体育的"精神文化需求"是被制造出来并因而是可操纵的。

现代体育源于古代的民间游戏和一些民间祭祀仪式，虽然经过了学校制度的改造祛魅，但体育所具有的仪式意味始终或隐或现地存在着，无论在商业化

---

① 苗振亚. 酿造醇厚的体育文化 ［J］. 书屋，1998（3）.

② 让·波德里亚. 消费社会 ［M］. 刘成富，译. 南京：南京大学出版社，2006：25.

③ 约翰·肯尼斯·加尔布雷斯. 丰裕社会 ［M］. 赵通，译. 上海：上海人民出版社，1965：135–136.

之前还是之后，体育的魅力从心理分析的角度来看，与古代的巫术仪式一样来自它为练习者提供一种"剩余的能指"，是对无序的欲望的有效组织①。而电视体育更是目的明确地将体育的剩余能指发挥到了极致。比如，电视体育中的运动精英，我们印象深刻的，已然不是他们的五官摆布以及一颦一笑，而是肢体躯干。进言之，是四肢的伸展和弯曲、转动和复合，是躯体的夸张动作以及这种动作所葱茏氤氲和蓬勃生发的激情意识及其象征性表达。

　　不过，其中所有的身体动作及其组合显然是与琐碎的日常生计操劳无关的，毫无实用目的，单纯的是为运动而运动的生命活力充盈下的极度迸发。只是这种激情的传递无须通过意识的想象，而是依赖特别的动作并借助于别人的目光与听觉来表达自身——差不多所有运动员胜利后的狂喜和受挫后的愤怒总是伴随着身体的翻转、舒展和高呼长啸来给予释放，以至此时脱离了正常状态的身体似乎有一种欲望之力在其内部出没与徘徊，并宰制与操纵。如此，身体、运动和欲望便融为一体，而画面上各种让人目眩的色彩奇观也就成了变动不居的欲望的一路踪迹。所以，这些矫健的身体已不是被体育事件所驱动，而是被欲望眼光所投射；不是被外部情势所催逼，而是被内部驱力所推搡。因为它只和欲望相关，并被欲望所驱动，以至身体不再是欲望的载体，也不是欲望的面具，而正是欲望本身，时刻进行着无名的冲动性自我欲望的生产，并激起人们的占有、认同、安全等各式欲望。如麦克卢汉所说，通过延伸，电子传输系统，如电视、计算机、因特网，与身体建立起了机能联系，由此使身体获得了一种数字化的视觉文化经验。这一经验是自相矛盾的、代理性的，但也具有激发力量，因而其无所不在的形象建构和规定着我们身体的选择和欲望②。

　　因此，电视体育作为一种典型的消费文化连接着主体的必然的欲望模式，并通过不断地刺激来强化并利用这种模式，它的作为奇观的模式和消费者文化的模式高度吻合而处在一种相互渗透、彼此强化的循环之中。甚至不惜"动摇原来商品使用或产品意义的观念，并赋予其新的影像与记号，全面激发了人们广泛的感觉联想和欲望"③。以至凭借先进的科技，营造出了比现场体育更加精彩、绝伦、刺激、浪漫的"体育生活形态"本身来刺激并吸引人们，让大家总

---

① 魏鹏举．体育的剩余价值：一个文化研究的典型个案［EB/OL］．

② 查尔斯·伽罗安，伊冯·高德留．视觉文化的奇观．［C］//吴琼．视觉文化的奇观：视觉文化总论．北京：中国人民大学出版社，2005：204.

③ 迈克·费瑟斯通．消费文化与后现代主义［M］．刘精明，译．南京：译林出版社，2000：166.

是认同并感觉到它就是体育的全部，且蕴藏无穷的体育奥秘。其诱惑不仅使人产生向往之情，更让人欲罢不能，直至拥有它的乌托邦的欲望想象。因此，情色暗示、金钱角逐、暴力宣泄等形形色色的愿望叙事"汹涌澎湃"，以及形体放纵、隐私自爆、人格出卖等迎合窥私欲的欲望叙事"泛滥成灾"，实际上都只是电视体育文本生产过程中欲望和消费的一种有组织的延伸而已。而这恰恰正暗合了以指向那吸引眼球、推销商品、促成消费为目的的广告商心理。

三、捆绑广告：电视体育对消费欲望的定向

消费时代日新月异的新生产技术下，商品的大量生产无疑需要等量齐观的消费行为，而大量消费的实现有赖于商品能够有效地借助极受欢迎的媒介内容让自己广而告之。因此，与电视体育文本中的消费主义价值观和实践的建立相伴而生的，则是更明显地对广告的商业利益的觊觎与关注。事实上，为有效地销售商品，广告就需要和当前流行的传播力强大的社会神话发生联系，同时还需要将其安置于媒介中惹眼的合适区域，这样才有助益产品和服务最大交易发生的可能。于是，广受社会欢迎的电视体育文本自然就会被当作诱饵，而将那些本来对这些商品和服务并不知情或也许根本就不情愿的所谓潜在消费者强行带进了商品消费的文化轨道。因此，电视媒体要想获取利润必然离不开广告这一可能有效吸引眼球的商业行为，于是电视体育很自然地就会设法和各种各样的广告建立起同盟关系。恰如我国学者钱蔚认为的：

> 在现代市场经济条件下，媒介自身具有了经济上进行市场化运作的条件，媒介提供的新闻固然是一种公共物品，而非纯粹的商品，在当代已无法以分割出售方式通过商品交换完成其价值补偿。但媒介在信息传播中形成的传播能力和对社会大众的影响力，在一定意义上还包括从事传播的权力，在现代社会中，却有一种奇货可居的商品，它可以转化为广告服务，由媒介出售给广告主，而广告服务，正好具备了一般商品所具备的"私人物品"性质。究其实质，新闻媒介的市场性和商业性来自它所经营的广告服务的商品性①。

---

① 钱蔚．政治、市场与电视制度［M］．郑州：河南人民出版社，2002：64．

其实，当下体育电视化生存的前提事实本身便表明了这一文化形态对物质消费的强烈依赖性。同时，电视传媒在以体育的名义而倾力制作并传播的各种对物欲推崇备至的奇观化文本策略，其最终目的正是对眼球背后的商业利润富矿的觊觎。而广告商要想完成产品推广任务，其广告就势必会选择正在传播的强大的体育神话并与之建立业务联系，以便借助这一神话的威力也让自己高度抢眼，如此才能有效地促进其商品乃至服务交易的进行，从而将那些对其商品未知和可能不愿购买的潜在消费者带进商品文化的橱窗。

（一）问道体育空间，物化广告能指

在一个消费与娱乐的社会中，体育表演带来的效益越来越受到关注，其图像价值无可比拟①。当然，体育表演的图像价值亦即其形象价值。形象就是人们对某一事物、人物、组织或地方的信念、观念、情感、期望和印象的综合结果。同直接的视觉印象不同，它是一种过滤了的视觉印象，是一种掺杂了人的观念、情感、态度和信念因素的视觉印象。可见，形象是主观因素和客观因素相互作用的产物，是"观看方式"和事物的可视因素相作用的产物。而我们的观看方式也是一定的文化熏陶的产物，是我们在后天的社会化过程中习得的。因此，可以说，形象的塑造离不开对文化因素的利用②。而体育电视广告某种程度上说其实正是商品企业对体育文化形象的利用和开掘，其借助具有认同内涵的体育图案、旁白等能指手段引导和诱惑受众经由消费商品能够获得其所需要的意义和价值。

不过，电视体育这一符号空间不仅可以通过表征、剪辑、重组、文化植入等手段而得以塑造成为一种所需的产品形象，而且其本身也已被象征化了，成为一个关乎消费的文化表征和指称（signifier）。其中琳琅满目、形式多样的商品世界（结构化的消费空间表征，诸如赛场广告牌、演播室的广告植入、运动选手的服装、球拍、饮料等，不一而足）已经成为消费文化习以为常的物化形态。其对于许许多多的消费者尤其是年轻人来说，是一个犹如梦幻一般的充满想象、期许和向往的理想乐土。沉浸其中就可以获得一种对世俗烦恼的神奇解脱，不仅能随心所欲和随性而为地端详和评价自己心仪的体育明星、体育宝贝，

① 乔治·维加雷洛. 从古老的游戏到体育表演：一个神话的诞生［M］. 乔咪加，译. 北京：中国人民大学出版社，2007：161.
② 王宁. 消费社会学［M］. 北京：社会科学文献出版社，2011：196.

而且能转化为徜徉于林林总总争奇斗艳的充满象征意义的商品的观赏、幻想以及进一步的想法之中。可见，在电视体育这一充满社会文化想象的空间中，既包括丰富多样的符号和能指，也包括了非物质的所指。以耐克运动品牌为例，其"所指与具体的耐克产品（即我们所遭遇的具体真实的产品）相联系，但它是更抽象的耐克，它本身实际是一个观念，这也就是社会想象中的品牌的核心含义"①。可见，任何品牌的形象和观念都与商品的真实物紧密相连。

如今，广告商和赞助商都已经成为体育比赛不可忽视的资金保证。他们往往会斥巨资购买播出时段和主持人背后的广告位，并设法在运动员着装和体育器械上冠上自己的商标和广告，或是干脆把广告牌放进了体育场馆……其目的当然是为了获得更多电视摄像机镜头的光顾机会。其结果使得所有体育报道都成了一个个浑然一体的广告推销——广告商和赞助商的名字广泛出现在节目重播、精彩片段回放、比赛集锦、赛前宣传、赛后总结，以至体育明星的着装周遭……尽管这些还算不上真正的商业广告。但无论如何，电视媒体毫不掩饰地将体育再现为一种经济活动和市场上的商品。文化资本和金融资本的结合体现在各种体育产品的商标上——它们频频出现于奥运会的赛场和各大购物中心的柜台。从而吸引了人们的注意力，让他们掏钱购买②。这一点，克里斯·希林曾一针见血地指出："当代体育运动中的广告宣传无处不在，有时甚至显得商品仿佛成了运动空间中唯一表征的东西。广告用商品充塞了体育场馆的每个角落，运动态身体本身也越来越'以符号封装'，裹在赞助方挑选的'第二皮肤'中。"他甚至还进一步指出，"在这个领域企业赞助的程度如此之甚，乃至于若无此项来源，绝大多数重大体育赛事根本不会问世。"③ 可见，经济力量形塑电视体育有着不可否认的权力，但经济因素的动员却也是要依赖文化的力量的。因此，呈现具有高识别因子的时尚品牌符号的电视体育，不可能免疫于经济的影响。

（二）打造消费偶像，召唤体育受众

广告宣传往往不会提供多少关于产品本身的信息，而是诉诸那些有可能成

---

① 斯科特·拉什，西莉亚·卢瑞. 全球文化工业：物的媒介化 [M]. 要新乐，译. 北京：社会科学文献出版社，2010：302.

② 格雷姆·伯顿. 媒体与社会：批判的视角 [M]. 史安斌，译. 北京：清华大学出版社，2007：346.

③ 克里斯·希林. 文化、技术与社会中的身体 [M]. 李康，译. 北京：北京大学出版社，2011：115.

为该产品想象性消费者的幻想、欲望与梦想等认同手段。诚如伯格曾指出的：
"广告形象往往借助雕塑或绘画，以增强广告信息的吸引力或权威性。"① 然而，
在电视体育流行的今天，广告有了更好的依凭——体育明星。因为体育明星已
成为日常生活中难得的一种情感资源，同时体育偶像的塑造同西方资本主义所
固有的个人主义价值有着密切的联系。个人主义强调个人的自我负责精神和独
立自主性，主张个人充分行使自己的权利，并对自己的命运负责。在行动上，
个人主义表现为鼓励发挥个性，积极参与竞争，并以个人的成功为其最高目标。
在消费领域，个人主义表现为将消费看作是其个人成功的证明，因而极力突出
消费的符号性质和享乐功能。广告"征用"他们，主要是基于他们技压群雄、
活力四射、豪放不羁、欢乐奔腾，是成功的标志，表征着理想的生活方式。具
体地说，在这里，消费一方面是个人成功、身份和个性的一种符号，因而成为
个人进行自我展示的符号工具；另一方面，消费所具有的享乐性质，又被看作
是对个人努力工作的一种奖赏和回报②。这样，商品中所隐喻的消费文化就巧
借体育明星影像得以形象化地闪亮呈现。正像伯格指出的，"广告推出业已改变
而备受羡慕的人士，并说服我们追求类似的改变"③。将体育明星打造成"消费
偶像"，某种意义上说，就是消费意义范式的生产，他们俨然已是消费行为中如
何消费和如何理解的引领者，因为他们不但创造了消费的符号，而且赋予这些
符号以特殊意义，并在公众领域中借助可视性媒体（如电视）不断地向人们施
加影响，进而教会人们如何去追寻所谓的"有品位的生活"。

　　电视体育广告总是通过一系列的奇观能指链及其增殖来彰显意义，其中的
影像奇观语言更多时候并不明确指向一种"实在之物"，而是将它预设为能指的
想象性任意关联，再策略性地将那些飘忽不定的时尚能指加以重组，以竭力表
征、隐喻和宣扬一种引人入胜的理想生活方式。例如，由球王贝利的临门一脚
踢出了现代住宅所需的"冠军瓷砖"；杨晨一脚踢出的雪花啤酒广告；"阳光男
孩"刘翔在获得跨栏冠军后，为可口可乐"自信、积极、活力和阳光"的品牌
理念增添了更为丰富的新想象性元素等，不一而足。可见，由传媒所建构的虚
拟理想生活，其活力正在于它能够让人在虚拟世界中充满现场感，这种虚拟世
界中的交流和游戏活动已成为现实生活之一种。因为在消费时代，精神生活的

---

①　约翰·伯格.观看之道［M］.戴行钺，译.桂林：广西师范大学出版社，2007：146.
②　王宁.消费社会学［M］.北京：社会科学文献出版社，2011：86－87.
③　约翰·伯格.观看之道［M］.戴行钺，译.桂林：广西师范大学出版社，2007：142.

需求已上升为重要的需求，而且令人欢欣的是，人们的许多幻想都已经可以借助于音像技术转化为酷似现实生活的具象形态。可以说，当前的虚拟技术已能够满足文化实践中的一切要求与愿望。因此，电视广告的逻辑是隐喻的逻辑，更是联想的逻辑，其可以跨越符号的边界在多能指系统间随意漂移，并且可以相互转喻或彼此切换，以便将现代社会中芸芸众生的种种欲求和期待编织成希望的花环。当然这种转喻和切换也是以隐喻或联想为基础的。其任务是鼓动人们攫取或占有消费对象的价值观，并千方百计地将人们的消费欲求开发出来，化诱惑为奇观，将欲望对象化。对此，米米·怀特（Mimi White）的认识很是深刻，他认为，那些吸引人的产品推销广告，是电视消费主义目的最为明显的地方，不仅对政治经济学家如此，对所有的观众都是这样①。因此，和所有的电视广告一样，借助体育奇观的电视广告向所有的人开放，代表了使其成功的模范消费者观众，并试图将携带更大愿望的观众群体打造成通晓消费主义外部大世界和熟知这个大世界中流通的商品的"行家里手"。

（三）赋予观众身份，服务商品销售

尽管在一般人眼中，电视体育节目就是"飞入寻常百姓家"的免费礼物，而其中的广告内容，就成了附加在这个"礼物"上面的一串点缀物。不过，别忘了电视在呈现这一小小饰物时总是会策略性地提醒或暗示人们该礼物其实来自广告商的馈赠。比如，在节目开始、暂停期间或快要结束的时候，总有播音员及时宣读或以文字形式醒目呈现，生怕人们记不住"本节目是由×××赞助播放"。有时甚至广告还会较为委婉、含蓄地请求作为本节目观众的你，至少要同意在播放商业广告的过程中扮演观众的角色。然而，由于广告一般以促进商品销售为最终目的，而消费主义则是鼓励人们最大限度地购买商品，二者间有着天然的便利性联系。因此，广告被认为是传播消费主义及其文化的最直接、最有力工具——所有的广告就广义而言，都在推销消费主义，而在狭义上讲，则在销售着某种商品②。无疑，如今的电视体育已成为帮助我们融入消费者文化的一种有力手段，其中的广告事实上扮演的是消费文化意见领袖的角色。而"体育迷"作为消费者的身份在广告中最为突出，并又广泛地存在于越来越具宣传性的电视体育节目之中，不断地被模仿和推广，以至最终进入市场。这一过

---

① 罗伯特·艾伦. 重组话语频道：电视与当代批评理论［M］. 牟岭，译. 北京：北京大学出版社，2008：171.

② 约翰·菲斯克. 理解大众文化［M］. 王晓珏，译. 北京：中央编译出版社，2001：31.

程奠定了观众的赛事/表现范式的基础。而电视体育广告需要借用这一范式时，就会使用这样"想象的"体育迷角色，以此获得战略优势①。

　　不过，诚如菲斯克在分析商品的文化意义与广告业的关系时所认为的那样，"广告业总是力图控制商品的文化意义，其方式是让商品的文化意义尽可能紧密地配合金融经济的运转"②。其实，深受广告商控制和影响的电视体育制作也免不了需要配合消费主义金融经济的运作。电视体育广告善用已被受众认同的体育明星代言将产品符号化、抽象化，以生活方式、生活态度或社会地位展示的方法对特定消费场景和消费氛围加以营造、描绘和渲染，将成功、梦想、高贵、浪漫、优美、个性、承诺等各种意象附着于消费品之中，并邀请人们考虑广告产品以及这些产品所能实现的梦想或需要，从而将商品的自然属性与人生意义、社会意义等相勾连，实现商品的象征价值对原先占支配地位的使用价值和交换价值的替代，以期有利于商品的最终销售。恰如阿迪达斯的一个广告片中，贝克汉姆饱含情愫地回味了在 1998 年足球世界杯上自己球队惜败阿根廷球队的系列遭遇后，一脸真诚地告诉受众："艰难时刻总会过去。"还有，耐克的经典广告"Just do it"（想做就做）以及阿迪达斯的广告词"Nothing is impossible"（没有什么不可能）等等，无一不是使用的这一有效套路。如此，商业形象携同并利用体育信息促进了消费主义，电视通过鼓励电视体育受众通过购买衬衫、鞋子、夹克、NFL 帽子、NBA 长运动裤和 Notre Dame 咖啡杯来表达他们跟运动队和运动员的联系。很明显，这与消费者社会中的消费主义意识形态相一致——"消费是幸福的根本，也是认同的基础"；"你所买的就代表了你个人的形象"是市场经济的一个信条③。事实上，电视要想收回为转播体育赛事而先行支付的转播费，必须要说服观众回馈节目以"礼物"。当然，这种回馈并不需要及时兑现，而是可以在以后任何时间、任何地点，以事先设定和期待的方式走向销售商品和服务的"真实"世界。

　　可以说，电视体育节目植入和插播广告的直接目标就是通过赋予电视体育受众以消费者角色，倡导和动员受众去消费林林总总被广告的商品，并促使受众在追求想象性快感与意义之中，自觉不自觉地成为消费性劳工。诚如鲍曼所

---

① 劳伦斯·文内尔. 媒介体育、性别、体育迷与消费者文化：主要议题与策略 [J]. 成都体育学院学报，2012，3.

② 约翰·菲斯克. 理解大众文化 [M]. 王晓珏，译. 北京：中央编译出版社，2001：28.

③ 杰·科克利. 体育社会学：议题与争议 [M]. 管兵，译. 北京：清华大学出版社，2003：490.

认为的，在一个新文化时代，"社会关系中消费的首要性"使"我们在想要拥有任何特别身份前，首先要成为一名消费者"①。可见，相对于电视体育文本，与之相伴而至，电视广告更是把体育观众作为潜在消费者对待。因此，我们已经深入了解了电视体育文本的消费主义文化配方，以及电视体育广告赤裸裸的消费主义推销行径。现在让我们一起来看一看以上两者目标能够最终得以实现的关键——电视体育受众的商品化。

四、受众商品化：电视体育交换价值的实现

当今电视体育已经实现在全球范围内进行生产和交换，并诱导观众将自己视为假想的观众群体中的一员，从而将本处于流散状态的社群通过全球化的电视手段、超越了国家、民族的疆界被连接在一起。这种归属感的要求与法国哲学家路易斯·阿瑟斯（1971）解释意识形态的概念方式相似：

> 在意识形态中，人被认为是某种特定的对象，人们接受这种要求占据某个适当位置，同时伴随着建立起这一位置中固有的价值观。人们成为个体，服从于意识形态价值观。意识形态作为唯一目标使人们组成他们所需求的对象。电视体育节目有意识形态的功能，它约束被邀请观众与电视报道进行互动的方式，使体育节目远离那些与"体育流氓"相关的不受限制的不合理行为，并且朝着专家评价的合理方向发展，这种评价与中产阶级的专家意见和观众相关知识的训练相联系。②

考虑到这些观众中包含有许多对运动员的体育复杂技巧以及教练所采取的多变策略并没有太多知识储备的人，而决定了电视体育观众具有特殊性。不过，也许正由于缺乏有关专业性体育知识，观众很容易受到运动或比赛本身之外的

---

① 劳伦斯·文内尔. 媒介体育、性别、体育迷与消费者文化：主要议题与策略［J］. 成都体育学院学报，2012（3）.
② 乔纳森·比格纳尔，杰里米·奥莱巴. 21 世纪电视人生存手册［M］. 栾轶玫，译. 北京：清华大学出版社，2008：120.

东西的影响，甚至受到主观宣传的迷惑，而成为暂时的"时间移民"①。诚如菲斯克在分析作为观众的"我"时所说，"此时的'我'并非个人主义的'我'，而是一个话语领域：'我'是一个竞技场，在那里，我的社会生活的诸种话语贯穿并构成了'我'，也是在那里，这些话语在阅读的实践中被带来而与文本的话语资源发生关系"②。事实上，尽管观众往往是匿名的、模糊的，怀揣着各种动机的，也不管他们多么众口难调、口味时新，他们肯定都多少需要体育神话的安慰和鼓舞，因此他们在收视率上是具有同等重要的意义。总之，电视演绎体育神话，营造平等的氛围和语境，其目的主要是通过物质交换的过程将它们转换成资金。而观众在消费电视体育时，也成了这个文化交换过程中的一部分。当然，所谓的观众并不能直接实现自身的经济效益，它最终实现经济效益还需要经过"受众"这个特殊的环节。

（一）体育受众：岂一个"收视率"了得

这里采用伯顿对电视观众的划分——"初级观众"和"次级观众"。其中，体育比赛现场的观众属于初级观众，而坐在家里的电视观众则为次级观众。体育的"初级观众"与比赛处于同一个时间和空间范围内，因现场所限往往拥有几千人、几万人甚至几十万人不等。他们感觉自己是历史事件的一部分，有一种在优越条件的强烈意识，几乎都是把自己和比赛结合得极为紧密，并对赛场中的主体信息与自身偏好之间的关系把握得较为清楚。另外，初级观众看现场比赛更多来自其主观意识，大多数人从头到尾对比赛保持关注，注意力很难分散至比赛之外，同时他们对比赛的双方存在选择性偏向，且这种偏向常常是公开的、外化的和显著的。美国学者汉斯·乌尔里希·古姆布莱希特（Hans Ulrich Gumbrecht）对之有自己独特的理解，他认为：

> 观众的身份既不是"旁观者"，也不是"评论员"，而应该是比赛当中的一部分。观众在观看比赛时，实际上是在与运动员一起获得一种集体体验，追求一种共处的形式。无论如何，观众都渴望将自己的身体能量与运

①"时间移民"是指，在一个特定的时间内，作为主体的人，其存在的地理位置并未改变，但从思维、情感等方面看，他已进入另一个空间，与其中的环境融为一体，感受着环境中的人物的喜怒哀乐，用环境中人的眼光、观念去思考去分析去对待各类发生在该环境中的事。此时此刻，主体完成了他的角色转换，在精神方面成为另一文化空间的"居民"。方晓红. 大众传媒与农村［M］. 北京：中华书局，2002：143.

② 约翰·菲斯克. 理解大众文化［M］. 王晓珏，译. 北京：中央编译出版社，2001：62.

动员的身体能量融为一体，并以此来增强自己的能量。即使自己（所支持者所在）的球队惨遭失败，也不会觉得自己的感情投入付诸东流，而是会留在球场，与他们的球队共存亡①。

可见，古姆布莱希特的观点很好地解释了体育现场观众的体验主要是指精神上的统一，但往往以身体上的一致来表现。诸如，越来越多的球迷穿着自己喜好的球队的球衣入场，乃至还将脸上还涂着与球衣颜色相似的染料。更有甚者，一些球迷已经习惯于将该体验仪式化——收藏球员比赛时使用过的球衣、防汗带和手套等。

然而，电视时代的初级观众随着电视人的策略性运用，现已变成了电视体育内容不可或缺的有机组成部分。而也正因为如此，他们似乎很乐意成为电视体育的内容，并因此而兴奋，甚至会忘乎所以地在行为上加以迎合，以至如今与其说他们是观众倒不如说是演员。这一点，阿帕杜莱的分析很是到位，他说："就像世界上其他地方的宏大场面一样，亲临现场的观众本身就是为电视观众设置的壮观的演出当中的一个道具。这使得现场观众不光体验场景的真实性，也为电视观众提供真实性的证明。亲临赛场观看比赛场面的观众，也是电视观众看到的景观的一部分。"② 不过，随着现代电视技术能够成功地将散聚状态下的观众群转换为集体性观看群体（次级观众），尽管他们观看的是经过电视加工和转播的比赛，是将整个比赛现场通过多镜头的拍摄和经过导播多讯道转换成的"即时"体育节目，但相对于体育的次级观众群呈几何数增长的数量，如今初级观众除了起着真实性和狂欢性、奇观性的作用外，其人数反而为人们所忽略，从而使得通过电视观看体育的间接消费者已愈来愈成为观众的主流。当然，尽管次级观众往往无法直接具体计算数目，但却可以用数字来界定和表达其概念，且我们在量化分析中还可进一步通过引入"收视率"这一概念从而可以粗略计算出在播出时段目标观众的数量。

不过，如果说体育初级观众的参与行为主要是出于主动，那么次级观众的收视行为则往往受到多种主、客观因素的综合影响。因此，排除那些主动、积极地通过电视转播收看比赛情况的"忠实"电视体育观众群之外，还存在着其

---

① 汉斯·乌尔里希·古姆布莱希特. 体育之美：为人类的身体喝彩 [M]. 丛明才，译. 上海：上海人民出版社，2008：125－137.

② 阿尔君·阿帕杜莱. 现代性游戏：印度板球的非殖民化 [C] //罗钢，王中忱. 消费文化读本. 北京：中国社会科学出版社，2003：380.

他原因的受众——他们往往都不是铁杆体育迷，至少不是某场比赛的忠诚粉丝，因此对有关比赛的信息因不太关心而知之甚少，甚至有可能一无所知。而且在收视的过程中，他们因相对缺少对参赛队的心理偏好，因而不一定总是保持专注，这就导致他们可以因其他事情的出现而中断收视，甚至可以心不在焉地同时处理着与观看无关的其他事情。因此，从对赛事的情感角度分析，此类受众不仅仅表现为单纯的收视行为，还有在欣赏赛事转播的同时毫无顾忌地进行其他放飞心情的动机和行为，如与身边人交流、喝饮料和吃零食等。当然，在这轻松娱乐的收视环境下，也不排除一些观众因赛事进程而逐渐有了些模糊的暂时心理偏好，并因此会随着自己支持的运动队或队员的精彩表现和胜利而鼓掌、尖叫，或随着自己支持的一方的失利而锤头、顿足，甚至会对运动员的拙劣表现、教练员的不当指挥或裁判员的错误判罚随意叫骂与批评，而丝毫不顾社会文化环境对自己平素行为之约束。而正因为此，如何将匿名散在、动机多元、偏好易变的潜在观众群体"收编"，并将他们尽可能地培养成忠实的电视体育迷，已成为电视议程设置的重要内容。

（二）体育迷：体育剩余能指的情感联盟

事实上，对体育迷身份的探寻是一个复杂的过程。由于身份的复杂性和难以捉摸，决定了所谓的电视体育观众其实是一个很不稳定的群体。将体育迷看作一个通用的指代一点也不能增进我们对其的了解。几乎没有哪个体育迷拥有广泛的运动爱好，并对所有项目都同样感兴趣。因此体育迷和他们的身份都是有区别的，不可能都集中在一种运动、一个团队、一名运动员或一个地点上。而且，体育迷对体育项目的爱好是不定的，从狂热体育迷到临时体育迷，他们所了解的运动知识也是迥然不同的。然而，尽管体育迷有着不稳定的特点，但人们对于他们的解读跨越了从文化盲从到被赋权的整个范围。一方面，体育迷被认为是寻求精神慰藉疯狂迷恋的、歇斯底里的；另一方面，他们拥有成熟的文化资本，包括丰富的参与度、创造性，甚至抵抗力①。而正是在这一认识路径下，温纳（Wenner）和甘芮（Gantz）依照情感的参与程度发现了五种观看体育比赛的不同动机：

第一种是爱好者类型，其关注胜利的喜悦，对赛手有强烈的认同。第

---

① 劳伦斯·文内尔. 媒介体育、性别、体育迷与消费者文化：主要议题与策略 [J]. 成都体育学院学报，2012，3.

二种为学习类型，他们意欲获得关于比赛和队员的相关信息。第三种是发泄类型，该群体能借观看比赛而得以发泄情绪、放松、大吃大喝。第四种是陪同类型，其观看的理由是为了和其他人在一起而看，这样的动机尤其在家庭或其他重要的人的情况下尤为重要。最后一种是填充/打发类型，这是一种情感投入最少的类型，之所以观看仅仅是为了打发时间或者仅仅是因为无聊而看①。

然而，意义永远是在社会的层面被生产出来，并在主体中再生产出各种社会力量。对任何事物赋予意义，必然会对主体也赋予意义，不管该主体怎样可变或是游牧式的。②

因此，媒体对于体育迷普遍描述成一个"想象的群体"和铁杆粉丝：他们对运动的投入程度失衡，常常显得怪诞和着迷③。以足球迷为例，每遇重大足球赛事，时有发生因观众挤压踩踏、球迷滋事等所造成的人员伤亡、器物损坏事件，以至举办地的警察甚至整个城市都如临大敌。当然，除去有关球迷的负面现象，对于大多数球迷来讲，足球有着积极的意义——可以享受假日生活，让人生充满愉悦；可以结交更多朋友，让日子有滋有味；可以暂时体验狂欢，让生命激情飞扬……当然，他们中不乏有些是本身就喜欢踢足球，有些则很少踢甚至根本就不会踢，还有些能对足球如数家珍，而有些则不明就里。但无论属于哪种，只要其声称自己是球迷，尽管他们可能会痛骂某些足球，但一旦有国家队参与的重大赛事，他们也定会在电视前坚守。

那么，电视体育何来如此神力，能让球迷们"坚贞不二"呢？列维·斯特劳斯在他著名的《结构人类学》一书中对萨满教的精神分析或许能给我们以启示，他认为：

> 萨满教和精神分析其实是一样的，尽管前者是一种具有魔力的民间医术。这些医师，包括萨满教的巫师和精神分析的专家，所做的就是给病人提供丰富的能指，即提供一种"能指的剩余"，比如在某种祭祀中，祭祀仪式本身可能并没有什么意义，但却能带来丰富的能指剩余，这样病人就可

---

① 哈里斯. 媒介心理学［M］. 相德宝，译. 北京：中国轻工业出版社，2007：164－165.
② 约翰·菲斯克. 理解大众文化［M］. 王晓珏，译. 北京：中央编译出版社，2001：53.
③ 劳伦斯·文内尔. 媒介体育、性别、体育迷与消费者文化：主要议题与策略［J］. 成都体育学院学报，2012（3）.

以把自己的痛苦和这些能指联系起来，通过表意把痛苦组织起来，这样痛苦便变得有意义了，便也就减轻了一些，甚至能治愈自己的痛苦。这中间有一种象征性的倾诉。

因此，根据前文对电视体育的仪式性分析，我们可知，电视体育的魅力从心理分析的角度来看，与古代的巫术仪式一样来自它能为观众提供一种"剩余的能指"，而这一能指可以实现对无序欲望的有效组织。因此，球迷以及其他的"迷"们是一些很特别的社会文化群体，他们的构成方式是非组织性的，具有极大的社会随机。具体地说，球迷是一群共同拥有一些相同或相近的见解，即体育剩余能指的情感联盟。然而，这一情感联盟对于消费时代的电视体育来说，意义重大，不可小觑。因为在商业策划的推动下，能指狂欢的背后自然少不了体育营销的不断升级，体育商品或借助体育而广而告之的相关商品已构成了现代生活的一个普遍表征，其广泛性存在需要我们必须在消费主义文化环境中来把脉体育受众这一社会现象。

（三）电视体育受众的商品化

那么，商家抑或电视组织，他们到底是如何实施对电视体育观众剩余能指情感联盟的策略性运用呢？被誉为集学术分析、政策研究和社会参与为一体的典范的加拿大媒体研究学者达拉斯·斯迈思（Dallas W. Smythe）在《依附之路》（*Dependency Road*）中表明，更多在工厂或办公室之外的时间并不意味着有更多脱离工具关系的自由；因为在发达资本主义制度下，有效率的工人还得会消费。换言之，就是使受众所谓的业余时间也在"工作"。也即按照大众媒介广告商的需要工作，最终，因消费产品而从生活者变成消费者。而斯迈思的学生加利（Sut Jhally）后来居上，他修正并补充了老师的观点，指出受众与电视公司的关系犹如劳工与雇主的关系，受众收看电视而自以为是在娱乐，其实根本就是以劳工的身份在为资方（电视公司）"做工"。电视节目的制作经费是资方付出的成本，也就是受众（作为劳方）凭借收看电视而获得的工资；而广告则是资方的营收，受众"免费"收看电视节目，正是以劳作的方式换取工资[①]。因此，商业电视的播放时间并不是免费的，其唯一的价值就是来自被捆绑成商品可以被卖给广告公司的巨大观众数字。恰如罗伯特·艾伦所指出的：

---

① 苏·卡利·詹森. 批判的传媒理论：权力媒介社会性别和科技 [M]. 曹晋主，译. 上海：复旦大学出版社，2007：总序 4 - 5.

　　电视的业务就是把人头卖给广告商。或者更准确些说，广告商是要根据观众统计数字的多少来支付电视公司费用的。……无论电视节目有什么别的目的，无论电视节目期待得到什么样的观众反馈（笑声、眼泪、愤怒，等等），它首要的任务就是说服电视机前的人成为观众，使观众与电视达成类似面对面交流的那种契约关系。商业电视会不遗余力地提醒你：你就是我们电视台要找的那个观众"你"。①

　　毋庸置疑，以上观点同样适用于对电视体育观众的分析。不过，随着电视的普及及其技术的完善，现代体育传播发生了巨大的变化，其中最为突出的就是电视体育观众人数的几何级增长。例如，第27届悉尼奥运会期间，平均每天有35亿～38亿人次观看电视体育转播，大大超过了全球观看美国阿波罗登月时电视转播的人数。而根据艾杰比尼尔森媒介研究所的统计，在2004年中国11个城市市场电视收视统计，大约有86%的电视受众收看了雅典奥运会的电视转播。然而，在绝大多数的观众眼中，体育节目仅仅是一种"免费"的娱乐资源而已，他们所需付出的唯一代价，顶多就是在观看电视体育的过程中会被一些无厘头商业广告所无情地打断。其实，殊不知，在观众所不可见的屏幕另一端，正活跃着一个商业电视的经济体系……我们在屏幕上所听到或看到的体育奇观，代表了这个系统与该系统的另外一个重要成分所构成的交汇点。而这一重要成分，就是指数亿潜在的电视体育观众。

　　如今，电视已经把体育转变为其组织架构和产品的重要组成部分，并且成功地把重要体育赛事及其所吸引的相距遥远的受众转变成了一种重要的商品，并且运用各种不同的方式开发和实现了他们的价值②。对此，斯迈思的观点一针见血，他说："受众商品是一种被用于广告商品销售的不耐用的生产原料，受众商品为买他们的广告商所做的工作就是学会购买商品，并相应地花掉他们的收入。……换句话说，他们的劳动（媒介的接触行为）创造了对广告商品的需

　　① 罗伯特·艾伦. 重组话语频道：电视与当代批评理论 [M]. 牟岭，译. 北京：北京大学出版社，2008：107.
　　② 格雷姆·伯顿. 媒体与社会：批判的视角 [M]. 史安斌，译. 北京：清华大学出版社，2007：344.

求——垄断资本主义广告商的目的。"① 即受众才是大众媒介的主要商品，媒介公司生产了受众，并通过将其卖给广告商的同时，赢得了自身生存与发展所需的庞大经济资本。

当然，以上分析只是从总体上交代了电视体育与消费主义文化交互共生的关系，事实上，电视体育欲想真正如愿地达到它的这一目的，还必须要求其文本自身能够让受众在凝视中产生诸多快感的体验。

---

① 达拉斯·斯迈思. 论受众商品及其劳动 [M] // 奥利费·博伊德·巴雷特，克里斯·纽博尔德. 媒介研究的进路. 汪凯，等译. 北京：新华出版社，2004：273.

第 3 章

凝视的快感：电视体育的文本诉求

电视体育传播中，电视起着不可小觑的作用，它将体育运动转化为视觉盛宴，并让观众如临其境、坐看风云。电视体育是极度的自然与极度的人工的混合物，会带来"有机的"吸引力。恰如有人所认为的，体育观众是在分享一种文化经历，而这个经历受到了媒体的影响。尽管体育运动在电视传媒参与之前就已经被"命名"，但电视是意义的生产者，其所有的传播行为都能使体育产生出各种意义。因此，今天的体育早已经不是简单的健身性仪式，而是演变成一种文化现象和媒体素材。它填充了电视传媒大量的播出时段，成为电视机构主要的经济来源。

然而，借助于雄厚的资金和技术手段，体育运动的电视再现使得体育的定义得以延展并重新界定。恰如澳大利亚学者大卫·罗所指出的："媒体不仅使得体育能够为全球范围内数目惊人的受众所接触，而且还'服务'于这些受众。通过无休无止的、无所不在的过程——包括展示、'发声'、讨论和描绘，等等——来复制和改变着体育文化。简言之，媒体是以多种方式来再现体育的。"[1] 而这些也正是电视体育传播吸引观众并令他们感到满意的地方。所以，如果说 18 世纪西方小说的产生发轫于资产阶级的兴起——是"当时占优势地位的中产阶级的读者大众的欣赏趣味、文化程度、经济能力"起着"关键性的促进作用"的话[2]，那么，今天在这里我们也可以说，电视体育是消费时代社会大众的一种文化选择。不过，这里的"选择"尽管从表面上看是社会大众自觉自愿的行为，但实际上则是在消费社会的文化运作下所产生的必然结果。那么，

---

① 格雷姆·伯顿. 媒体与社会：批判的视角 [M]. 史安斌，译. 北京：清华大学出版社，2007：339.

② 蒋原伦. 媒体文化与消费时代 [M]. 北京：中央编译出版社，2004：106.

电视到底是如何使体育超越其业余文化形式的"孤立"的状态，而渗透到我们日常生活之中，占据并改变着我们的日常生活呢？要回答这一问题，就不可避免地要回溯一下电视体育的文本及其主要模式。

一、电视体育：一种再现的拟态体育文本

历史上，所有的机构都是被其他机构当作工具来"利用"的，从而留下了自己的"痕迹"。原因在于机构发挥作用的方式。体育也不例外，尽管我们非常希望它是个例外①。事实上，体育往往是出于非体育的目的和功能而被使用的。比如，体育电视传播就是如此。相对于那些由于视野、目力等主客观原因所限而不能很好地观看比赛的现场观众而言，电视预设了最佳观看位置与角度，并通过对体育现实符号的选择性重组，突出了技术化力量的重要性，建构了关于体育的意义新空间。以至有研究认为，没有电视转播的真实体育比赛，其观看效果比电视转播差很多。无疑，电视具有再现体育的功能，但问题是，电视再现了什么样的体育，又如何再现？为什么电视建构的不是体育本身？要弄清电视对体育的再现问题，有必要对媒介真实的建构过程进行深入的分析。

（一）媒介真实的建构及其意识形态功能

相对于人类肉身的局限性与有所不能，作为人的延伸的现代技术却凭借独有的观念化模拟功能施展了自己超乎完美的无所不能。不过，现代技术在以其工具理性去替代和补偿人类的器官功能的同时，也建构了自己的虚拟世界，并大有替代人类现实世界的可能。事实上，早在 20 世纪 20 年代，美国著名记者李普曼（W. Lippman）在其著作《公众舆论》（*Public Opinion*）中就指出：大众传媒建构的另一个现实造成了现代人与"客观信息"隔绝的问题。他认为，我们"直接面对的现实环境实在是太庞大、太复杂、太短暂了，我们并没有做好准备去应付如此奥妙、如此多样、有着如此频繁变化与组合的环境。虽然我们不得不在这个环境中活动，但又不得不在能够驾驭它之前使用比较简单的方法对它进行重构。（恰如）人们环游世界就必须要有世界地图"。因此，李普曼提醒人们说："对于所有这些事例，我们尤其应当注意一个共同的因素，那就是楔

---

① 汉斯·乌尔里希·古姆布莱希特. 体育之美：为人类的身体喝彩［M］. 丛明才，译. 上海：上海人民出版社，2008：50.

入在人和环境之间的虚拟环境。他在虚拟环境中的表现就是一种反应。然而，恰恰因为那是一种表现，那么产生后果——假如它们是一些行动——的地方，就不是激发了那种表现的拟态环境（Pseudo-environment），而是行动得以发生的真实环境。"① 这一概述，揭示了大众媒介所形成的虚拟环境的作用与影响，首先它能够制约人们对现实的认知；其次，受其制约的人们的行为往往直接作用于现实环境。从而不仅使得现实环境越来越信息化，同时也造成信息环境越来越现实化了。

其实，究其根本，"拟态环境"就是传媒文化的"再现"问题。因为，所谓"拟态环境"之所以能够得以建构，离不开大众传媒对现实世界的技术化"再现"过程。而"再现"一词是对英文 representation 的中文翻译，可以简单理解为"通过语言生产意义"，它是一种实践，一种使用物质对象和效果的"运作"②，代表了一个表述的世界而非现实世界，是"真实"世界里一些事物的一种映像、类似物或复制品③。与再现相对应的概念是易于被理解的"在场"（presence），即客观世界里实际发生的事件本身，但这一事件可以按一定的新闻框架被再现或重新编码为带有深深媒介印记的"媒介事件"。可见，再现是一种对于真实的改写、重组与标榜，它需要将诸多不同的符号元素以一定的规则组合成一个明了的形式，以表达复杂且抽象的概念意指。再现的这一人为话语实践过程通常被称之为选择性建构，并具有意识形态的意义。恰如法国哲学家雅克·德里达（Jacques Derrida）所说，在当代"再现是一个最重要，最富于生产性的问题"。

现实生活中，尽管人们往往都接受照相机和摄像机不会说谎的事实，但其实不然，照相机、摄像机在被有思想的人使用后只会撒谎④。拿电视传媒来说，其摄像镜头和麦克风的价值并不在于记录真实，而是将真实事件首先符号化（主要是影像化），进而再符码化。当然，这一过程事实上也产生了关于真实的"意义"，只不过该影像化真实与具体指涉物的真实性有着天壤之别。

---

① 沃尔特·李普曼. 公众舆论 [M]. 阎克文，江红，译. 上海：上海世纪出版集团，2006：11-12.
② 斯图尔特·霍尔. 表征：文化表象与意指实践 [M]. 徐亮，等译. 北京：商务印书馆，2003：16-26.
③ 大卫·麦克奎恩. 理解电视：电视节目类型的概念与变迁 [M]. 苗棣，等译. 北京：华夏出版社，2003：139.
④ 陈龙. 传媒文化研究 [M]. 北京：中国人民大学出版社，2009：157.

1923 年，苏联革命电影导演齐家维尔托夫在其一篇文章中说：

> 我是一只眼睛，一只机械眼。我——这部机器——用我观察世界的特有方式，把世界显示给你看。从今以后，我永远地从人类凝固的羁绊中解放出来。我在不断地运动。我凑近各种物体，然后拉开彼此的距离。我钻在它们底下爬行。我同奔马的嘴巴并驾齐驱。我与人们同沉浮共升降。这就是我，一部机器，在混乱的运动中调遣部署，在最复杂的组合中记录一个接一个的运动。我从时空的束缚中解放出来，我协调宇宙中个别或所有个点，由我主宰它们的立足之地。如此这般，我创造了认识世界的新观念。这样我就用新的方式，解释你不了解的世界①。

从这段表述我们不难发现，所有影像的背后其实都是人为的，而且"影像是重造或复制的景观。这是一种表象或一整套表象，已脱离了当初出现并得以保存的时间和空间，其保存时间从瞬息至数百年不等。每一影像都体现一种观看方法。"经这样拍摄的图像肯定与现实不同，因为"经过复制的形象，会使自己投合一切目的。"而且"无可避免地成了电影摄制者论证的材料——电影放映时，形象接踵而至，其连续性构成了不可逆转的意见陈述"②。

美国新闻记者阿尔·英格里希把这一现象称为"假动作摄像效应"。滕竹晓在其《电视的冲击》一书中还援引了英格里希所介绍的一个例子。某位橄榄球教练为了鼓舞运动员的士气，尽管是在不进行电视转播的日子里，也把电视摄像机带进运动场，用摄像机对准运动员。于是，运动员意识到自己正在被'拍电视'，就会努力做出自己最出色的表现来。滕竹晓认为，这是电视改变事件以后的进程的极好例子。现代人是通过'大众传播'，"把结构化了的事件"作为环境而生活其间的。他还认为，这份报告表明：

> 在作为创新的"现实"和通过电视"再现的现实"之间，是有很大距

---

① 约翰·伯格. 观看之道 [M]. 戴行钺，译. 桂林：广西师范大学出版社，2007：12.
② 约翰·伯格. 观看之道 [M]. 戴行钺，译. 桂林：广西师范大学出版社，2007：15 - 23.

离的。电视所做的仿制，是采用最高度的机械技术的大众媒介结构化的产物。仿制并不是对创新的忠实摹写，而是通过电视摄像机这个眼睛对创新予以加工的结构化的产物。对游行的转播，是用电视独有的角度构成的另一个"现实"。但是视听者为什么能把它作为"另一个"现实来认可呢？这是因为视听者所了解的事件，就是通过电视看到的事件①。

这就是说，电视镜头总是有所选择的，呈现什么、强化什么、淡化什么，又遮蔽什么，绝不仅仅是"镜头方位"操作上那么简单，在镜头背后更隐藏着意识形态话语体系的支配力量。正如文化研究学者霍尔所认为的，媒介产品并不是现实的反映，而是对什么是现实的定义和建构。从媒介产品的生产到受众的解读是一个意义传播的过程。这个过程可以理解为：

图2

传播者将他的意图通过符号载体转化成信息，此即"编码"过程。而抵达受传者的"信息"，再经受传者解读符号，还原内容，则为"解码"过程。传播者在这个过程中，控制了什么能被传播，什么不能被传播。受传者只能根据被传播的内容进行解码，得出自己关于现实世界的印象。而没有被传播的内容或被歪曲传播的内容他是很难意识到的。这与艾伦·赛特的理解有异曲同工之妙，他指出："电视产生的能指是通过传播性规则来与所指联系在一起的。即使当我们观看诸如新闻节目的时候，我们也常常对电视所积极参与的符号制作过程视而不见，而是把新闻看作纯粹的信息，仿佛是并没有被媒介过滤过的所指一样。"② 于是，"我们认同于银幕上的影像世界——尽管它不过是一个幻象，是一种建构，是社会性的产物，是意识形态的体现"③。亦如波兹曼所说："我

---

① 藤竹晓. 电视的冲击 [M]. 李江林，等编译. 北京：中国广播电视出版社，1990：45
　　-60.

② 罗伯特·艾伦. 重组话语频道：电视与当代批评理论 [M]. 牟岭，译. 北京：北京大
　　学出版社，2008：33.

③ 格雷姆·伯顿. 媒体与社会：批判的视角 [M]. 史安斌，译. 北京：清华大学出版社，
　　2007：204.

们的媒介即隐喻，我们的隐喻创造了我们的文化的内容。"①至此，将有助于我们对电视体育的"真实"建构的理解。

（二）电视体育的真实：自然化的眼见为实

上文中的拟态环境抑或"超真实"世界与现实世界相对应，其实质是传媒所再现的自然化了的世界。其中，传媒再现是通过自然化的过程形成一定的影响力的，即传媒以某种"自然而然"的方式再现某个特定的文化现象，同时在再现中包含了有关这一文化现象的一些看法，而有意或无意地省略了另一些看法。这一切也是自然而然的。这一"自然化"的过程也强化了占主导地位的意识形态所具有的霸权，使得人们不加批评地接受了其中所蕴含的态度和价值观②。因此，对于再现体系隐喻的电视传媒而言，摄影、影像的威力来自它们本身就是物质现实，是无论什么把它们散发出来之后留下的信息丰富的沉积物，是反过来压倒现实的有力手段——反过来把现实变成影子。影像比任何人所能设想的更真实③。恰如皮尔斯所认为的："对于人来讲，符号在某种层面上代表某物。符号在人的心灵中创造了另一个符号，它是原符号的解释项。"④ 同样，制度化、组织化的电视体育传播，以日复一日地为观众展现了一个累积性的再现过程。从而使电视转播的体育画面在潜移默化中成为核心权威，不仅普通受众对此深信不疑，就连足球界的所谓权威——运动员、教练员和裁判员也无不五体投地，顶礼膜拜。例如：

> 2010 年南非世界杯赛英格兰队与德国队比赛中，当值乌拉圭主裁判拉里昂达对英格兰队兰帕德进球的误判引起的巨大争议，几乎改变了国际足球联合会的比赛规则。然而吊诡的是，在这一事件的处理中，几乎所有人都是以"镜头反映的是不容篡改的客观事实"为出发点的，自始至终，电视机构根本无须标榜自己的权威性，因为就连教练员和裁判员也在媒体中运用电视画面来验证判罚和执教的能力。从而使得电视转播毫无疑义地控制着在与国际足球联合会暗战中的话语权。从而在一定程度上，HBS 的 7

---

① 尼尔·波兹曼. 娱乐至死［M］. 章艳，译. 桂林：广西师范大学出版社，2004：18.
② 格雷姆·伯顿. 媒体与社会：批判的视角［M］. 史安斌，译. 北京：清华大学出版社，2007：65.
③ 苏珊·桑塔格. 论摄影［M］. 黄灿然，译. 上海：上海译文出版社，2010：264.
④ 斯科特·拉什，西莉亚·卢瑞. 全球文化工业：物的媒介化［M］. 要新乐，译. 北京：社会科学文献出版社，2010：307.

位世界杯转播导演成了逾越国际足球联合会所有专业人士的世界杯"超叙述者"，受众对电视画面的依赖为他们轻易取得的超叙述地位提供了温床①。

　　然而，随着越来越多的观众接触到全世界的赛事和运动员，电视为体育提供了独一无二的"再现"。它使观众能够看到场上的动作以及场边的运动员和教练的特写镜头；他重播关键动作并以慢镜头显示，帮助观众去幻想，好像他们也可以做精英运动员所做的那些动作；它甚至把观众带到夺冠队伍的衣帽间。电视评论员往往充当电视观众的"同伙观众"；他们是纽带，通过他们，能够提高人们对运动员的认同。评论员还大肆渲染比赛中的动作，添油加醋；他们散布"内部消息"、分析各种策略、绘声绘色地对运动员进行描述、美化比赛、宣扬比赛的重要性②。可见，电视体育文本依然是一种权力的展示，致力于一种说服效果——有组织、成系统、走程序地进行赛事转播策划与执行，从上到下，形成了一个等级森严的金字塔式的体育电视传播系统。此外，电视总是重视并倾向于突出体育中的某些行为，同时携带某种明确的价值观和态度，以及不忘折射那些人所共知的体育历史并期冀保持现状的信念。恰如美国《纽约时报》的作者罗伯特·利普塞特（Robert Lipsyte）在谈及电视体育时所认为的那样：电视报道已经成为一种"体育娱乐"的形式，这与那些自称是"来源于现实"的电视剧没什么区别。换言之，电视是建构体育和观众经验的重要形式。不过，这一切是在不知不觉中发生的，以至于大多数人认为当他们在看电视节目时，他们是在以"自然的"形式体验体育③。

　　当然，不可否认的是，电视是当今世界上最多产、最重要的叙述媒介。电视除了虚构故事，还能用叙述的词汇来构筑"真实"④。当然，电视对体育的真实再现必须通过一个个镜头来表达，进一步说，电视所有关于体育真实建构的理念最终都必须转化成一个如何"正确"使用镜头来表述体育的空间和时间及

---

①　魏伟．解读神话：南非世界杯电视转播的符号学研究［J］．中国体育科技，2011（2）．

②　杰·科克利．体育社会学：议题与争议［M］．管兵，等译．北京：清华大学出版社，2003：415．

③　杰·科克利．体育社会学：议题与争议［M］．管兵，等译．北京：清华大学出版社，2003：467．

④　罗伯特·艾伦．重组话语频道：电视与当代批评理论［M］．牟岭，译．北京：北京大学出版社，2008：22．

其二者之间关系处理的问题。当然，不同的时间和空间的选择与重组总能产生不同的真实效果体验。从空间的角度看，体育活动的现场是全方位的、层次丰富的和立体式的。而电视体育的画面却是选择性的、层次有限的、平面化的。而且，电视体育的影像空间离不开对现场体育运动的延展与压缩、夸张与变形，以至造成在其时间流程中，电视观众看到的已不再是一个固定的体育立体空间，而是一个既变动不居而又逻辑自洽的二维体育画面。这样，电视观众对体育空间的感受就可以随着摄影镜头的运动及其变换而有所改变，以不致被限定在一个画框式的距离内。因此，电视的这种表现决不能被仅仅看作原事件的"变体"或"补充"，相反，它应该被看作大众事件的根本属性的质的转化。也因此，对于赛事转播而言，体育比赛通常只被用作原材料，而作为电视表现其卓越技艺的出发点。不过，这一转化导致电视体育与原始体验已然不同，但是它也许更为重要。正像丹尼尔·戴扬，伊莱休·卡茨所认为的，电视提供的不是仪式体验的一种苍白的对等物，而是独一无二的电视视觉的"不在那里的体验"。事实上，电视说，可能根本就没有"那里"①。

可见，从更广泛的电视文化生态来看，体育事件及其内容的可见与不可见，甚至有的被低度再现，有的被过度再现，也有的被错误再现，这除了取决于电视人所认为的它的新闻价值的大小，还取决于这些事件在消费社会中交换价值的大小，以及它最终吸引公众眼球的能力。但不管怎么说，当下电视体育已越来越变成一种以炫目和震撼见长的后现代艺术形式，恰如先锋派电影一般刺激着观众意识流的想法。电视体育镜头的即时回放与多角度呈现等技术使用，类似于电影里常用的倒叙镜头，挑战了观众的持续感、观看角度与敏感性的同时，也极大地改变了电视体育直播的性质。因此，电视对体育的再现其实产生了另一类体育：不仅其中的大多数细节不同，而且构建了有意义的形式本身。

二、符号分析：解构电视体育文本的学术棱镜

其实，上文中所涉及的一些理论与概念问题，如果施以符号学的观照，就很容易理解了。因为文化总是体现为各种各样的符号，举凡人类的器具用品、

---

① 丹尼尔·戴扬，伊莱休·卡茨. 媒介事件：历史的现场直播［M］. 麻争旗，译. 北京：北京广播学院出版社，2000：93－115.

行为方式、甚至思想观念，皆为文化之符号或文本。同时，人作为社会性动物，交往与交流必不可少，而交流的内容总是会常常突破"在场"空间之所有，故而符号的创造正是人类为了超越自身能力及其物理环境局限，而对那些需要在交流中必须传达的意义加以表征（representation）的结果。这里如果我们能够接受一些文化学家所坚持的"文化的核心就是意义的创造、交往、理解和解释"，那么，我们就不难理解"文化的创造在某种程度上说就是符号的创造"①。又符号学关注的是意义在"文本"（text）（电影、电视节目以及其他艺术作品）中的产生方式②。因此，对于作为一种人工制品的电视体育文本来说，研究的取向就是将电视体育视为复杂的符号系统。电视体育的符号学解析，即是借助符号学的相关理论成果来分析电视体育文本，解读符号在电视体育传播中的价值与意义。

（一）体育运动：一种符号的游戏

众所周知，符号是一切传播活动的基础，一切传播活动都离不开符号。而符号学的巨大贡献，在于它集中发挥了一套语汇，用以描述符号系统的作用，描述这些符号系统之间的相互关系，描述这些符号系统对于理解我们生活于其中的物质世界和社会环境所产生的影响③。因此，从符号学的角度看，现代体育运动就是一个符号的海洋，其中每个运动项目都是一个符号体系，而每个符号体系下又都包括若干次级符号体系（如运动员、裁判员、体育宝贝、看台观众等）。以橄榄球为例，诚如阿瑟·阿萨·伯杰在分析时所指出：

> 球赛本身就是以符号为基础。球员聚集在一起发动攻势所使用的符号类似于符号学家所讲的符码，表示某时刻进行特定的动作。后卫紧盯对手，寻找传球或某些动作的暗号。比赛中许多活动是以"欺骗"为基础的——即给对手以假的能指，造成对手的错误……裁判也使用符号——用各种手势表达犯规处罚。这些信号其实是非口语化的，是视觉上的比喻，使裁判能够向在场每个人表示犯规的性质。最重要的符号是伸手高过头顶，表示

---

① 周先，许钧.《文化与传播译丛》总序［M］//菲利普·史密斯. 文化理论：导论. 北京：商务印书馆，2008：1.

② 阿瑟·阿萨·伯杰. 媒介分析技巧［M］. 李德刚，何玉，译. 北京：中国人民大学出版社，2005：14.

③ 罗伯特·艾伦. 重组话语频道：电视与当代批评理论［M］. 牟岭，译. 北京：北京大学出版社，2008：6.

得分，这个符号是一个能指，却有两个所指：一方面表示进攻球队得胜；另一方面表示防守球队受挫。

他甚至还进一步认为，所有橄榄球运动参与者的制服与饰物都是球赛中各种技能、活动和功能的能指：裁判规则、体育活动、音乐娱乐、性暴露、比赛策略等①。

然而，为了内外传播的需要，现代体育运动往往总是要具体化为一系列用以标示和便于识别的特定符号，如场地、器材、规则、裁判、动作、声音、服饰，以及仪式、文字、图像、图表和吉祥物等。此外，体育运动还会生发出许多的衍生符号，如球迷、体育宝贝、升国旗、奏国歌、媒介体育、负面表征等。当然，符号包括能指和所指。在这诸多的可见的符号背后一定有其要表达的所指，不过，这里的所指已经不单纯是现实事物，而是已经编码化了的可表达之物。恰如网上文章《电视体育受众转型的文化解读》所总结的：微观上，运动员犯规而被警告或罚下所指的是公平，队友之间的手语动作所指的是合作，抢断和突破所指的是对抗；宏观上，马术和高尔夫所指的是高贵，篮球和乒乓球所指的是草根，武术和藤球所指的是民族，世界杯和 NBA 所指的是国际。此外，到现场观战呐喊所指的是热情，搜集购买自己支持的球队和球星的海报图书及签名物品所指的是忠诚。

可见，体育运动中的具有高识别因子功能的符号无处不在，任何一项体育运动都是由许多的符号实践所构成的游戏，而正是这些符号实践实际上潜在地构建了体育运动的决定性条件。但我们不应忘记，符号是体育运动对象化的能指，它用自身的理解方式来理解和探索体育运动。其中的每一种符号抑或解读都是对体育运动的表征，也是一种创造，这种创造并不一定就是真实体育运动所固有的图景，实际上所有的这些符号表达都只是对概念化的体育的一种阐释，一种"再现"，一种可以给予、产生抑或潜藏意义的符号勾连，而非全部。不过，根据符号学家罗兰·巴尔特的理论，符号事实上含有两个层次的表意系统，所谓的"能指＋所指＝符号"只是符号表意的第一个层次，而将这个层次的符号作为第二层表意系统的能指时，与会产生一个新的所指。因此，如果说现实体育运动是符号表意的第一层次，那么，电视化的体育无疑就是符号的第二表

---

① 阿瑟·阿萨·伯杰. 媒介分析技巧［M］. 李德刚，等译. 北京：中国人民大学出版社，2005：162.

意系统。所以，用符号学来解构电视体育就成了题中应有之义。

（二）电视体育文本：再次符号化的实践

上文的分析告诉我们，符号学所关注的就是符号的意义产生、表达与阐释。恰如霍尔在分析电视符号时所认为：

> 电视符号是一个复杂符号。它自身是由两种类型的话语——视觉话语和听觉话语——结合而构成的。此外，用皮尔斯的术语来说，它是图像符号，因为"它拥有所再现的事物的一些特点"。这一点已经引起很多混乱，并为视觉语言的研究提供了激烈争论的场所。因为视觉话语将三维世界转译为二维的层次，它当然不能成为它所指称的对象或者概念。"电影中的狗会叫却不能咬人"等没有符码的操作就没有明白易懂的话语。因此，图像符号也就是符码化的符号——即使在这里符码发挥着不同于其他符号的符码的作用。语言没有零度。自然主义和"现实主义"——对所再现的事物或者概念的明显忠实的再现——就是语言对"真实"的某种明确表述的结果和效果。这是话语实践的结果①。

尽管以上分析是针对电视符号而言，但作为具有"符号化的物质属性"的电视体育来说依然适用。因此，对电视体育作符号意义的分析与阐释，有必要运用符号学的相关知识。

1. 电视体育文本的符号组织

电视体育文本是有组织的，并且是以各种方式，出于各种原因组织起来的，能表现出全息化的身临其境之感。概言之，电视体育文本包括影像、文字、声音、音乐和音响效果等多种符号，但主要通过图像和声音来传递符号信息。而图像文本分影像和图表，声音文本分同期声与解说词。电视体育符号有外延和内涵两个层面的意义。就其外延层面而言，它直接指向体育运动的实在之物本身，因此，体育本身的美学特征及其意蕴可以直接为观众所欣赏和解读。从而电视体育中的诸多符号，如高大健壮的球员身体、眼花缭乱的过人技术、看台观众的情绪爆发、体育宝贝的性感妖娆等，都是首先以其外延意义直接、生动为观众所感受和领悟。然而，与外延层次不同的是，电视体育符号内涵层面的

---

① 斯图亚特·霍尔. 编码，解码 [M] //罗钢等. 文化研究读本. 北京：中国社会科学出版社，2000：349-350.

意义大多并非是直接通过电视体育符号的外在特性而产生，它主要依赖于观众的主观感受、情感与其文化储备、价值观在彼此互动的过程中的深层的文化生发。恰如菲斯克所认为的，"任何一种物质—功能性资源，都与符号—文化性的资源相交叠"①。在电视体育文本之中，运动员、裁判员与现场观众等人物形象，以及体育场馆、设施、器材等物品都被巧妙地转换为具有标志性意义的电视符号，它们十分酷似其所表征的事物（即体育事件本身）。

　　然而，尽管电视上的人物形象在视觉上可以以假乱真地被认为就是其本人，但事实上这一图像是二维的，并局限在一个屏幕方框内，且这一图像的获得有其特定的选择方式、焦长和角度。在边幅和图帧遮盖已经减小了电视画面背景情况下，这种有选择的策略性镜头，可以让运动员显得更为高大洒脱、孔武有力、深不可测甚至具有神秘感，尤其当有现场观众呐喊等音效适时穿插的时候，这样的感觉就更为强烈。另外，电视体育中各种与比赛进展及其胜负成败相关的阐释性统计图表，更是体育赛事现场空间所缺席的，但却也成了电视体育的形象，并鼓励人们对这些形象进行准科学的鉴定。此外，为了更好地说明这些图表，电视屏幕上有时还会打上词语，而这些词语常常又与声道里的话音遥相呼应。凡此种种，最后，电视体育文本就能够在引导观众穿过形象的所指地域时，使他们能够避免一些意义，同时接受另外一些意义。这样，经电视人策略性的符码重组，一个新的文本就这样产生了，并引领着观众一步步走向其预先设定的以体育为名的意识形态新时空。

　　不过，被制造出来的电视体育毕竟不是实物而是象征符号，这些符号主要包括两大类型：一种主要用于认知；另一种主要是供审美。这不仅存在于电视体育这一实质性的审美元素的非物质对象的意义和价值增值中，也越来越多地存在于那些体育实体的形象之中。当然，体育实体的审美化有时在生产中，有时又在体育的传播和消费中悄然发生。不过，就电视体育的"实质性审美元素"而言，其最重要的对象是那些在特定情境下运动中的身体以及身体与身体、身体与器械的关系审美——外貌、体型、气质、对抗强度、动作势能等。当然，我们不能忽视的是电视体育在信息传播秩序中的核心功能。其中，信息符号是电视体育传播的主要角色，它包括竞赛的过程与结果以及意义与价值，也包括对训练的技术与方法以及竞赛的战术与战略的知识认知。这样，由于电视体育几乎是传播中符号的完美原型，其才能够具备前所未有的能力在本土与他者语

---

① 约翰·菲斯克. 理解大众文化 [M]. 王晓珏，译. 北京：中央编译出版社，2001：35.

境中自由翱翔，并与更广博的信息传播结构里的意识形态和神话产生互利依存的亲密关系。也正因为此，电视体育才得以承载着极高的符号象征价值，从而能够将强烈的情感表达转化为实质经济和文化资本生产的核心领域之一。

可见，由于符号具有相对独立性，具有自己的特征。同时，符号是再现的"原材料"，有助于构建出"其他事物"并且蕴含着与之有关的抽象意义①。因此，进一步证明电视体育符号的全息化，并不意味着其是在全部真实地再现体育运动的本来面貌。关于这一问题，美国学者艾伦·赛特（Ellen Seiter）有着深刻的认识。他在《符号学、结构主义与电视》一文中指出，任何形式的传播都是片面的、有目的的、遵循某种常规的和带有偏见的。符号学的研究强调，电视符号的产生和组合，是由电视在某一地点以及某一特定时间制作出来的，我们应该识别这些电视的制作方法，因为这些符码是与媒体传播的"现实"分不开的②。当然，隐藏在赛特这句话背后的，是电视符号的可制作性，而这无疑又集中体现在符号的能指再生产上。

2. 电视体育文本的能指青睐

上述分析其实指向的是关于每种符号都拥有的两种不同的特征：替代性（displacement）和生产性（productivity）。这种替代能力，也就是当"真正"的刺激物在实物形态上并不在场时产生复杂行为的能力。而所谓的生产性是指每一种符号都是生产性的，且掌控符号的人有能力在有限的符号元素基础上生产无数个表征③。正如有学者所提出，如果说从 20 世纪 80 年代中期到 90 年代中期，电视语言符号呈现出明晰的音像能指与意义所指的二元对立结构的话语形态的话，那么从 20 世纪末至今的电视语言符号则出现了明显的能指化倾向，即注重制造视听快感，消解意义深度④。其实，强化能指冲击、消解所指深度、制造拟态狂欢也正是当前电视体育文本语言的流行特征。每个熟悉目下电视体育传播的人都能看出，其最明显的特征便是对体育本质意义（所指）的疏离与消解，同时浅表化倾向和能指化青睐已成事实。

---

① 格雷姆·伯顿. 媒体与社会：批判的视角 [M]. 史安斌，译. 北京：清华大学出版社，2007．380.
② 罗伯特·艾伦. 重组话语频道：电视与当代批评理论 [M]. 牟岭，译. 北京：北京大学出版社，2008：34.
③ 詹姆斯·W·凯瑞. 作为文化的传播："媒介与社会"论文集 [C]. 北京：华夏出版社，2005：15.
④ 黄海. 中国当代电视总体性叙事特征 [J]. 新闻前哨，2004（10）.

电视体育文本制作其实是对体育活动的再次符号化创作，因为体育运动过程中的运动员、动作及其程式等需要经过复杂的再度编码才能最终形成符合电视传播规律的符号。电视人利用远景、近景、特写等景别变化，镜头的平拍、仰拍、俯拍等高度调整，镜头的推、拉、摇、移等外部运动与变焦距、慢、快等内部运动，再加上诸如动漫设置、快慢回放、字幕和图表插入等特技效果，以及解说员解说、演播室评论、音响渲染、广告植入、有奖竞猜等五花八门的内容设置来强化传播效果。可以说，为了收视率的提高，电视人一直没有停止研究如何在电视体育的能指上做足文章，他们甚至关注如何根据人的生理与心理特性制造出最能引起人的无意识注意的赛事音像结构模式，以致让一些收视调查公司从中发现了商机，他们在研究人对同一刺激的"注意"能持续的最大极限后，推论出了音像构成每隔多少秒必须发生变化的研究结果。难怪有学者认为："今天的电视制作实际是根据观众理性休克的接收状态来设计自己的电视语言的，即电视人以何种能指才能最大限度地吸引并保持观众的注意力。"其实，电视体育中每个角落都充斥着人为精巧设计的形象能指——强化了的视听冲击，它们都在疯狂地营造一种能指的诱惑。在其规模化、炫目化的长期传播影响下，甚至导致体育运动本身都已远离了往日的自然，而呈现出高度人为的符号化倾向。诸如运动员们种种体现个性的时尚服饰、美容、染发、文身、有针对性的科学训练等。关于电视体育的这一特点，波德里亚有过精辟的类似表述：

> 当代生活就是一个符号化的过程，不仅客体被符号化，而且连主体也同样被符号化。任何物品想要被人把握，比如被人消费，就必须首先成为符号，只有符号化的东西，如成为广告的描绘对象从而得到媒介的传播，才能进入人们的现实生活①。

与此同时，伯杰也指出：

> 电视通过色彩的运用、摄像角度和镜头、声音效果、音乐、对话和动作创造出某种效果。符号可以产生意义、感情和态度，其力量对大众媒介制作人员来说大有裨益。因为它能够精确地在特定时刻激发出某种感情，

---

① 欧阳宏生，等. 电视文化学 [M]. 成都：四川大学出版社，2006：100 – 113.

让导演、演员以及其他人能够用自己的媒介文本影响人们①。

不难看出，尽管两位学者的话语不是针对电视体育的，但依然适用于对电视体育文本的分析与理解。由此可见，在很大程度上，电视传媒对体育运动的再次符号化实践的，就是一种能指青睐。更别提电视体育中还策略性地杂糅了许多其他艺术的能指流了。因而，从某种意义上说，我们运用文本分析的方法正是为了"阻断"意义的"流动"，以便于对电视体育进行仔细的研究。

（三）体育镜像围城：能指对本义的越位

如果说电视体育中有一个明确的所指的话，那它就是以不在场的方式来表达"在场"，而这一在场从一开始就是能指本身，并且究其整体而言，是被记录和再现的，是不在场的。尽管其所包含的直觉活动是真实的（非幻觉），但那被知觉到的东西并不是真实的体育，而是在一种新式镜头中所展现出来的它的影子、它的虚像、它的幽灵、它的复制品②。因此，电视体育实际上并不包含其所指的一切，其特征并不是它所再现的体育的能指，而是从一开始它就隐喻一个想象，即将电视体育建构为一个能指的想象。因此，体育原初符号的能指和所指在电视化的开始就意味着将会被分离。之所以如此，是因为体育影像得到电视技术的干预与支持后，符号的能指高度发达起来，而其所指却相对萎缩、缺位，甚至逐渐消失，从而造成了体育符号内部能指和所指的分离——能指最终没能指向所指、凸显所指，而是从所指那里游离出来。这种现象被罗兰·巴特称为"能指的漂移"。

杰姆逊也提出过类似论断，他说，后现代阶段的影像符号，其能指与所指之间却已经发生了分离，有时甚至是一种彻底的脱离，"能指与所指的一切关系，比喻性的或转喻性的都消失了，而且表意链完全崩溃了，留下的只是一连串的能指"③。例如，使用"多角度实时拍摄"（即三架或更多摄像机同时拍摄），从而使整体场景统统纳入镜头，然后电视导演通过电子手段，按照实时场景切割、编辑电视镜头。这样做的结果就是能指的漂移，也即能指的形象再造，

---

① 阿瑟·阿萨·伯杰. 媒介分析技巧［M］. 李德刚，等译. 北京：中国人民大学出版社，2005：209.

② 克里斯蒂安·麦茨. 想象的能指［M］//克里斯蒂安·麦茨，吉尔·德勒兹，等. 凝视的快感：电影文本的精神分析. 北京：中国人民大学出版社，2005：36.

③ 弗·杰姆逊. 后现代主义与文化理论［M］. 唐小兵，译. 西安：陕西师范大学出版社，1986：226.

其正像水柱一般能够将光线折射出绚丽耀眼的能指——嬉戏的彩虹，而随着能指的一再漂移，也带来了所指移位的无限可能性，从而成为一个无定在的无限喻指，但最终总有一个新的所指与其相对应。这样，电视体育在传播过程中自觉不自觉地利用了这种漂移，将把仪式所指的健身性功能变成了能指的"狂欢"，并巧妙地把与体育无关的其他漂移能指也植入其中。而这些行为能够在潜移默化中通过再语境化实现的意义把受众的主体也偷偷拉回到能指的迷局之中，并继续指挥着主体在远离自身的地方漂浮。

还有，在视觉上直观、瞬间的体育影像与其所指称的体育运动之间几乎被看作为重叠的，这就造成人们在观影时很难甚至懒得保持足够的警觉去玩味能指与所指间哪怕是细微的不同。从而使得电视体育很容易就逃避了观众的意识审查，并巧妙地以"自然"的直接性和呈现性而轻易捕获人们的信任感以及参与感，以至让类似一种催眠状态的传播关系得以建立。这里我们以有着响亮口号："I like this game！"的美国篮球赛事 NBA 的发展为例（图 3）论证如下：

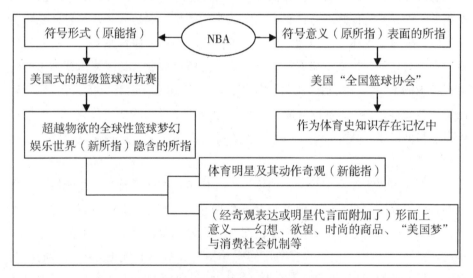

图 3　符号能指变迁实例展示

由图 3 可知，电视转播中 NBA 的原能指（美国式的超级篮球对抗赛）与所指（美国"全国篮球协会"）间的固定搭配被逐渐割裂后，随着能指的漂移和再生，与之相对应的所指也就随之移位，并在掏空或抹除影像符号原所指的意义的同时，将新的意义（超越物欲的全球性篮球梦幻娱乐世界）置入其中。然而，待到原所指的意义逐渐淡化后，人们就会把对符号的关注点放置在当它出现在这个位置上时，其象征了什么以及隐含了什么等。其实，这便是一种神话化过程。该神话所代表的绝不仅仅像人们所通常认为的是美国的国家形象或民族强大，因为 NBA 的商业性运作，以及其来自世界各地的"多国部队"球员组成，已使 NBA 利用赛事转播创造了一个巨大的全球性的消费市场，反过来，NBA 又利用其雄厚的经济实力进一步完善其赛事这一商品，使其更具观赏性与普及性，并对之进行不断的意义包装，为其作包含或似乎包含的伦理或审美价值的命名（"超越自我""毅力品质""自我实现""篮球艺术"等），在强大的电视传媒的熏陶和说服下，这些被放大到形而上符号尺寸的命名潜移默化中转变成为人们对篮球运动的"自然"想法。如此，在命名的自然化的过程中，体育为自己制造了庞大的消费群体，即体育迷①。

同时，电视对 NBA 的男性化、奇观化再现，也已把运动员的身体理想化为一种"运动的机器"。这种观念宣扬了人类生理上的成就，有意淡化了人类身体运动上的体育健身功能。而将其转变成主宰所有男性行为的符码：力争上游的精神、公平竞争、球场上球员对强烈情感的完全控制、个人情感和利益对集体的服从、对团体不变的忠诚②。该景观与戴扬和卡茨的发现不谋而合："媒介事件的直播重新定义了组织者、中介人、电视台以及观众的相对权力，并且重新定义了大众事件的本质。"③ 当然，这一现象必然要在受到电视传媒以及商业逻辑等力量的积极攀附和推波助澜下才会成功，否则，体育能指无法凭空自我生成，其相应的所指也就无法建构。同时，这一过程经过了双重遮掩：一是谁也看不到它的全貌；二是谁也看不见它没有被人看见④。因为几乎所有的电视观众都可能错误地自信于自己通过电视所看到的就是真正的 NBA。

可见，NBA 的成功较好地揭示了当今盛行的体育经济和体育消费之间的关联。商家、传媒对体育（赛事）原有符号的积极改造以及对未有符号的大规模创造，并将体育意义嫁接到众多新的、改良过的符号的所指之上，给人制造出消费电视体育本身就具有某种仪式性的力量，从而觉得观看它就是喜

---

① 魏鹏举．体育的剩余价值：一个文化研究的典型个案．文化研究网，http：//www.culstudies.com.

② 阿尔君·阿帕杜莱．现代性游戏：印度板球的非殖民化［M］//罗钢，王中忱．消费文化读本．北京：中国社会科学出版社，2003：370.

③ 丹尼尔·戴扬，伊莱休·卡茨．媒介事件：历史的现场直播［M］．麻争旗，译．北京：北京广播学院出版社，2000：251.

④ 皮埃尔·布尔迪厄．关于电视［M］．许钧，译．沈阳：辽宁教育出版社，2000：100 - 101.

爱体育，也即等同于喜爱体育明星，甚至爱屋及乌连同他们的所有，而这一点恰恰就能成为消费某些商品（明星使用和代言的或电视荧屏反复呈现的商品及其标识）的暗示和文化消费的理由。这就难怪在 NBA 的赛前、赛后，中场休息、赛中暂停，完全被广告所占据。甚至画面的各个角落，也都以不同的方式塞满了产品标识。显然，电视体育已逐渐成为表达竞争、成功、效率以及其他消费社会理念的一个载体。这样一来，人们从电视体育中看到的就再也不是为了"健身"而存在的"仪式"，而是为了显示节日狂欢气氛、民族身份代言、动作力学美感、明星球员风采、养眼美女情色、商品器物景观等的消费文化奇观。

因此，电视体育尽管在名义上仍是一个体育比赛抑或表演，但它通过各种奇观、神话、隐喻、话语、符号彻底颠覆了体育的样式及其意义场域。表面上看，尽管受众处于一个观察者的优势地位，但必须承认，生产者与读者（观众）之间存在着不平等的关系，这是因为这一力量首先是被生产者所掌控的，并且把它限定在被称之为"文本"的建构之内①。真实的权力其实被电视及其背后看不见的"上帝之手"牢牢地把持，"跟着感觉走"的人们在体育"仿像"的狂欢与梦游中，已自觉不自觉地潜移默化中挪移了原本作为健身性仪式的体育文化坐标，而被"植入"了无数被建构的体育象征意义和内心体验的消费文化意象，从而造成了电视体育文本中体育健身性本意的转向。同时，相对电视体育生产封闭性、集中性，人们对其文本的接受却是公开的、分散的。这样，电视凭借其先进技术的恩赐消除了观众意识中体育现实原则本身，而通向了关于体育的形象消费的电视化过程。不论在符号逻辑里还是在象征逻辑里，电视再现的体育都已与明确的健身需求或功能失去了联系：生活中的体育满足健身的需要，而电视体育再现的体育却主要是用于观赏和寄托情感。可见，用符号学来分析和解读，为我们展示了电视体育研究的理论丰富性及其深刻基础的同时，无疑有助于我们对电视体育文本意义生产与再生产的认识。

---

① 格雷姆·伯顿. 媒体与社会：批判的视角［M］. 史安斌，译. 北京：清华大学出版社，2007：73.

三、见所未见：电视体育文本意义的再生产

法国社会学家布尔迪厄曾指出，从某种意义上说，（体育）表演是分两次完成的，第一次参与的是全体代理人、运动员、教练、医生、组织者、裁判、计时员和所有仪式的导演等，是他们共同合作，保证了体育比赛在运动场上的正常进行；第二次参与的是有关这一表演的影像与话语的所有制作人员，他们往往处在竞争的压力之中，同时也承受着他们所处的客观关系网对他们所施加的压力①。如此说来，电视体育不仅属于一种体育活动的再现形式，而且也是一种人们参与和认知的内容，它既提供了一种可以观看的活动，同时也集结了某种人们对体育生活的向往。这样，电视体育的形式与意义之间就势必会呈现出一个巨大的解释和理解的空间，且该空间由不得人的主观性放纵。因为其形式与意义本身就存在着一种辩证的关系，这一关系为"限定性"的解释提供了一种既开放、又约束的认识客体。尤其是在消费时代，遵循商业逻辑的电视传媒已发展成为社会大众和体育这一健身性仪式之间不可或缺的中介，并试图在体育的这一始源意义之外重新定义。而一旦电视化体育其所谓的真实性被建构起来，那么就有了被赋予的虚构和神话的品质，从而可以使体育从一系列运动的身体性策略转变成包含意义的电视文化实践。

如此，一个单独的体育"直播"电视节目可以在"真实时间"和之后无休止地播映，它可以以无数的方式被剪辑，如将其声道与其画面相分离，这样其二者都可以不断地被操纵和再生产②。当然，传播效果是电视体育的最终目的，但作为一种目的性的电视体育传播，其传播者总是希望自己的传播形式、内容以及理念能够被受众所接受和领会，并且将这一传播理念内化为自己的日常生活实践之中。而对于受众而言，在其接收到一定的体育信息后，必然会产生不同程度的文化心理反应，从而引起观点、感情乃至行为方式等的变化。因此，由于种种因素的制约，在传者的传播动机和受众的接收效果之间就产生了一种文化张力。研究发现，为了最大限度地有利于自身，电视在生产体育文本的过

---

① 皮埃尔·布尔迪厄. 关于电视 ［M］. 许钧，译. 沈阳：辽宁教育出版社，2000：104.
② 大卫·罗. 体育、文化与媒介：不羁的三位一体 ［M］. 吕鹏，译. 北京：清华大学出版社，2013：89.

程中，采用了有效的意义再生产机制，其可概括为"替代""神话"与"涵化"。

（一）仪式替代——体育运动向电视文化的转型

按照建构主义的观点，电视不单纯是反映体育现实，同样也在建构体育现实。而且，电视通过选择性地呈现，建构了一个虚拟体育现实，并随着实践的流失，人们会逐渐把电视建构的体育真实自然地当成体育的现实。事实上，体育运动及其竞赛作为一种社会文化现象，某种意义上说其之所以能够吸引人主要还是因为其自身紧密相连、彼此渗透的三种结构形式——竞赛、征服和加冕的魅力在起作用，这三种结构形式通过时间和地点的限定以及仪式化冲突的渲染，而超越了某种日常生活。这一点恰如丹尼尔·戴扬与伊莱休·卡茨在分析媒介事件时所总结的："媒介事件的素材可以划分为'竞赛''征服'和'加冕'三大类。这些就是构成媒介事件样式本体的主要的叙述形式，或称'脚本'。"他们还进一步指出，"虽然'征服'和'竞赛'都包含很强的仪式成分，但'加冕'完全是仪式"。① 不过，"竞赛""征服"和"加冕"包含的范围很广，从体育到政治都可以成为他们的领地，因为这一切都需要得到观众的认同。然而，在媒介化时代的视觉技术成就下，电子影像凭借其高清晰、超真实和新快感等特点，将世界进一步把握为影像。因此，可以说是影像造就和放大了现代体育仪式活动的影响，而将其演绎为所谓的体育"媒介事件"。这一媒介事件把电视文化与体育文化凝聚成一个动力学过程，并试图将所有人"一网打尽"。

电视体育将人们请到屏幕前以一种非常的情绪来收视，并替代那种"在场"的经验，这已经把电视转化为一件仪式物品抑或一个仪式角色。这样，当电视成为事件的参与伙伴时，其所拥有的独立和影响就会充分显示出来——相对于一个只有现场参与的仪式，囿于时空限制，体育组织本身直接通向观众的传播力的极其有限，而电视凭其先进设备和专业人力可以任意向观众再生产和再叙述事件。于是，电视体育演变成我们当代日常生活中的共享的仪式奇观。该仪式因为电视传媒而起，因此我们可以称之为"电视仪式"，其特指广大观众通过电视符号的传播，参与某些重要显著的共同性活动或者某一盛大事件，最终导致的一种象征性的文化实践过程和行为②。换言之，是无以计数的自愿承担仪

① 丹尼尔·戴扬，伊莱休·卡茨. 媒介事件：历史的现场直播［M］. 麻争旗，译. 北京：北京广播学院出版社，2000：30 - 31.

② 张兵娟. 仪式·传播·文化［J］. 中国广播电视学刊，2007（3）.

式角色的电视观众把这种行为仪式化了，而这一行为之所以被仪式化，是因为人们很少会对电视说不，同时使用电视已经成为人们广泛认同的一种习惯，具有其自身独特的意义。正如大卫霍尔姆斯（David Holmes）从"仪式"的角度说明，媒介的首要功能并不是传递信息和获得个人的利益，而是让我们聚合到某种形式的社群当中，为我们带来一种归属感①。可见，当下电视体育传播正是将这种健身性仪式转换为一种正式而庄重的"媒介仪式"的一个成功个案。

电视体育以体育为名呈现的是一种综合表演，一种情感渲染，扣人心弦、令人神往，俨然成为可供超越现场无数倍的观众参与其中的戏剧大舞台，这种以收视状态为表征的戏剧化参与是一种日常性的仪式，恰如当代美国著名学者克利福德·格尔兹笔下巴厘岛人的斗鸡游戏②。奥斯卡·王尔德曾感慨，"我喜欢表演，它比生活更加真实"。这依然也适用于电视体育。事实上，在现实生活中，因为艺术的存在，生活往往会模仿艺术，而艺术同时也在模仿生活。但一段时间之后，人们也许再也难以辨认究竟是谁在模仿谁③。如今，重大体育赛事现场也时有增置了一个巨大的屏幕，以帮助看台上的观众的另一种仪式体验，这正是对这一说法的有力佐证。

（二）神话建构——电视传媒对体育仪式的改写

罗兰·巴特在分析神话时曾指出，"以神话的态度看待世界，人们对于这个世界就不会有任何质疑，对于自然真实的东西就会变得熟视无睹"④。事实上，日常生活中的人们在看到红玫瑰时，自然立即就会想到爱情，此即事物的转义常常被直接视为本义的典型例子，其实这种被当作本义的转义事实上就构建了一个神话。特别的，电视先天具有神话建构的能力，以至可以说任何一个电视文本都与"神话"有关。诚如巴特所言，"神话是一种深深扎根于我们无形意识中的思维方式，这就是电视的方式"。因此，巴特的神话理论常用来剖析电视文本。"神话"再现的运作方式，让人觉察不到电视已为我们创造出别样的天地，尽管电视表现出来的世界只是现实世界的变形与移位，可是它却成为我们生活

---

① 斯蒂芬·李特约翰，凯伦·福斯. 人类传播理论［M］. 史安斌，译. 北京：清华大学出版社，2009：339.

② 巴厘岛人的斗鸡游戏是巴厘人社会生活流程中的一个特殊时期，巴厘人将正常情况下羞于表明的公开冲突、最为抵制的生活现实予以最强有力的表现。游戏进行中无论是斗鸡者、赌博者、观看者都处于一种高度紧张、刺激的状态之中。

③ 哈里斯. 媒介心理学［M］. 相德宝，译. 北京：中国轻工业出版社，2007：351.

④ 尼尔·波兹曼. 娱乐至死［M］. 章艳，译. 桂林：广西师范大学出版社，2004：104.

于其间的现实，从而被当作是常识，不证自明。这里仅以体育运动为例，对经由电视行为介入到非节日性体育事件进行神话处理，从而建构出新的神话般的电视体育仪式做一分析，可发现其建构机理如下。

1. 对体育事件进行议程设置

美国学者兰和兰曾将议程建构的步骤划分为：电视有选择地对某些事件报道，影响公众对该事件的感知；突出报道该事件，引起公众广泛关注；对事件赋予一定范围的意义，以使人们便于理解①。这样，对于普通受众而言，如果接二连三地遭遇某一"媒介化的事件"，那么至少说明这一事件具有"非常"价值。因为，在传媒化生存时代，一个普通议题的传播效果甚微，但如果经由媒介策划，就会产生如史蒂文·卢克斯所说的，"能把（某一议题）与一种或多种社会核心价值相关的象征性动作置于突出地位"②，从而使得其传播效果产生天壤之别。较为典型的是，电视体育总被呈现为强制性收视——在想象的观众群眼前真实的赛事正被呈现，而历史也悄然被建构。不过，这样的促销只有当体育赛事被标识为具有相当重要性，并已注满人们的意识的时候才能奏效。否则所有的体育看起来都只是一系列没有明显理由的普通游戏，抑或莫名其妙而又晦涩难懂的规则化杂耍。

正如新闻总是按重要性标准而排序，然后为强化其戏剧性的吸引力而组织和呈现一样，电视中的体育总要被授予重要性。为了极大地拓展电视体育意义的范畴和文化的共鸣，电视将其作为极其重要的事而生产，以致出现在荧屏上的画面以各种方式和其他文化与社会现象相连③。而作为大众代言人的电视，常常就是依托其技术优势进行议程设置，并在无休止的自我复制和循环中引发体育的信息爆炸及符号增值。甚至它还策略性地借助媒体联动，互设议程，对体育事件进行"非常"报道和集中宣传，向受众传递和暗示着"重大""非同寻常""必须关注"的意象，从而在更为广泛的媒介环境内，让公众置于围绕体育事件而构建的场域内。其中，各媒体的联动配合昭示着事件的扣人心弦和先睹为快，强调了收视的心理预期和必要性。如此，众媒体的累积性、普遍性及

① 沃纳·赛佛林，小詹姆斯·坦卡德. 传播理论：起源、方法与应用 ［M］. 郭镇之，等译. 北京：华夏出版社，1999：261.
② 保罗·唐纳顿. 社会如何记忆 ［M］. 纳日碧力戈，译. 上海：上海人民出版社，2000：55.
③ 大卫·罗. 体育、文化与媒介：不羁的三位一体 ［M］. 吕鹏，译. 北京：清华大学出版社，2013：221.

共鸣性便综合作用在一起，将分散的电视观众整合为一个心理群体，从而促使体育事件由媒介的议程转为受众日常生活的中心议程。

2. 使体育事件呈现非常状态

电视的"铺垫效果"能够使一般事件呈现出这种明显区别于日常生活的非凡状态——借用电子技术的处理手段，运用蒙太奇等拍摄技巧，人们可以看到在现实时空里所不能看到的一切，甚至所看到的东西比其在现场环境中还要更真切、更实在。比如，"电视屏幕上流动着各种时间，罗列着各种参数，双重画面反映着各个角度，慢镜头提供着各种细节，重播图像以突出某些时刻。因此，这就诞生了一种新型的电视功能，一种新型的体育方式。同样，数据成了叙述资源的基础。在篮球比赛中，电视显示牌可以打出本局和其他局的投篮命中率、犯规率及罚球率；在网球比赛中，屏幕会显示出选手排名、本届网球赛成绩、发球速度、发球直接得分率、非被迫性失误、一发成功率等；在足球比赛中，屏幕会显示出角球率、任意球率、越位率、黄牌红牌率、已用时间和剩余时间等。并不是电视屏幕使人得到了更好的观赏条件，而是它创造了一种崭新的观赏方式。而且，它直接把电视观众带进了一个神话，一个建构于比赛之外的故事，一个为了让电视观众感到激动和融入其中而建构的神话，而电视观众也欣然被邀请到这个神话之中"①。当然，这一切对于广大的不在现场和不在同一现场的观众来说，"这就是一个看不见的而又不能理解为看不见的事实"②。而这一事实正是电视介入体育事件所带来的特殊效果。

因此，整个电视体育的欢快情境一定程度上是被设计出来的，其目的就是为了"快乐"。不过，这种具有极强可视效果的快乐环境是一种五光十色、流光溢彩的人工环境，是完全由一组人在节目直播或录制之前就已事先经过周密策划和精心设计出来的情境。具体环节包括：演播室现场环境的设计；相关体育影像道具的安排；赛事现场的场面调度；机位的选择和摆放；赛事画面镜头的切换和衔接；先期剪辑短片的插播；关键镜头的回放和反复等。还有，在电视体育转播或录制之前，媒体和赛事主办方总是必然要通过一系列大张旗鼓地活动来暗示和诱导观众，以吸引最多人的注意，并调动他们的愉悦情绪，全力为即将转播的电视体育节目铺垫和积累一个浓墨重彩的狂欢化情境基调，同时制

---

① 乔治·维加雷洛. 从古老的游戏到体育表演：一个神话的诞生 [M]. 乔咪加，译. 北京：中国人民大学出版社，2007：151-152.

② 丹尼尔·戴扬. 媒介事件：历史的现场直播 [M]. 麻争旗，译. 北京：北京广播学院出版社，2000：18.

造一个"内容一定很精彩"的观看想象与期望。最后才在事先确定好的日子浓墨重彩地正式进行节目录制与转播。这一切其实都是电视体育的形象化工程筹备,而这些人工设计和包装的形象可以再现环境现实的外表,从而能够有助于唤起观众体育生活中的经验记忆,引发各种既定的幻觉联想和情感投射,最终激起他们替代式的参与和模仿的欲望。

3. 让大众获得替代性娱乐体验

在电视体育文本中,体育受到电视文化根本的改写,直接的感官愉悦旨趣将原本只是健身仪式的体育打扮得匠心独具、气度非凡,越来越展现给人以感官刺激和难得一见的"大场面",尤其是电视体育现场直(转)播更强化了对观众的心理震撼和视觉说服。尽管昔日狂欢的身心体验来自狂欢节中人人平等、关系和谐、共同分享的状态,但现代体育竞赛中由于竞赛本身的诸多特点而能不时闪烁出许多狂欢化因子,加上电视这一文化演绎的高手,它能及时发现、捕捉,甚至营造体育竞赛中的狂欢成分,并经聚焦、放大、渲染、重组等专门手段,进一步将体育竞赛演绎成一种狂欢化的符号体验,从而使得电视体育这一媒介事件成为观众展开神话梦想的舞台,让人流连忘返。在电视建构的拟态狂欢体育世界里,其对所有人一视同仁,人人都受到它的娱乐邀请,因而,人人都可获得在日常生活中实难拥有的平等性体验。同时,在电视体育仪式的展演中,所有的内容都倾向于展示积极向上的人生追求和美轮美奂的生活指南,并为人们勾勒出一副和谐共处的体育嘉年华,从而让更多的社会意义僭越了体育普世的生理性健身意义。

在体育的电视现场录制过程中,编导会不失时机地对现场着力营造一种非常欢乐的气氛。例如,体育大赛中,摄制组总是在必需的常规机位的基础上尽可能多地发掘和安排一些能拍摄到较为巧妙的构图的非常规机位,目的是不放过全场任何一个带有狂欢或戏剧性因子的声像素材。所以,通过电视屏幕所看到的这种狂欢气氛在很多时候是经过刻意营造和放大的结果,而不是真的如画面所展示的快乐一样。还有,仪式的存在在于观众与演员的互动之中,离开了观众反应,仪式就是空的①。因此,体育赛事现场观众的表现往往也就成为电视体育的有机组成部分,甚至在现场观众当中主办方常常有意安插着一定数量专门调节气氛的"托儿"(这在大型运动会的开幕式上最为常见),他们将按照

---

① 丹尼尔·戴扬,伊莱休·卡茨. 媒介事件:历史的现场直播[M]. 麻争旗,译. 北京:北京广播学院出版社,2000:108.

编导或主办方的要求抓住一切可以娱乐的机会，或鼓掌、欢呼，或吹哨、尖叫，以调动运动员的竞赛激情，也"提醒"和带领其他观众鼓掌或投入，而此时有创造性的观众反应最受欢迎，最终烘托出赛事热闹、喜庆的气氛。

我们都知道，有些信息对受众来说具备暗示功能，且会起到一定的"移情"效果，恰如一种森林之火式的情绪化的物理性传染。面对现场观众快乐的举动和神情，电视机前的观众接收到的是"赛事很精彩"的信号，于是，就会在潜移默化中为这种特别营造出来的欢乐表象所感染和忘情。这些现场的"托儿"们有时很辛苦，但电视观众并不知情，从而本能地以为赛事的精彩"既在意料之外，又在情理之中"。此外，未知性是体育比赛之所以激动人心的魅力所在。尽管比赛结果只有一个，尽管也存在那些喜欢可知性并按照非此即彼的方式进行思考的所谓完美主义者，但更多的人却喜欢对比赛结果进行各种各样的猜测，并试图从这种猜测中得到满足。而电视总能利用好大多数观众的这一特点，有意放大比赛的冲突程度，去挑起他们更多的情绪反应，让他们连喊带叫地自由表达自己的情感，甚至跨越"观众"和"节目"的界限，让他们实现从观众向表演者的身份转型。

当然，电视体育最为离不开的是对体育竞技主题的发挥，因为观看体育运动一定程度上就意味着关注现场赛况，只有在场的状态和眼前的赛况才是最重要的。同时，体育竞技必须依靠严肃认真、出类拔萃的过硬本领——控制比赛的能力，而非插科打诨式或滑稽逗乐的趣味和幽默，这是大众体育认同和明星崇拜的基础。在电视人奇观化的阐释效应下，电视体育整个竞赛场面紧张异常的气氛和出人意料的变化使人们沉浸在"集中精力的紧张"[①] 中的同时，让"究竟鹿死谁手"这一疑问不时脱口而出。而这正是电视体育的一个最大魅力卖点——我们不知道结局将会如何，但又明白总会有个分晓之时。同时差不多所有的体育电视事件都在一定程度上牵涉到社会行为的仪式化和评估，并都适时利用人们爱钻牛角尖，凡事弄个水落石出这一特点——让人们能够轻松体验评判员身份和角色，并可以随时随意地对画面中的人和事指手画脚和评头论足[②]，全面满足着人的感性需要和欲望冲动。

值得一提的是，近年来体育《真人秀》节目的推出是狂欢气氛营造的一个

---

① 那种使运动员和观众都沉浸其中的紧张感. 汉斯·乌尔里希·古姆布莱希特. 体育之美：为人类的身体喝彩［M］. 丛明才，译. 上海：上海人民出版社，2008：27.

② 安德鲁·古德温，加里·惠利尔. 电视的真相［M］. 魏礼庆，等译. 北京：中央编译出版社，2001：81-88.

电视体育新品种。比如，广东台的《生存大挑战》、央视推出的《城市之间》都属于这个范畴。体育真人秀节目的制作更凸现出了娱乐这一功效，它让更多的老百姓参与到节目的制作，不再强烈地体现体育原本的专业性，更具有了平民的娱乐效果①。这些体育节目无一例外地运用了重放、慢放、快进、定格镜头、镜头叠加等手段来提升娱乐狂欢效果，以满足和激发观众的视听欲望。以上这一切制造了"普天同庆"的替代式参与形式和娱乐狂欢参考，恰如原始部落社会的祭祀娱神活动一样，电视体育也就在这一轮又一轮的拟态狂欢中转化成为无数人生活的一部分，有谁还愿意去思考这一狂欢信息的拟态本质呢？

其实，尽管电视体育诱人的方式繁多，包括色彩、光线、音响、奇观的镜头、煽情的解说、蒙太奇画面，还有电脑特技等，不一而足。但也并不是说电视人掌握了什么绝密的"神话秘籍"，而是电视体育只有不断地进行神话制造与包装，并使之成为"自然法则"，其自身才有存在的合法性基础。因为电视在推销体育神话的同时，才能推销自身，否则难以在"乱花渐欲迷人眼"的消费时代吸引住大众已经"餍足"的眼神。当然，或许可以说神话的种子早已深埋在现代人的心底，只因太久等不到现实的印证，而电视体育等媒介神话的视觉冲击、听觉震撼和身份认同等使得体育神话分外饱满和引人入胜。诚如蒋原伦在分析大众与媒体文化的关系时所言，"当今的大众已经在与媒体文化的互动中学会了充分调动隐喻思维的能力，他们渐渐养成了解读媒体文化的超强本领，只需要一丁点的暗示或启迪，就能默契地配合，与大众媒体共同将神话演绎而成"②。无疑，大众的这一本领的获得，又是与他们的长期观看电视体育的习惯分不开的，而这就涉及了电视传媒的"涵化"问题。

（三）"涵化"实践——观影仪式对电视观众的培养

观者消费影像的过程就是一种文化地建构象征交流系统的过程，是一个仪式的过程。观者在消费影像的同时，实际上也正在参加一场"观影仪式"③。当然，在这一"观影仪式"中，现实仪式（如体育赛事现场）中的人的要素已渐渐退居幕后，更多的参与者（如电视受众）已不是面对仪式现场，而只是与仪式影像"隔空互动"。在现实时空里，参与者的观看体现的是个人的视角；而在观影中，该视角被摄像机所取代——对现场的多机位捕捉，使得影像呈现效果

---

① 陈建国. 娱乐化功能体育电视的另一条出路 [J]. 东南传播，2006（8）.

② 蒋原伦. 媒体文化与消费时代 [M]. 北京：中央编译出版社，2004：85.

③ 张宇丹，吴丽. 可视的文化：影像文化传播论 [M]. 昆明：云南大学出版社，2009：209，210-212.

远非现场参与者个人力量所能猎获。这样，在转向影像的过程中，现场时空的线性观看方式被影像时空里的跳跃节奏所重组，观影者已无须受现实时空所左右。还有，"观影仪式"中对现场参与者的行为和器物的重视也已让位于电视人等对镜头的选择和组接；对现场的安排，其标准也已不止是考虑在场的参与者，而更多地考虑如何让想象中那庞大数目的观影者加入和体验仪式，现场参与者成了观影仪式中的道具组成，目的只是为了给观影者营造一种"真实在场"的后现代虚拟体验——观赏观赏者——安全地凝视（现场）观众观看体育比赛时的即时反应、快乐或紧张等，从而能够通过认同与移情，指导着受众运用影像文本来解释现实与强化价值，并作为指导真实生活的参考标准。

根据涂尔干《宗教生活的基本形式》一书中关于"社会"与唤起社会意识的符号与仪式一体共生的理论，我们不难得出，电视传媒在使本就含有奇观因子的体育运动越加奇观化的过程中也造就了自身的神奇。而这一神奇能够使得无数受众认同于这种奇观化的体育及其所指的意义。这一点克里斯蒂安·麦茨看得非常真切，针对观影仪式，他认为，我们将"眼睛的观看"和"摄影机的观看"合为一体，因而倾向于接受摄影机所构建出的意义①。当然，观众对摄影机的认同可以进一步扩展为对叙事的认同。而电视体育中的人物就是认同的切入点，观众可以通过"交感类比"的心理过程，把自身的体验投射到这些人物身上，进入到他们的体育世界以及他们的故事里去。

尽管有人认为，传媒生产只是故事的一半，当我们看电视、上网时，我们也在创造自己的意义和情感。但"培养理论"（Cultivated Theory）的代表人物，美国传播学家乔治·格伯纳（George Gerbner）和他的同事认为，一个人接触电视越多，这个人对社会现实的认知和电视上呈现的现实越相似②。同时他们还认为，媒介对人有"涵化"作用，主要表现在形成当代社会观和现实观的"主流"，而在"主流化"过程中尤其发挥着强大的作用，它可以超越不同的社会属性，在全社会范围内广泛培养人们关于社会的共同印象③。大众传媒对人们的这种影响是长期的、潜移默化的。随着影像技术的进一步人性化，大众观影习惯的养成，观影者已越来越服膺于象征性参与。此境况下，就难怪当下有人感慨："在现场，还不如看电视！"其实，涵化作用正是电视媒介对体育意义生产

---

① 格雷姆·伯顿. 媒体与社会：批判的视角 [M]. 史安斌，译. 北京：清华大学出版社，2007：206.

② 哈里斯. 媒介心理学 [M]. 相德宝，译. 北京：中国轻工业出版社，2007：263.

③ 郭庆光. 传播学教程 [M]. 北京：中国人民大学出版社，1999：224-226.

的常用手段，且电视体育对人们的这种影响是长期的、潜移默化的。例如，对电视体育的内容分析可知，充斥电视荧屏的总是些竞技体育，而大众体育、民族体育，以及体育的育体价值很少被电视所关注。长此以往，就难怪当有人提及体育时，人们往往首先想到的就是现代竞技性体育及其体育明星、体育宝贝等视觉鲜亮的趣事。

综上，电视体育内容具有特定的价值和意识形态倾向，这些倾向通常不是以说教而是以"报道事实""替你着想""提供娱乐""突出视觉线索"的形式传达给受众，以实现对电视体育的"自然化"，从而形成人们的现实观、社会观、体育观于潜移默化之中，并作为人们关于体育认识的前文本知识积累。同时，电视人还设法使观众成为读解电视体育的积极伙伴，其手段是鼓励和教唆观众愉快地对其索引进行认同和解码并对仪式"象征物"进行观察与体验。然而，恰似卞之琳的《断章》："你站在桥上看风景，看风景的人在楼上看你。明月装饰了你的窗子，你装饰了别人的梦。"在电视体育的长期培养背后，正是源于有一双传媒消费主义的饕餮之眼在观众陶醉于体育奇观的同时，也正在凝视着万千受众的一举一动，乃至一颦一笑。不过，电视体育以其文本的可见掩盖了文本之外的不可见，因此，要想看清如此建构电视体育的理由与原因，还必须对其可见的奇观文本表征进行分析。

四、奇观化表征：电视体育的快感生成机制

社会学家丹尼尔·贝尔在分析现代主义艺术特征时，曾指出现代审美反应的特质："它"产生出一种我称之为"距离的销蚀"的现象，其目的是为了获得即刻反应、冲撞效果、同步感和煽动性。审美距离一旦销蚀，思考回味也没了余地，观众在投入经验的覆盖之下，心理距离消失后，充满本能冲动的梦境与幻觉的"本原过程"便得到了重视①。尽管贝尔的这段话是针对整个现代主义艺术而言的，但本书认为该审美倾向较为突出地反映在当下电视体育这一视觉文化传播之中。因为，作为动态的视觉艺术体裁的电视体育，其影像可以表达出语言抑或文字所无法表达的东西，更加接近人的感性欲望，也更具情感煽

---

① 丹尼尔·贝尔. 资本主义文化矛盾［M］. 严蓓雯，译. 北京：生活·读书·新知三联书店，1999：28–29.

动性，属于典型的形象对现实的超越。而具有这样功能的影像，学界早就赋予了它一个时髦的名字——"媒体奇观"，其被美国著名学者道格拉斯·凯尔纳总结为，那些能够被明显感知的，并"能体现当代社会基本价值观、引导个人适应现代生活方式、并将当代社会中的冲突和解决方式戏剧化的媒体文化现象，它包括媒体制造的各种豪华场面、体育比赛、政治事件"①。

毫无疑问，这一现象正渗透在电影、电视、音乐、时装以及商业活动等各种领域。甚至可以说，当下社会生活乃是通过媒体奇观而加以组织的，奇观逻辑成为我们政治、经济和文化生活的基本组织原则。② 究其本质是因为对于人类肉眼来讲，无可避免地会有太多正常情况下不可见或不可再现的东西，但人们的探索本能又总是无限好奇于那些所谓的"不可见"（主要包括太小或太大、转瞬即逝的东西，以及人的习见和偏见造成的效果），总想依靠一定的帮助来给予"解蔽"。关于此，利奥塔也指出，"后现代的崇高并不是再现自然景观，而是要再现不合常规的、不可再现的东西、新生事物和复杂现象，从而把握当代社会的新奇性和异质性"③。因此，可见与不可见之间所包含的视觉无意识张力，其实也正是电视不息追求体育奇观（可见化）的不竭动力之源。

（一）从体育到电视体育奇观的转变

在说到电视文化奇观在整个媒体文化奇观中的"先锋"地位时，凯尔纳曾指出，自从 20 个世纪 40 年代问世以来，电视就一直充当推广消费文化奇观的工具。"电视媒体不仅被用来推销汽车、时装、家用电器等商品，而且还被用来传播中产阶级的生活方式和价值观。电视也是展示政治、体育和娱乐奇观的场所。超级杯橄榄球赛、世界杯足球赛、总统大选、政治丑闻、奥斯卡、格莱美等奇观都是电视媒体广为传播的。"④ 从这段话可以看出，电视需要事件来填充内容，事件更需要媒体尤其是电视来关注。事实上，体育正是电视所需内容的最优脚本，同时，电视也成为体育发展壮大的最佳载体。因此，这里仅从体育的角度，来解析原本作为运动技巧的体育向媒体奇观转变的现实。

---

① 道格拉斯·凯尔纳. 媒体奇观：当代美国社会文化透视［M］. 史安斌，译. 北京：清华大学出版社，2003：2.

② 蒋原伦. 媒介文化十二讲［M］. 北京：北京大学出版社，2010：107.

③ 道格拉斯·凯尔纳. 斯蒂文·贝斯特. 后现代理论：批判性质疑［M］. 张志斌，译. 北京：中央编译出版社，2004：222.

④ 道格拉斯·凯尔纳. 媒体奇观：当代美国社会文化透视［M］. 史安斌，译. 北京：清华大学出版社，2003：75.

现代体育运动特有的有趣、不俗而刺激的魅力，在于它同时具有广阔的分布性与短暂的集中性之间的强烈对比，而且它还具有正面形象的优势的视觉性存在以及能见度高的极端的健力美表演——体育的空间能够经常造就万众一心的吊诡场面，所有的激动和兴奋、投入和迷狂、沮丧和懊恼都会千载难逢地得到认同。恰如拉什和卢瑞所说，"迪斯尼营销的是情感，而体育正是一种强化的情感环境"①。以足球运动为例，在青翠欲滴的绿茵场上，足球从球门一端或底线启动，中经多次传递、停顿、调整、盘带和过人，最终越过中场，逼近禁区，寻找机会准备射门……这一系列动作来之不易，其间少不了身体与身体的猛烈碰撞，以及体现强劲对手爆发力的铲球、抢断、夹击等防守努力，这些都是那些负载人们无穷想象的超级足球精英们的智慧与体力的最大较量。比赛之中，优美或刚健的攻与防、神奇或精妙的传与射、配合或射门的成与败，以及实力偶遇运气的尴尬、强队遭到弱队的戏弄，都无疑彰显和爆发了足球运动的特质内涵，酝酿和激发了投入观众的无限激情。正如维加雷洛所评价的："超越极限，跨越障碍，打破纪录，赶超前辈，这种空间形象清晰可辨，体现了战无不胜的前进步伐。在这方面，体育最具有代表性。"② 体育运动不同于社会中其他文化形式。艺术、文学、戏剧和音乐也具有把人们聚到一起的力量，但是体育运动是独特的。尽管一些比赛的规则很复杂，但多数运动是简单而易于理解的。运动项目具有明确的开端和结尾。比赛界线常常一清二楚。多数运动中，对手也是可以识别出来的，他们往往直接相互竞争。得分是客观的，结果是明确的。这些特征使许多运动易于理解。运动也提供了行动、戏剧性和不确定性的结合，这些常把人们带到一起为同一运动员或运动队加油喝彩，而不管社会阶层、性别、种族、伦理、宗教、语言、教育文化遗产的差异③。

体育的独到之处还体现在：任何其他领域都不可能如此巧妙地运用图像展示成果和分数，都不可能如此精确地排定每个人的位置并指出可能的错误和致命的缺点，都不可能如此隆重地进行颁奖仪式。体育排名是一种精神工具，它

---

① 斯科特·拉什，西莉亚·卢瑞. 全球文化工业：物的媒介化［M］. 要新乐，译. 北京：社会科学文献出版社，2010：96.

② 乔治·维加雷洛. 从古老的游戏到体育表演：一个神话的诞生［M］. 乔咪加，译. 北京：中国人民大学出版社，2007：181.

③ 杰·科克利. 体育社会学：议题与争议［M］. 管兵，等译. 北京：清华大学出版社，2003：510.

在空间中确立秩序，在时间中排定名次，一目了然，即可发表评论①。其实，如今的体育赛事远远超越了体育本身的重要性，其庞大的规模和宏伟的场面，以排山倒海之势造成轰动效应，并以万人聚会的特殊艺术惊讶群芳。恰似巴尔特曾对足球场的特殊意义加以解读的那样：

> 在古时，剧场的一个主要社会功能在于，它将整个城市聚集在共享的经历之中，这一经历就是有关自身激情的知识。而在今天则要由体育来实现这个功能，只不过如今这个城市的概念已被放大，远非一般城镇所能承载，它可以指一个国家，甚至常常是指全世界。因此，体育是"浇注于远古时期奇观形式里的一种伟大的现代机制"②。

当然，巴尔特笔下的这一足球场已是超越了实物形态而经过媒体化（尤其是电视化）后，所产生的体育媒介奇观效应。因为，如今的数字摄影技术已实现了让相机快门功能达到令人难以置信的程度，从几分钟到万分之一秒的设置范围，可以让人随心所欲地选择。这样，数字摄像技术已将人类眼睛对时间的分辨能力和认识水平大大提高，人们通过这一技术就可以清晰分辨、欣赏和回味昔日之不能，如子弹射穿苹果的刹那、水珠接触水面的瞬间，甚至与频闪技术相结合的物体运动过程、逆时间运动等都已不再是科学幻想。因此，在这种无须论证、无须解释、一目了然、镇魂摄魄的奇观效应（spectacularity）构建下，对于一个奇观集散地的现代体育本身而言，加盟了电视的特写镜头并配以解说员的讲解可以使一场本来乏味的比赛变得生动起来，从而可以吸引大量的新的球迷③。

可见，电视在体育传播中，直接促成了将本身就包含有奇观因子的体育信息转变为媒介奇观的方式主要有两种：一种是借助电视传媒所特有的技术化手段，运用远景、近景、特写镜头、即时慢镜头回放等来突出、强化和渲染体育比赛的明星阵容、精彩动作、绝妙细节和集体狂欢等。众所周知，电视受众往往都喜欢欣赏比赛中的精彩动作，这是人之常情，也是体育运动的魅力所在，

①　乔治·维加雷洛. 从古老的游戏到体育表演：一个神话的诞生［M］. 乔咪加，译. 北京：中国人民大学出版社，2007：180.
②　转引自任文，魏伟. 奇观体育与体育奇观：罗兰·巴尔特的符号学体育赛事观［J］. 北京体育大学学报，2011（11）.
③　哈里斯. 媒介心理学［M］. 相德宝，译. 北京：中国轻工业出版社，2007：159.

但体育比赛的特点是精彩动作往往只能发生在一刹那，最多只有短短数秒钟的时间。例如，就拿"一秒七艺术"的跳水运动来说，之所以被称为"一秒七艺术"，即指运动员完成单个跳水动作的时间为 1.7 秒，可谓稍纵即逝，因此现场观众稍有疏忽便会错过某些精彩，从而留下些许遗憾。然而，电视体育转播却能使人巨大限度地弥补类似这许多的遗憾。电视制造者很了解人们喜爱精彩动作的心理，往往会不失时机地拉近镜头分别从多个视角运用慢镜头回放刚刚出现过且可能会有人错过的精彩画面，以便于观众尽情领略和品位精彩动作极其组合中的各个细节的精彩。另一种则是对体育比赛中实际存在的奇观性元素加以发掘和放大，即对体育比赛实施内容上的艺术化处理，以凸显体育运动的独特魅力和视觉效果。不过，打开电视人们就能发现，当前的电视体育传播中，技术化传播手法也许运用得更为普遍可见一些，但事实上，随着人们的媒介素养的进一步提高，电视体育传播中艺术化的传播手法往往比技术化的传播手法更有发展的空间。当然，我们并不否认体育运动本身仍在继续发展，但它无法不受到奇观文化的影响，并在一种自我意识的、"好莱坞化"的电影风格中进行叙事。尽管如此，一个新的被加工制造的拼缀奇观——体育的电视奇观由此"内爆"生成，体育运动也就实现了由作为传统奇观的运动技巧向媒介奇观的视觉转变。

（二）体育奇观激发快感的话语结构

正如上文分析的那样，尽管体育运动中充满和交织着健与美、攻与守、成与败，以及秩序与任意、理智与感性、欺骗与暗示等，也不乏激动人心和欢呼雀跃的时刻，但毕竟这些能够激发人们兴致的奇观元素在现实体育运动中往往稍纵即逝、无法停留，并难以预测。因此，对于体育这个变化无常的景观来说，也不能不说是一个人间美丽憾事。然而，电视自问世以来，就一直为消费文化所征用，充当着推广消费文化奇观的工具，同时它更是再现和延伸体育奇观以及"殖民"奇观文化的最佳场所。奥运会、足球世界杯、NBA 等当代媒介奇观，无一不是通过电视而广为传播——电视利用策划、过滤、剪辑（打碎空间）、模拟、变形、移位、重复（刺激眼球）、慢放（将速度和暴力美化）等奇观化处理，制造出关于体育的一个又一个梦幻性活力新概念，内爆出以体育为名的一方又一方意义新空间，而消费新概念正是电视文化所创造的各类奇观中最具活力的部分。因为它能在让人类"无法克制的欲望"暂时得到虚拟满足的境况下，刺激已然麻木的社会生产力和启动未竟的消费新气象。

1. 体育奇观的表达类型

当下电视体育由于强化了对特殊细节与宏大场景的繁复呈现，以及对视听语言的一种绚丽表达，从而在不断创造收视神话的过程中，建立了收视新王牌。但作为一种奇观的建构，电视体育必须让类似于好莱坞电影的影像话语策略成为其影像文本制作中不断加重的成分。不过，奇观体育制造可不是一种偶然兴起的影像话语策略，它是长久以来电视传媒对当代体育文化生产的新趋势，是对当下视觉文化占主导地位的一种时代适应与回馈。电视是奇观，一定程度上讲体育亦是奇观，电视和体育的结合又生产出更多、更耀眼的新型奇观。从电视体育实践来看，其奇观名目繁多、应接不暇，但总体看来，当下电视体育奇观可归纳为五种主要类型。

（1）动作奇观

其是由种种惊险、刺激、大强度对抗以及"暴力"的人体动作景观所构成和带动的场面和过程，也是电视体育之所以吸引人的第一要素。因为体育因人体运动而存在，体育也因人体运动而精彩，动作奇观少不了人体的运动以及由此而引起的器械运动的视觉效果。因此，对于动作奇观来讲，动作是第一性的，而奇观是第二性的，但这处于第二性的奇观确是展现体育运动魅力不可或缺的重要原因。还有，体育活动中的许多动作超出了观众的能力范畴，不以人们的意愿为转移，其出现常常是"突然的"，且在出现后随即消失，无法复制。这对人类来说原本是痛苦的，因为我们想抓住它们。它的突然性和不可重复性就构成了审美体验所具有的独特的时间性。然而，电视回放技术延长和强化了这一体验。尽管经验告诉我们，任何重播都不能给人们带来这种最初的体验，但我们还是都想再看一次足球比赛中最精彩的进球，还是愿意一遍又一遍地回放慢镜头①。

（2）身体奇观

身体奇观即通过调动各种电影手段而展示和"再现"的"有别于"普通人的身体景观。强壮的身体、健壮的肌肉体现了力量。体育运动必须通过身体才得以再现，其是体育奇观得以存在的基础，而运动员的直观的身体往往具有发达的肌肉或其他特征，且这些"不同寻常"的特征必须经过反复的高强训练与超量恢复才能实现。其是动作奇观的基础，且具有多重意义空间。首先，男性的阳刚之气是电视体育身体奇观中关注得较多的元素——主要强调男性身体的强壮、高大、力量等。诚如菲斯克所指出的："在电视转播的体育运动中，男性

---

① 汉斯·乌尔里希·古姆布莱希特. 体育之美：为人类的身体喝彩［M］. 丛明才，译. 上海：上海人民出版社，2008：27 – 28.

的身体被赋予荣光，它的完美、力量与优雅，被捕捉到特写镜头与慢动作当中。"① 其次，女性主义批评家所提出的女性身体作为被看对象也是一种身体奇观类型。该奇观中，女性成为男性视线的对象，因此如何满足男性观众窥视癖和自恋的要求，便成为女性身体再现的基本要求②。再次，看台观众的身体表现也是一种越来越引人注目的身体奇观。恰如巴尔特在分析人类为何迷恋体育所说："发生在运动员身上的每件事也会发生在观众身上。如果说剧场里的观众只是偷窥者的话，那么，在体育运动中观众则是参与者、表演者。"③ 他们也在场下进行着策划、较量与发挥，或喜或悲，或癫或狂，有时脸部着色，有时身体写字，更有甚者裸身投放……

（3）速度奇观

其产生于动作奇观，是以速度见长的独特奇观类型。速度表征为对时间与空间的双重超越，它能成为奇观的主要原因无外乎几点。首先，人们天生对人类的身体的极限潜能抱有一睹为快的心理欲望。这就是为什么每次冲击世界纪录的百米大赛，都能让世人为之激动无比的内在原因，因为它是让人类对自身运动极限的征服。由此，我们还可以提出力量奇观、高度奇观、远度奇观等，但根据动量守恒定律公式"F·T = M·△V"（其中，F 代表"力量"，T 代表"时间"，M 代表"质量"，△V 代表"速度变量"）及相关运动生物力学知识可知，力量与速度可以相互转化，又高度和远度仅是速度和力量的表现而已，因此本书略。其次，当代生活的快节奏突破了传统静止形态的束缚，从而驱使人们对"体外化"视觉速度提出了新要求。再次，传播技术的进步为人们提供了快速观看以及观看"快速"的可能性——可以静观体验的视觉效果转向了具有当下即刻震惊效果的、无距离的、直接的"视觉—触觉"特质——子弹瞬间穿射某物的极速动感与效果。速度作为一种奇观，迎合了当代观众"快看"与"看快"的视觉要求。速度奇观也许最好地体现了当下社会狂热追求极端高速的时间理念。恰如法国学者魏瑞里奥（Paul Virilio）所注意到的，每次技术革命的结果都是速度的提高，而速度成为当代社会和文化的重要因素，从生产速度到传播速度，再到眼睛观看的速度等（如步行、坐马车、乘火车或飞机，其观看

---

① 约翰·菲斯克. 理解大众文化 ［M］. 王晓珏，译. 北京：中央编译出版社，2001：92.
② 周宪. 视觉文化的转向 ［M］. 北京：北京大学出版社，2008：256.
③ 任文，魏伟. 奇观体育与体育奇观：罗兰·巴尔特的符号学体育赛事观 ［J］. 北京体育大学学报，2011（11）.

事物的速度截然不同）①。如同我们曾经学会"快速阅读"一样，我们将不得不学会"快速观看"②。当然，除了"看快"或"快看"之外，特定时候的"看慢"抑或"慢看"则是速度奇观的另一种体现。比如，对体育运动中某些精彩动作、不明动作、犯规动作等的慢速回放恰恰正是一种对不可再现的奇观化再现操作。当然，相对于主导的"看快"和"快看"，"看慢"和"慢看"只能是体现"快"的一个注脚而已。

（4）音响"奇观"

众所周知，奇观主要针对视觉而言，而音响诉诸听觉。但是，考虑到电子文化的第三个特征是它的听觉性，即听觉是伴随着视觉而显现出其重要性③。因此，这里音响"奇观"是借奇观之名来表达电视体育对人声、音乐、现场响音等的策略性运用，以求达到一种配合视觉奇观的，具有震撼效果的音响气氛（语言的和非语言的）。时下流行的音乐视觉化也许正是音响和奇观两者之间的关系的最好证明。恰似波兹曼所说："几乎所有的电视节目都会依赖音乐告诉观众什么时候需要表现什么样的感情，这是一种常规的演出手法，电视上没有了音乐简直就是个不祥的预兆。"④从而通过刺激欣赏者的听觉器官引发过去情感维系的某些对象或情境，以便产生身临其境与情景交融的心理感受。例如，观众通过电视所听到的那种统一性和整体性越来越强的、从成百上千个嗓子里齐声迸发的、能够截然区分比赛双方球迷的呐喊、助威、加油等声音。再如，2000年澳大利亚悉尼夏季奥运会期间，在对棒球比赛的转播中，每一个界外球（甚至是地滚球）都伴随着一阵打碎玻璃的声音。当然，我们最为熟悉的音响奇观还是那足球解说员激情洋溢、夸张无比的"捆绑"的解说——"他把比赛的动作转化合成语言，指出高潮时刻，冲突时刻，或者提供关于队员和队伍的幕后信息"⑤。

当然，尽管20世纪七八十年代美国传播学者进行的一系列有关电视体育解说的实证研究表明，解说对于受众对比赛的认知起到核心作用⑥。但由于相对

---

① 周宪. 视觉文化的转向 [M]. 北京：北京大学出版社，2008：38.

② 扎奥丁萨德尔，博林·梵·隆. 视读传媒研究 [M]. 章浩，译. 合肥：安徽文艺出版社，2009：172.

③ 周宪. 视觉文化的转向 [M]. 北京：北京大学出版社，2008：186.

④ 尼尔·波兹曼. 娱乐至死 [M]. 章艳，译. 桂林：广西师范大学出版社，2004：116.

⑤ 乔纳森·比格纳尔，杰里米·奥莱巴. 21世纪电视人生存手册 [M]. 栾轶玫，译. 北京：清华大学出版社，2008：119.

⑥ 魏伟. 电视体育转播的"运动服统治"现象探究 [J]. 丝绸之路，2013（8）.

于听觉的视觉优越性的事实存在，也因为电视将体育作为一种事实传播的要求，电视体育中诉诸听觉的音响奇观往往更多地处于配角地位，其主要用于对体育视觉类奇观起补充、说明、解释、渲染等作用。恰如有研究发现：当非语言信息和语言信息二者互相矛盾时，人们会相信非语言信息①。一句话，观众是看电视体育，而不是听电视体育。

(5) 场面奇观

人们不难发现，尽管体育比赛本身可能与长期以来的状况相比没有什么太大改观，然而，谁也不能无视承载比赛的建筑与装饰空间及其整体环境场面等的最大变化。电视组织、体育组织、广告商和赞助商等一同合谋，营造了一个声势浩大、色彩瑰丽的体育现场气氛，并通过震撼的影像策略将之设计得俨然如一座神圣的迷人殿宇。殊不知，这浓墨重彩的环境变化蕴涵着多种特殊性意义诉求——电视镜头所展示的不可见于日常生活之中的赛事场面的巨大规模和同志般热情，不仅表征了赛事氛围的炫目与震撼，而且表征着现代城市主动融入世界及其居民彼此和睦共处的文化潜能，其与周边交互式的外缘联系往往使赛事本身被升格为城市的典礼，从而有机会让赛事承办城市进入一种英国人类学家维克多·特纳（Victor Turner）所谓的"阈限期"②③。在此期间，城市生活以正常形态和结构的短暂中止为特点，欢迎普通观众集体步入电视体育事件、沐浴它的氛围，并由他们的仪式性狂欢所替代和填补，从而让整个城市，乃至国家变成为一个和蔼可亲的巨型体育场馆。

服务于建立差距的体育赛事场面奇观主要包括人文建筑景观、虚拟景观以及观众景观等能指物，它们都是经电视传媒赋予赛事与城市的视觉表征符号。其中，赛事举办城市充满现代气息与诗意古迹并存的都市文化鸟瞰与概略，"与世隔绝"且别具一格的体育场馆及其建筑风格、不拘一格的演播室装饰与极具亲和力的主持人形象、炫目抢眼的巨幅标语，以及观众席上人头攒动与五彩缤纷的造型共同构建了突出视觉效果的人文景观元素。虚拟景观则指经过高科技手段复制和创造出来的人造景观。例如，运动员出发前竞赛跑道与泳道上的国

---

① J. K. Burgoon, D. B. Buller, W. G. Woodall. Nonverbal Communication：The Unspoken Dialogue. New york：Harper & Row. 1989：9 - 10.

② 特纳将阈限描述为依靠仪式性分离才得以延续的群体中，仪式的操作方式。通过阈限（如以狂欢节、媒介事件等形式），一种新的大众事件才能进入人们的生活。

③ 丹尼尔·戴扬，伊莱休·卡茨. 媒介事件：历史的现场直播［M］. 麻争旗，译. 北京：北京广播学院出版社，2000：132.

旗、道次与选手姓氏的虚拟呈现、美轮美奂的图文设计，以及历史文化图片穿插与开幕或闭幕式表演中的光电技术效果元素，等等。而成群结队地将自己组织起来的现场观众群构成了体育舞台的壮观背景，其数量越大，镜头反应越明显，创造性越强烈，就越能够营造出一种令人痴狂的娱乐气氛来……所有这一切都是电视体育的常用元素，为最大限度地追求赛事的激昂气氛，电视不得不对赛事场面的广度和想象的深度加以强调和突出，互文激发人们跨越时空地想象开放的古希腊体育场以及封闭的古罗马竞技场的体育历史伟力，以力图营造那甚至连大海都带给不了人的这种文化心理冲击。从而使比赛场面获得了相对独立的视觉表现价值，并成为电视体育视觉快感的重要资源。亦如德波所指出的，因为消费时代奇观文化的需要，现场感已经不重要了，重要的是场面感，没有场面就不可能是真正的大众文化。

当然，正如前文所说，电视体育的奇观远不止以上五种，熟悉电视体育的人随便都可以提出诸如仪式奇观、力量奇观、暴力奇观、柔韧奇观、服装奇观、狂喜奇观、苦情奇观、看台奇观等，不胜枚举。电视体育传播中，所有这些奇观互相增援和彼此反复强调，共同塑造了声色并茂、耳目共悦的关于体育的视听享受和审美体验。贝斯特和凯尔纳说得好：作为景观范例的职业化的比赛，如果周围没有啦啦队员、没有伴奏比赛者的由观众扮成的巨大吉祥物、没有抽彩、没有推销宣传，也没有不同新产品赞助商之间兜售的竞争，那么比赛就不能进行①。而关于此，我们又必须把问题的视角转向关于电视体育奇观对于快感的诱惑与满足上来。

2. 体育奇观的快感诱惑

由以上分析可知，体育在进入电视而电视化的过程中，对应着奇观的具体化要求。因为体育需要奇观，甚至正是体育自身而使奇观得以确立，而且在任何场合，体育运动似乎总是服务于奇观的逻辑。就电视体育来说，其在视听效果的营造方面，可谓无所不用其极，那些能够成为奇观的对象的一切形象在画面的逼真性、场面的冲击力等诸方面，都已达到了现实体育难以祈求的地步。而这不但创造了新的视觉快感体验，同时也极大地提高了观众对电视体育的视觉需求和欲望。犹如凯尔纳在分析媒体奇观时所言，"媒体文化通常是以'超级奇观'的形式被建构和展示的……这些'超级奇观'把公众的注意力从日常生活的压力中转移开来，

---

① 斯蒂芬·贝斯特，道格拉斯·凯尔纳. 后现代转向 [M]. 陈刚，译. 南京：南京大学出版社，2002：110.

使他们痴迷于这些经过夸张和渲染的刑事案件和以体育比赛、政坛丑闻、天灾人祸为主体的有线电视专业频道及脱口秀节目之中"①。

当然，尽管体育竞技与现实社会一样，总有平淡无奇的时候，如偶遇一边倒的比赛、可预测的结果、防御性打法和不太投入的对抗等时，都会引来体育迷们的不爽。但赢利性制作的电视总能凭依其特有的生产技术（如蒙太奇剪辑、神话性链接、隐喻使用、巧用"万能之眼"镜头等）极尽所能地把引起这种失望的可能性降到最小，他们会强调可能出现的令人不快的结果、战败的球员或者球队可能会重整旗鼓，以及可能以抢七决胜制结束比赛等②。

因此，在这个"奇观"迭起的电视体育世界里，视听元素的强化带给观者的是强烈的感官体验与快感的自我释放，从而形成一种影像狂欢的同时，也构成了一个个众生喧哗、开放且多义的话语空间，包容并召唤着不同亚文化背景的主体游弋其中，去获取快感、生成意义，或二者兼而有之。毋庸置疑，电视体育强大的奇观再现体可以引起观众"视觉的"和"听觉的"两大快感。而关于"快感"的问题最早可追溯到弗洛伊德的精神分析理论，其"快感原则"（the principle of pleasure）或力比多观念，将快感描述为一组本能的驱动，无视于社会或道德限制，或是自我维生的需要。与之相近的是一些文艺理论学者对于快感的关注，如苏联学者巴赫金指出，在某些场合里，解脱了束缚的欲望和快感，冲击和模糊了既有的社会界限，游离出许多有活力的，甚至有颠覆性的俗民力量③。另外，劳拉·穆尔维在《视觉快感与叙事电影》一文里讨论了视觉快感和权力问题。他认为，偷窥欲望得到满足所产生的快感与男权社会的要求十分协调，基本上男权、快感和两性自然差异这三者之间是一种无法打破的关系。这两点，将在下一章里专门论述。

其他快感问题研究者中，美国的菲斯克尤为特别，他在《理解大众文化》一书中将"快感"梳理和概括为："美学式的"（高雅、崇高的快感，反衬着低俗的享乐）、"政治性的"（反动的快感与革命的快感）、"话语式的"（创造意义的快感，接受陈腐意义的快感）、"心理学"意义上的（精神的快感，身体的快感）、"规训"意义上的（施加权力的快感与规避权利的快感）以及"抵抗霸

---

① 道格拉斯·凯尔纳. 媒体奇观：当代美国社会文化透视［M］. 史安斌，译. 北京：清华大学出版社，2003：106.

② 罗纳德 B. 伍兹. 体育运动中的社会学问题［M］. 田慧，译. 北京：人民体育出版社，2011：79.

③ 陈龙. 传媒文化研究［M］. 北京：中国人民大学出版社，2009：243.

权"的大众的快感等六种①。他还指出，奇观夸大了因观看而带来的快感，对那些可见之物夸大其词，吹捧、凸显那些浮面的表象，并拒绝意义和深度。当对象是一个纯粹的奇观时，它只对生理感觉（即观众的身体）有作用，而不影响身体的建构。奇观是从主体性中解放出来的，它对过度的物质性所做的强调，凸显了身体本身（不是有关其他事物的能指，而是身体本身的在场）②。

情同此理，电视体育对观者快感的诱惑其实就表现在奇观与投入受众之间相关性的构建之中，而快感的最终获得则在于观众们能够将自己包括自己的身体投射到奇观化体育的能指之中，在于能够把一个个"不可见"的躁动内心所幻想的理想形象转化为"可见的"的、具体的、感人的、具有公共文化潜能的能指文本。

不过，需要注意的是，电视体育以音画奇观为载体，其利用观影仪式替代了身体参与，而这种取代也同样将人们在现场狂欢中可以获得的直接快感替换为一种"想象"的快感。但这种快感其实并非快感本身，而是某种情感转化的一种假想，一种粗野、奇异、甚至是怪诞的假想，一种消极情感状态的积极表达。因此，我们可以说是摄像机最终制造了体育奇观的文化生产。其"不可见"的流畅运动始终和人的快感神经相适应，电视体育拍摄中多机位的设置及其科技化的编码手段导致观众能够转移所看的重点。正是观看的"位置"造就了电视体育奇观的最终生产，也就是变换看的角度、突出看的细节以及让"不可见"成为可见。其实，这一机制正是穆尔维所称的"围绕着主体的感知作用的一种表征意识形态：摄影机的看遭到否认，从而创造一个令人信服的世界，而观众的替身可以在其中进行逼真的表演"③。那么，问题是电视体育的这一意识形态表征，到底为什么运用体育奇观成功激发并满足观众的种种快感及其需要的？其内在机理又是如何？这样，我们就把问题引向了对电视体育的消费主义文化策略的探讨。

---

① 约翰·菲斯克. 理解大众文化［M］. 王晓珏，译. 北京：中央编译出版社，2001：51.
② 约翰·菲斯克. 理解大众文化［M］. 王晓珏，译. 北京：中央编译出版社，2001：88.
③ 劳拉·穆尔维. 视觉快感与叙事电影［M］//克里斯蒂安·麦茨，吉尔·德勒兹等. 凝视的快感：电影文本的精神分析. 北京：中国人民大学出版社，2005：16.

第4章

为消费而生产：电视体育的文化策略

一般来说，一种电视节目范式的出现，与其背后隐藏的社会文化是分不开的。电视体育未能脱俗，其流行也同样具有深厚的社会与文化成因。"借体育之名，取商业之利"已然成为当下各家电视机构常用的营销策略。除一些必要的广告与赞助之外，电视体育传播表面上的非盈利公益性质，凭借体育本身的刺激性、娱乐性，以及影像的奇观化和叙事的狂欢化，往往能够在潜移默化中消除受众戒备心理的同时，达到自我形象推销的目的。然而，"形象即商品"。一定程度上，这里的电视体育其实已与微波炉、洗衣机等家用电器毫无二致，同样也是需经大规模流水线生产并有待销售的消费品。因此，作为电视文化产业链中的一个核心环节，电视对体育的这一消费主义选择机制的确立，必然将引起和带动一系列的意义植入与文化改写，并由此而呈现出新的文化特征。当然，这里的电视体育人恰似波德里亚笔下的"文化设计师"一般，总不会忘记按照"消费主义"的理念对体育运动进行文化与美学的重新设计与定位，并设法将其嫁接到一个具有特定意指的能指空间，以尽力提升体育运动的交换价值。不过，从根本上说，这是一种能够完全受经济话语操控，以谋求经济利益最大化为终极目标的文化编码策略。借助于此，经济话语的商业主义诉求在电视体育传播中得到了最为充分的表达。

一、偶像化打造：电视体育情绪资本的增值

每一项体育运动都不乏杰出的人物，像美国早期拳王阿里、当代"空中飞人"乔丹，以及我国早期"体操王子"李宁，当前李娜、姚明、刘翔、林丹等，都曾是深受大众喜爱和崇拜的明星式英雄人物。其实，"不论在哪种体育比赛

中，选手和观众对优秀的标准是有共识的，运动员的声誉随着距离这个标准的远近而起伏。运动员优秀与否是无法轻易伪装的"① ——身体训练有素，技术精湛全面以及一种非凡天赋②的精准结合，在任何时候都是体育竞技得以成功的不二法门。这就使得"在运动员和观众之间存在着距离，而且这个距离大得让观众相信，他们的明星生活属于另一个世界"③。正像罗兰·巴尔特分析足球运动时认为的，运动员们隐含了"体育运动的道德价值：耐力、镇静、英勇、果敢。因此，伟大的运动员不是球星，而是英雄"④。在这一共识下，冠军体现了一种价值，成为优秀的个体代表，在他们身上甚至还凝聚了爱国主义、集体主义、英雄主义、无私奉献、艰苦奋斗的优良品质，观众以此作为自我参照，并表现出越来越强烈的集体投入。

对照过往，如今的电视体育更成为一个英雄荟萃之地，一些表现超常的运动员因电视镜头的不吝曝光而有了被神化的倾向，于是便营造出一种"距离效应"，而让人们深深地记住了他们种种平素难得的一刹那——执着的挑战、随性的自然、虔诚的祷告、怪异的欢庆、无厘头的举动、戏剧性的意外等。在镜头频频光顾之下这些尽管仅是偶尔的一瞬间俨然被展示、放大成为经典的"招牌"形象，久而久之，正如那些集体记忆里的英雄一样，他们也便成了"过关斩将"与"单骑救主"式的英雄化身。当然，这多少也源于受众心理的需要，因为现实生活中的每个人都少不了在困境面前有过无助的体验与记忆，因此，成为拥有超能量的英雄抑或英雄的出现便成为人们暂时摆脱困境的心理寄托与呼唤。恰如有一句德国谚语叫作"世界上所有的运气都在马背上"，这说明，人类拥有一个成为出色的骑士、成为一匹上佳赛马的第一个也是唯一一个骑士的梦想——甚至可以说成为自然运动的主体⑤。

然而，人类的这一特点在消费时代被电视人所觊觎并挖掘到了极致，他们

---

① 尼尔·波兹曼. 娱乐至死［M］. 章艳，译. 桂林：广西师范大学出版社，2004：164.

② 此处"天赋"是指在恰当的时间找到能够表现自身能力的恰当的"身体语言"。汉斯·乌尔里希·古姆布莱希特. 体育之美：为人类的身体喝彩［M］. 丛明才，译. 上海：上海人民出版社，2008：99.

③ 汉斯·乌尔里希·古姆布莱希特. 体育之美：为人类的身体喝彩［M］. 丛明才，译. 上海：上海人民出版社，2008：6.

④ 任文，魏伟. 奇观体育与体育奇观：罗兰·巴尔特的符号学体育赛事观［J］. 北京体育大学学报，2011（11）.

⑤ 汉斯·乌尔里希·古姆布莱希特. 体育之美：为人类的身体喝彩［M］. 丛明才，译. 上海：上海人民出版社，2008：10.

　　为了迎合和挑动观众的心理，电视镜头从不逗留，总是追踪运动员，特别是追踪领先的运动员，使观众的视线始终停留在第一名的前后，突出落后者体力渐渐不支和优胜者接连不断的战术。从而造就运动界的英雄们就像普罗米修斯一样向人类的极限挑战：他们比普通人跑得更快、击打更有力、跳得更高，并且投掷得更快、更远或者更准①。当然，仔细分析后不难发现，当下电视体育明星已再不是鲜活和生动的个体，而只是一个符号代码，其成功尽管在一定程度上依然离不开明星运动员自身的特殊素质及其最佳发挥，但主要还是源于电视传媒成功地打造和奇观化包装，而塑造了许多已经超越了体育意义上的文化英雄。恰如格雷曼克斯对英雄视野中的三个转折点的概括："其一讲的是英雄具备的'条件'（'竞赛'）；其二表现英雄对人的极限的超越（'征服'）；最后是为英雄得到承认和'赞扬'所创造的条件（'加冕'）。"不过，对于规则有目共睹、形式众所周知的体育竞技来说，电视的现场直播能够使体育具有了新意和震撼力的策略之一，往往就是通过对运动员的人格面貌的强化。其中势均力敌的对抗、险象环生的征服、隆重亮相的加冕，仿佛都只是为了见证那些有着超凡才能又敢于迎接挑战的体育英雄的"过渡礼仪"而存在。正如有学者所总结的那样："足球赛的焦点一定是足球。但是……如果摄像机对准的是队员个人的突出表现，那它告诉我们的东西就与强调集体配合的情况不一样。"同时，在这竞赛的阈限之内，观众尝试着依据规则来裁判或监督着规则被用于体育"竞赛"中的优秀参赛选手身上，俨然像仲裁一样检验着"表演"是否与适用规则相一致。然而，在"竞赛"接近"征服"时，如若弱者能够奇迹般取胜时则更能产生异乎寻常的狂欢效应，而紧接着对获胜选手的加冕则是对英雄理所当然的嘉奖式投射②。当然，这些都是直播提高了主演的地位，授予他们在事件期间和之后的合法性和超凡魅力③。此外，大众传媒通过评选"足球先生""足球小姐""最佳教练""最佳阵容"乃至"最佳球迷"等概念游戏的方式来刺激和吸引受众的神经与眼球，以满足他们崇拜偶像的心理要求。

　　以上事例充分证明，人们消费电视体育时自然就会产生很多的情绪。因为，

①　苏·卡利·詹森. 批判的传媒理论：权力媒介社会性别和科技［M］. 曹晋主，译. 上海：复旦大学出版社，2007：2749.

②　丹尼尔·戴扬，伊莱休·卡茨. 媒介事件：历史的现场直播［M］. 麻争旗，译. 北京：北京广播学院出版社，2000：34 - 50.

③　丹尼尔·戴扬，伊莱休·卡茨. 媒介事件：历史的现场直播［M］. 麻争旗，译. 北京：北京广播学院出版社，2000：226.

一定意义上说，是处于特殊情感状态中的观众赋予了"征服"中的体育英雄以具有超凡魅力的权力，并唤起了使他们加冕天经地义的神圣价值①。有学者曾提出了体育爱好者的"性情学说"（disposition theory）认为，人们看比赛的情绪与其对参赛者的态度有关。看到参赛者取得胜利时刻的快乐程度与其对他们的喜爱程度成正比；而看到他们失败或失利的时候，同样也是如此②。不过，在这一系列的过程之中，受众被授予的角色其实已进一步具体化为被邀请来见证英雄出征的传奇故事的"成员"。正如有学者所指出的，当中国电视台通过世界杯挣了个钵满盆盈，人们这才发现传媒通过"娱乐叙事"所要强调的基本立场，即明星只是一种效应，文化必须推动消费③。其实，电视塑造的体育明星以其极其丰富多彩的诱惑能指满足了观众的多元想象，同时更激发了他们无限欲望的生成。如此，造就了体育明星在消费时代"神人合一"的偶像色彩。纵观全球体育产业高度发达的国家，无一不是通过打造越来越多的体育明星来吸引受众注意力的。例如，针对贝克汉姆、罗纳尔多等人尽皆知的体育明星来说，他们已经超越了一个足球运动员的身份，而成为品牌、时尚、娱乐与商业的符号。姚明加盟 NBA，成为 NBA 开拓中国市场的敲门砖。2006 年 9 月当火箭队老板亚历山大首次入选《福布斯》最富 400 人榜时，他说："我要感谢姚明和麦蒂，特别是姚明来了之后，他给我带来了 12 亿的财富，因为开发中国市场是我最大的商机。"④ 而贝克汉姆荣获英国 2007 年度"体育产业奖"中的突出贡献奖更是最好的证明。

二、戏剧化增效：电视体育内容推销的技巧

竞技过程中胜负成败的偶然性不可捉摸、难以预料，往往成为体育比赛所蕴藏的最大刺激和魅力之一。尽管体育竞技离不开综合实力的长期积淀、竞技状态的及时调整以及技能技巧的适时发挥，但是最终强队"战胜"弱队抑或强

① 丹尼尔·戴扬，伊莱休·卡茨. 媒介事件：历史的现场直播［M］. 麻争旗，译. 北京：北京广播学院出版社，2000：47.
② 哈里斯. 媒介心理学［M］. 相德宝，译. 北京：中国轻工业出版社，2007：168.
③ 李健. 体育的想象：解读电视体育节目. 参见：周宪，刘康. 中国当代传媒文化研究［M］. 北京：北京大学出版社，2011：139.
④ 杨文运. 体育明星的符号学解读［J］. 体育学刊，2007，8.

手"打败"弱者，体现的只是常识性的竞技逻辑。由于造物弄人，有时命运之神却会奇迹般地将胜负的天平倾向较弱的一方，从而使得在此之前较强一方及其支持者们所有的数字预测、精心计划和美好希望等瞬间化为泡影。恰如1992年的欧洲足球锦标赛中，本来只是作为替补的丹麦队，却因为南斯拉夫队的偶然被禁，而意外地得到了上场的机会，但命运之神居然让其一路"过关斩将"，并奇迹般地最终夺得冠军杯。还有，2004年雅典奥运会前，人们普遍预测美国的阿兰·约翰逊与刘翔将在男子110米栏项目上展开激烈角逐，许多人甚至不厌其烦地分析谁的胜算会较大。但在复赛中，约翰逊途中被绊倒，痛失晋级机会……竞技场上这样的例子不胜枚举，不尽相同的各种偶然性造就了体育界迷人的戏剧性一面。然而，在消费时代，体育竞赛的悬念常常被电视技术和文本运作技巧所策略性地放大，甚至无中生有地制造出凯尔纳所称的戏剧化的媒体文化现象。

（一）激发观众情感：戏剧化处理的表面用意

日本传播学家藤竹晓曾对1964年东京奥运会的电视实况转播进行研究。在10月23日闭幕的那天，赛场上进行着争夺冠军的马场马术、击剑、无级别柔道、曲棍球、足球、体操、拳击、女子排球和篮球9个项目的比赛。而且这9个项目是以各自独特的形式，在不同的比赛场地彼此按照各自不同的规则进行的，这是比赛的"现实"。NHK综合电视台当天对比赛进行了长达11小时20分钟实况转播。可是，比赛一旦被摄入摄像镜头，这9个比赛就被合成而重组为"一个电视剧"，映现在电视上的奥运会，构成了与'现实'的进程根本不同的另一个世界。而且，在屏幕上，并不仅仅是9个项目的比赛交错出现。由于灵活地使用了录像，因此在转播正在进行的比赛的同时，过去的比赛和刚出现过的精彩表演，使画面更为热烈。这样一来，电视奥运会已然加工成为一个具有多个侧面、声势浩大的"电视剧"[1]——在某种意义上，体育节目变得戏剧化了，因为可以分出高潮和表演的过程。英雄、坏人和配角根据他们对最终结果的贡献将得到表扬或者批评。[2]

通过这一事例，我们不难发现，此时的电视编辑或导播在这里其实充当的已是电影导演的角色。尽管该"导演"执导的是一部没有脚本的戏剧，但是他

---

[1]　藤竹晓. 电视的冲击［M］. 李江林，等编译. 北京：中国广播电视出版社，1990：45 –60.

[2]　乔纳森·比格纳尔，杰里米·奥莱巴. 21世纪电视人生存手册［M］. 栾轶玫，译. 北京：清华大学出版社，2008：120.

却可以灵活多变地使用可变焦镜头、特别的摄影角度、滤色镜、单独地播放运动镜头、慢动作、经典动作的图解、提高戏剧性和兴奋度的商业意图、延迟的现场报道等，引导着电视观众跟随电视镜头不停地转换视角，去欣赏这出充满悬念的戏剧①。更有甚者，电视体育还常常戏剧化地以一种直接的情感表达形式，如增进更多的快感、激动、狂欢之情乃至无序的行为等，尽力打破激情参与和距离审美之间的张力平衡，力图促进人们本有节制的情感控制的解除。

例如，在1995—1996赛季德国足球甲级联赛最后一轮勒沃库森队对凯泽斯劳滕队的比赛转播中，德国同行专门准备了两台摄像机跟踪亲临现场督战的两支球队的老板。因为这场比赛，无论谁输，都将遭到降级的厄运。上半时，当凯泽斯劳滕队先攻入一球，电视屏幕上出现了这样一组镜头：凯队的老板欢呼雀跃，高兴得像个孩子；而勒队的老板面如土灰，脸色凝重。下半时，当勒队将比分扳平，电视屏幕又给出两位老板的特写。当然，这次两人的表情和上半时截然相反。比赛结束了，勒沃库森队保级成功，而凯泽斯劳滕回天乏术，跌入乙级。电视屏幕上，勒队的老板喜形于色，激动地与看台上的勒队球迷握手庆祝；另一边，凯队老板神情沮丧，黯然离开观众席，消失在看台走廊的楼梯口②。可见，通过紧盯明星运动员抑或教练个人来开发戏剧性的这一处理的效果自不必言说，以至能让观众禁不住感慨到刹那间得失成败的人生高度浓缩的体验。

当然，在经后期制作的电视体育专题片或纪录片中，编辑加工等传播手法的回旋余地就更大，其可利用的戏剧化创作手法也更加丰富——传播者有时特意使用音乐、字幕等附着符号，有意跟画面形成反差或错位，让人进一步看出比赛所具有的滑稽、搞笑等艺术元素③。比如，1986年的世界杯足球赛纪录片《世界足球群星谱》中，有一段再现巴西队和法国队互射点球决胜的片段。编导们删除了当时所有的现场声音而代之以"嘀嘀嗒嗒"不紧不慢的码表的音效，镜头在射球手、守门员、紧张的观众之间不停地切换。当点球射中或不中时，现场观众的欢呼或嘘嘘便冲击一下电视观众的听觉神经。特别是，当法国队射入了致胜一球，凯旋激昂的音乐瞬时奏起，在法国球迷的欢呼声浪中，法国队

---

① 杰·科克利. 体育社会学：议题与争议［M］. 管兵，等译. 北京：清华大学出版社，2003：17.

② 张帆. 电视体育传播的戏剧化情境［J］. 现代传播，1999）（3）.

③ 肖柳. "艺术的传播"在电视体育传播中的效果［J］. 中国广播电视学刊，2011（9）

员热烈拥抱在一起①。在这里，电视适时地通过音响声效的加工处理和蒙太奇手法的巧妙利用，两国队员的足球对决戏剧化地演变成了紧张的生死决斗，其间所折射和烘托出的特殊冲突情景无疑会陷电视观众于一度屏气凝神之中。再如，针对一场被认为有"打假球"嫌疑的球赛，因为没有掌握确凿的证据，不便直接给予抨击，所以电视人策略性地在播放相关画面时，使用了电视剧《宰相刘罗锅》里的主题歌："故事里的事，说是就是，不是也是；故事里的事，说不是就不是，是也不是……"作为背景音乐。无疑，以这样的设置议程方式，建构出了一个令人遐想的氛围空间，观众自然会结合已有社会和文化经验去思考那巧置其中的象征性意义。

（二）资本营销工程：戏剧化增效的真实意图

体育是生活的一部分，更集中体现了人类的勇毅、顽强、真淳、坦荡和宽容等丰富的精神内涵。围绕着比赛本身，体育运动可以孕育出林林总总象征性的矛盾和冲突。因此，这就使得电视体育节目有了戏剧化表达与增效的逻辑起点。其中，电视转播通过镜头回放，把比赛中的精彩动作、高潮场面和经典时刻剪辑拼接，这种艺术再现方法甚至成为自电视参与直播以后的常规艺术手段，反复不停地艺术再现往往还会让观众产生仿佛又身临其境的享受②。而多机位拍摄的使用有利于快速地由一台摄像机转换到另一台摄像机，从远拍到特写，再从特写到全景，无疑可以在节目中引入连贯的空间感，从而产生戏剧性效果。甚至，电视摄像机还可将镜头游离于体育场（馆）内外，将两个甚至是更多不同时空的体育奇观通过画面并置或来回切换，而巧妙地联系起来以供人们比照与联想。就此，维加雷洛曾以马拉松比赛给予了很好的分析：

> 电视能够将正在进行的比赛与以往其他地方的马拉松比赛，其他城市的马拉松比赛或是本城市各年度的马拉松比赛进行比较。比赛的规则和内容随同一系列无休止的数字不断扩展，譬如，可以比较领跑者与追随者的时间差，以更好地预测每个人的成功率；可以计算每公里的平均速度，以便更好地比较比赛的各个时刻；记录下每个赛点的时间，以便更好地比较几个赛程。这些比较提出了问题，即刻增添了喜剧色彩：紧跟者有没有希

---

① 张帆. 电视体育传播的戏剧化情境 [J]. 现代传播, 1999（3）.

② Preben Raunsbjer, Henrik Sand. TV Sport and Rhetoric [M]. Journalism Quartly, 1998（7）: 166.

望？本地选手是否比其他地方或以往选手跑得更快？这是否是他们的最佳速度？每个数字都提出了比较和问题，每次公布成绩都唤起并加强了观众的兴趣①。

可见，在多机位拍摄并有演播室精良技术制作下，电视就可以源源不断地重新制作或打包生产精彩集锦、赛事回顾、以及"下面发生了什么"的问题追问和戏剧性时刻等。

当然，电视对体育的展示之所以变得越来越戏剧化，还包括电视评论员大肆吹捧体育比赛中包含的民族主义和竞争性因素，同时也是由于那些节目预告片强化了观众对戏剧性情节的期待，以及那些反复播放的经典比赛片段和有关激情难抑的现场观众的画面②。其中，电视评论员是不可能被忽略的。正是他们的不断引证，诱发了悬念，使观众遨游在其他事实之中，也就是在以往比赛、同类比赛以及各种成绩的不断比较中。正是电视评论员在谈论体育的"传说"、优胜者的神话，甚至可以说，正是电视评论员决定了电视转播的成功与否，是他们引入体育时空的逻辑存在——这是一个神话的世界、故事的世界、使人相信故事和价值的世界。他可以移位于赛事之外，讲述观众所看不到的一面，建造想象的世界，为体育领域建构象征的空间。电视特别提供了任何观众都看不到的图像，可以一步一步地分解比赛的每一个时刻，反映人们态度的细微变化，可以将时间物质化，将比赛中的气馁、节奏变化以及超越一一展现③。

关于电视体育，正如有人所总结的，"比赛的范畴——简单地说就是获胜的机会和失败的危险——简直就是一种戏剧表演。这俨然符合这样的事实，即获胜的愿望和庆祝胜利的愿望构成比赛动机的一部分，运动员凭借这种动机去参加比赛，而观众在看台上为他们加油助威"。这一戏剧性事件的场面精彩纷呈、极尽完美，技术上高招频现、无与伦比，令人赏心悦目、叹为观止。然而，其比赛结果自然是残酷的，总是有人欢喜有人愁，运动员自身无从选择的。但是，胜也好和败也罢，都能使得天生具有美感但却没有多少实质意义的身体及其动

---

① 乔治·维加雷洛. 从古老的游戏到体育表演：一个神话的诞生［M］. 乔咪加，译. 北京：中国人民大学出版社，2007：149－150.

② 格雷姆·伯顿. 媒体与社会：批判的视角［M］. 史安斌，译. 北京：清华大学出版社，2007：343.

③ 乔治·维加雷洛. 从古老的游戏到体育表演：一个神话的诞生［M］. 乔咪加，译. 北京：中国人民大学出版社，2007：149－151.

作，无论是在胜利的光环中，还是在悲剧的阴影下，都能够气宇轩昂、光彩照人。事实上，随着图像技术的胜利，体育充斥了日常的电视屏幕，差不多彻底演变成一种表演。甚至整体说来，奥运会体育运动员的情感总是被突出和放大，转播体育节目已经从属于转播催人泪下的体育故事①。

然而，消费时代，"哪里有目光的聚焦，哪里就有金钱的追踪"。学者王宁认为："情感、情绪或本能冲动，既是个体现象，同时在一定意义上又是社会现象。也就是说，在一定的社会环境中，经过一定的社会化过程，个人情感的宣泄、释放、满足、表达或沟通不再是随心所欲的，而是受到社会条件和社会结构制约与影响的。"还有，"情感的表情逐渐符号化了，成为一种塑造形象、社会交往和服务于某种目的（如利润）的符号工具和手段"。进一步说，"情感的符号方式是个人和团体可以控制、管理、操纵和利用的工具"②。因此，基于对"可消费性"的追求，和所有商品一样，现今即使不具备故事性的信息，也能将再经挖掘甚至被策划或设计出来的故事重组后再加以传播。因此，电视体育或令人释怀，或令人焦急，或激动人心，或扣人心弦的"戏剧化"处理，其真正的目的正是试图对体育观众情感、情绪等进行控制、操纵、管理和利用的一种赢利的追求。进言之，电视体育的戏剧化手段尽管花样不断翻新，却都只不过是期冀达到它所预期的消费目的的一个资本营销工程手段而已。

三、暴力化宣泄：电视体育暴力的美学呈现

体育运动中有些项目，本身就要求运动员既勇猛又有收敛，既要体现力量又必须体现力量的适当运用。之所以如此，确是因为人类在建设体育运动的漫长历程中，针对其中潜在与显在的粗暴本能与攻击行为，而积极采取了许多能够逐渐削弱和制止暴力的诸多限制手段的原因。恰如维加雷洛所认为的，"与古老的运动相比，现代体育采取了逐渐减少和避免攻击行为的措施。它延续和模仿了古老的运动，但方式几乎是象征性的，又用规则进行了约束和改变"③。但尽管如此，体育还是表现出了两面性，即它既是一块规则明确的领域，暴力带

---

① 哈里斯. 媒介心理学［M］. 相德宝，译. 北京：中国轻工业出版社，2007：160 – 161.
② 王宁. 消费社会学［M］. 北京：社会科学文献出版社，2011：81 – 83.
③ 乔治·维加雷洛. 从古老的游戏到体育表演：一个神话的诞生［M］. 乔咪加，译. 北京：中国人民大学出版社，2007：156.

有表演的性质并受到控制，又是一块极易引起隐蔽的愤怒的领域。而对于那些诸如拳击等可直接使用暴力的运动项目而言就更是另当别论了：从表面看，尽管拳击运动制定了严格的规则，实行了得分制，但是，这些举措并不能改变其相当明确的宗旨——给对手的身体造成一定程度的伤害①。这样，便使得体育能"以简单的规则和一目了然的对抗吸引了大量的观众，当它煽动起观众更多的投入时，二者间就产生了一种联系"②。以至在密闭的体育竞技时空里，赛况的一发千钧、瞬息万变，造成队员们神情严肃、如临大敌，而观众间彼此呼应、群情激昂，于是危机四伏的比赛氛围中仿佛随时都潜藏着，可能因一丝小事而引发"暴力"出场的可能性。

关于暴力，格伯纳曾将它定义为"一种有意伤害或杀伤的公然武力表现"。这其实道出了人们对"暴力"的最为一般的解读，即暴力主要是对他人的身体伤害——由于暴力实施者的不合理行为导致了行为承受者的生活或生命无法正常地运行或延续下去。而通常所说的"电视体育的暴力化"便是基于该理解而提出的，其选择以暴力本身作为电视所呈现的内容，即通过影像来直接展示暴力，从而使得原本很正常的体育竞赛，经过电视人的策划、精选、控制和操纵，常常表征为"你死我活"式的战斗，以至影像内外时不时地都充斥着某些宣泄性的暴力符号。如此，体育运动这一具有仪式化的受控的暴力就成了沟通体育里的对抗和生活中的争斗这两者之间的缓冲地带。从而使得在现实生活中隐而不彰且深受蔑视的暴力，在电视体育这里得到了展示、修饰与放大，甚至被赋予了较高的审美价值和文化尊严——体现了雄性争霸的文化传统，展示着粗野放纵的原始快感。

（一）心理归因：电视体育暴力的合理化叙事基础

其实，人类本能里就存在抑或蛰伏着一种强烈而持久的力量崇拜。关乎此，彭兆荣认为，"人们仿佛可以从古代罗马的角斗士，西班牙的斗牛原型等看到人类心理的某种隐晦的需求"③。而西方现代行为学创始人康纳德·洛伦茨对之则有更深的理解，他认为，人类的好斗性是一种真正的无意识的本能。这种好斗性，也即侵犯性，有其自身的释放机制，同性欲及其他人类本能一样，会引起

---

① 格雷姆·伯顿. 媒体与社会：批判的视角［M］. 史安斌，译. 北京：清华大学出版社，2007：355.
② 乔治·维加雷洛. 从古老的游戏到体育表演：一个神话的诞生［M］. 乔咪加，译. 北京：中国人民大学出版社，2007：158.
③ 彭兆荣. 人类学仪式的理论与实践［M］. 北京：民族出版社，2007：263.

特殊的、极其强烈的快感①。但由于身体与身体之间的对抗可能会发挥出巨大的激情，因而社会出于稳定的需要往往会设法抑制这种激情的释放。因此，可以说竞技运动中的激情威力事实上已被外力所修正和定位，它必须被限制并保持在社会可以容忍的一种理想状态之下。因此，现代体育中，明枪暗箭、以牙还牙和放荡不羁的野性暴力行为在扼制和监督下得到了进一步的程式化，其将粗野放纵的原始暴力本能掩盖在富有想象的象征仪式背后，成为德国社会学家伊利亚所认为的"暴力消失后的一种补偿形式"。

"现代体育把追求'危险'的快乐和原始野蛮的幻觉建立在回避危险和野蛮的基础上，在表面的直接对抗和抑制阻挡冲动之间进行了复杂的调剂。"正像一份报告所指出的那样："生活变得不再危险丛生，但也变得更为乏味。面对这种变化，体育应运而生，成为一项非凡的社会创举。它抛弃了许多危险的身体接触所带来的快感，但同时也保留了一部分战斗的快乐。"同时，"体育既压制了暴力又给人以使用暴力的幻觉，它几乎始终对危险动作实施着控制，成为一种想象与现实相结合的运动"②。也正因此，观众能够从中直接体验到情感的全面宣泄和精神的彻底放松。

然而，在社会分工日益精细化的今天，人们的日常生活日趋单调的同时，因激烈的社会竞争而导致的心理压力却积重难返。再者，现代社会的人们很少能有直接去显示力道抑或体验暴力的机会，这时，传媒上的各种虚拟化的暴力和血腥场面就可以替代性地满足人们对力量的渴求与崇拜，同时也可以宣泄长期被压抑的欲望，甚至能够激发起他们的某些生理本能。根据弗洛伊德的精神分析理论，本我（id）、自我（ego）和超我（superego）互相矛盾，本我冲动下引发的焦虑极度希望表达自己，但如果表达就会与道德的超我发生冲突。危险性的潜意识冲动（如性冲动、暴力侵犯他人的冲动）都被意识所压抑，如果得不到发泄就会产生焦虑。这些被压抑的焦虑或冲动一方面可以通过直接的性行为或者暴力行为得到宣泄，同时也可以通过替代性活动得到升华，如通过电视观看他人的性行为或者暴力行为而得到释放。

因此，"这种情感的释放即我们所说的宣泄，主要来自释放冲动（即直接或者间接的表达）"。尽管后来的研究者进一步修正了宣泄理论，认为媒介暴力可

---

① 马蔚萍. 电影艺术中暴力与美的平衡：电影暴力美学的特点及意义 [D]. 长春：吉林大学，2007：30.

② 乔治·维加雷洛. 从古老的游戏到体育表演：一个神话的诞生 [M]. 乔咪加，译. 北京：中国人民大学出版社，2007：156－157.

能引发观众的幻想，事实上是幻想而不是媒介暴力本身导致了宣泄结果①。人们在讨论"暴力"的时候，常常因为暴力的"负面价值"以及"负面形象"而简单化地在社会道德层面对其加以排斥。但彭兆荣却对暴力进一步提出了独到的观点，他指出，"暴力原来是一种价值预设"，甚至"在很多情况下，同一种行为在冲突的一方被视为'暴行—暴力'，在另一方则被当作'丰功—伟绩'"②。例如，在两军交战中，杀死对方将士不仅不被当作犯罪，反而将视为一种立功表现，应受到尊敬。而且，暴力的表现形态还包括政治暴力、警察暴力、符号暴力、象征暴力等，不一而足。

因此，对暴力的理解就必须建立在某一个特定的文化语境之上。所以，对于媒介虚拟暴力这一戏剧性的仪式场合来说，此中的所谓"暴力"能指已经成为其仪式整体性构造和符号系统的"表演"程序，并且是欢快的、娱乐的。在这里，暴力符号的能指和所指出现了最大变化，甚至走到了"本义"的背面。诚如张国良所认为的，媒介暴力本身，绝非一些过激的道德家所批判的那样，构成"万恶之源"，而是一种折射社会、心理、娱乐、文化、经营、教育等多个维度的多种问题的复杂现象。③ 而如今电视体育暴力正如张国良所指出的那样，其背后潜藏的是整个社会系统化的消费主义文化洪流。

（二）利润隐喻：电视体育对暴力追捧的内在缘由

因为体育为防范游戏暴力筑起了堤坝，从而使得体育比赛中的动作暴力、战术暴力、直接对抗性暴力，不管多么强烈和粗暴，其实都已是一种受限的生理化暴力——激烈且收敛的比赛，既反映了力量的暴力又体现了暴力的适度使用，它们属于社会的范畴，但却具有野蛮的文化性质——所有的对抗性运动都有进攻性的倾向④。加上人们在描述体育运动时，由于习惯挪用一些如"进攻"与"防守"、"征服"与"抵抗"、"报仇"与"雪耻"等常用暴力性词汇，从而竞技体育比赛常被比喻为"没有硝烟的战争"。但无论如何，体育运动这一仪式化的暴力形式只是表征了人类庆祝自己情感暴动的象征方式。然而，暴力现象在当下电视转播的赛事中比比皆是、耳熟能详，无数的暴力行为画面在即时回放中不断出现、有目共睹，每当有冲撞、搂抱、截击和身体阻挡的情况发生，

---

① 哈里斯. 媒介心理学 [M]. 相德宝, 译. 北京：中国轻工业出版社, 2007：268.

② 彭兆荣. 人类学仪式的理论与实践 [M]. 北京：民族出版社, 2007：255.

③ 王玲宁. 社会学视野下的媒介暴力效果研究 [M]. 北京：学林出版社, 2009：序.

④ 阿尔君·阿帕杜莱. 现代性游戏：印度板球的非殖民化. [M] // 罗钢, 王中忱. 消费文化读本. 北京：中国社会科学出版社, 2003：391.

体育解说员总是会提高嗓门、加速语素。电视针对一些有暴力倾向的体育项目，往往总是直接聚焦暴力细节，运用写实的表现手法，用炫目的视觉能指来充分展示、美化这一仪式化的暴力。电视甚至还设法放大竞争双方"怒发冲冠"式的原始野蛮对视，并让"决战到底"的势不两立气氛千钧一发，以预先挑动和刺激观众已然麻木的神经。

不过，近年来"注意力经济"理论的流行能够很好地解释电视体育传播对暴力青睐的缘由。托马斯·达文波特和约翰·贝克在《注意力经济》中写道："当今商业社会中，最稀缺的资源是什么？不是点子，也不是天才，而是'注意力'！"甚至他俩直言不讳地提出："在新的经济下，注意力本身就是财产，金钱将与注意力一起流动。"① 而体育运动这一"仪式化了的暴力"把男性特征与被准许地带有正面色彩的暴力连接起来，对受众造成强烈的感官刺激和巨大的心理冲击，从而能够释放在别处已经积压的内心冲动。由此，我们不难看出，电视体育对暴力的推崇，正是将消费者的注意力作为一种新的资源来加以利用，以引爆关注，从而促进竞争的一个手段而已——将"暴力回收为商品，成为可以消费的财富，或成为区分的文化符号"，或将它们"重新社会化为一种文化镶边和集体愉悦"②。恰如伯顿所认为的，媒体暴力"所蕴藏的主导性因素仍然是市场。暴力可以赚钱，没有什么新闻比坏新闻卖得更好"③。

于是乎，"男性运动吸引媒体的是那些强调体形、高度、身体力量和使用力量与恫吓，并在身体上支配对手的运动——与传统男性形象一致"。以至"在男性运动员的评论中提及身体力量是非常正常的。在提及男性运动员的性格缺陷时都强调男人太富有侵略性、太独立和太想成功"④。其报道语言大量采用了节奏夸张、共鸣过度的军事语言：攻击、全面攻击、炸弹、地面和空中打击、进攻、防御、突破、侧翼、冲突以及领土争夺，都是体育评论员的标准用语⑤。以至将粗鲁、有侵略性和竞争描述为信仰和技巧的标志；将橄榄球中的擒抱描述为挤碎骨头的撞击；将篮球中的强烈的犯规描述为对对手的警告；将棒球中的

---

① 蒋晓丽. 奇观与全景：传媒文化新论 [M]. 北京：中国社会科学出版社，2010：145.
② 让·波德里亚. 消费社会 [M]. 刘成富，译. 南京：南京大学出版社，2006：144.
③ 格雷姆·伯顿. 媒体与社会：批判的视角 [M]. 史安斌，译. 北京：清华大学出版社，2007：133.
④ 杰·科克利. 体育社会学：议题与争议 [M]. 管兵，等译. 北京：清华大学出版社，2003：484–485.
⑤ 苏·卡利·詹森. 批判的传媒理论：权力媒介社会性别和科技 [M]. 曹晋主，译. 上海：复旦大学出版社，2007：276.

后刷场地描述为在后跟上黏上糊状物。甚至午夜新闻里的得分也充满了暴力形象：公牛队毁灭了尼克斯队、杰特队毁灭了海豚队、黑鹰剥了布鲁尼斯队的头皮、塞莱斯痛击了萨巴蒂尼等。得分听起来像战争中无力的结果。他们赞同攻击性，而不再考虑象征着脆弱的善良和敏感……"踢别人的屁股"是得到赞同的，而不能惩罚对手则是软弱的标志①。当然，这样做的结果和代价是引来诟病无数。然而，对于电视体育机构来讲，收视率就是一切。具体地说，收视率隐喻着利润，在这一逻辑下其他所有的都已不重要，或都已褪变成为其所用的内容而已。

四、性感化编码：电视体育招揽观众的秘籍

消费时代的身体已成为一道独特的景观，其影像传播更成为一个文化的主题。而体育委实需要通过身体才能得以体现，因此，某种程度上，体育的再现在视觉上就为身体所控制。不过，电视的加盟让身体的传播在体育的旗帜下有了更为生动、精彩、多样而真实的形式。电视体育中的"身体"以形态各异、精彩纷呈的"气氛"镜头诠释着体育文化的母题，同时也让更多的人领略到无数的"身体意向"②，并引发无限的关于身体的话题。因此，电视体育中的身体依然是女性主义与保守主义观点交锋的领地，并能衍生出巨大的文化象征意义。正如有学者所概括的，"身体是血肉和骨骼、化学和电的具体有形的物理空间；它是一个高度媒介化的空间、一个为文化阐释和表征改造的空间：它是一个生命的空间。一个有意识和无意识欲望以及动机变化无定的空间——一个身体（自我）、一个主体、一个身份：概言之，一个社会空间，一个复杂体，牵涉到权力和知识的运作以及身体活生生不可预测性的运作"③。那么，问题是，电视体育到底为何，以及又是如何能在体育能够容忍的语境下用镜头再现运动的女性与男性运动员身体的呢？

---

① 杰·科克利.体育社会学：议题与争议［M］.管兵，等译.北京：清华大学出版社，2003：489-490.

② 身体意向，即指由于身体这个物象而引发的关于身体的内心感觉和心理图景.陈月华，王宇石.解码：当代电影中的身体意向［J］.电影艺术，2006（5）.

③ 索杰，等.第三空间：去往洛杉矶和其他真实和想象地方的旅程［M］.陆扬译.上海：上海教育出版社，2005：74.

（一）身体奇观：现代体育兴盛的感应器

作为人类及其形象的最大指涉对象的身体，在体育界它的运行比其他领域更讲究策略，也更讲究手段①。运动员为了能够将身体的各种不同形式和功能展现给人们，他们在体育比赛中的体验就必须是一种"全身心投入"的体验，那种投入超越了自身的控制。同时，身体的运动最直接地展示着人类自身的本质，寄托着人类永恒的追求与理想。力量与美、崇高与荣耀、和平、沟通理解等，都可以通过身体的运动和接触来表达。运动和观看运动使我们体验着各种情感，享受着人体潜能不断迸发的喜悦，体味着挫折后的沮丧与委屈②。因此说，在游戏中，运动中的人体美达于极致。在更为发展的形式中，游戏浸透了节奏与和谐，那是审美知觉的最高馈赠③。与此同时，经受过体育运动过程的身体，将运动员和普通人区分开来，以至一旦运动员缺乏健美的体格时，往往就会破坏他（她）本人作为运动员身份的合法性，而受到诟病。例如，2000年，高尔夫运动员克林·蒙哥马利由于身体超重而受到媒体的指责和球迷的辱骂；2002年，足球世界杯后罗纳尔多日渐发福，媒体将之称呼为"肥罗"，而不是以前带有崇拜意味的"外星人"；2007年，罗纳尔迪尼奥状态下滑，媒体也将其归因于成名后的小罗疏于控制体重。该情况一直存在着，尤其是电视介入体育运动后，更进一步创造和强化了一个关乎身体的社会文化政治的认同。

不过，媒体对身体的再现为人们解读"何为体育"提供了更为复杂的视角。比如，麦圭瑞（Maguire，J）将媒体对身体的再现概括为以下4类。④

1. 生物学/医学意义上的身体：包括足球运动员的膝部软骨手术、撑杆跳高选手测量身体的平衡度等。例如，我国田径运动员刘翔的跟腱部位手术。

2. 受管束的身体。例如，运动员们必须遵守严格的科学饮食和训练机制。

3. 商品化的身体。例如，各大俱乐部旗下的运动员们的身体就是一种商品，他们的身体被各家俱乐部"买断"，还可以被标上价格在各家俱乐部之间进行交易。

---

① 乔治·维加雷洛. 从古老的游戏到体育表演：一个神话的诞生［M］. 乔咪加，译. 北京：中国人民大学出版社，2007：164.

② 杰·科克利. 体育社会学：议题与争议［M］. 管兵，等译. 北京：清华大学出版社，2003：译者前言5.

③ J. 胡伊青加. 人：游戏者［M］. 成穷，译. 贵州：贵州人民出版社，2007：7.

④ 格雷姆·伯顿. 媒体与社会：批判的视角［M］. 史安斌，译. 北京：清华大学出版社，2007：346.

4. 象征性的身体。例如，网球明星维纳斯·威廉姆斯的身体成了一个象征，代表着女子网球运动和黑人女性的成功，甚至连她编成小辫子并用珠子点缀的发型都成了标志。

从以上归类中，不难发现，其实我们都已经熟识了上述身体的分类，因为，身体意味着形象的在场，它们都已经同时存在于当下传媒环境以及广大受众的脑海里。不过，无论运动员还是普通人，我们的身体远非是一种单纯的自然现象。不同的文化、社会境遇，不同的经济、政治条件，不同的制度框架、制度安排，规定着我们的身体形态与身体的运动规则，从而也直接规定着我们的心灵感受与情感表达。反之亦然，有组织的身体运动同时也创造着我们的文化和生活，影响着社会历史的发展进程①。自然，媒体所再现的运动员身体很容易会演变为体育产业当中具有可操控性和竞争力的工具。正如有人总结的那样：

> 足球是用脚踢的，但是对于足球明星来说，拥有漂亮的胸肌同样重要——可以在庆祝胜利时脱衣展示，更可以赤膊上阵，在商业领域大展身手。千万别以为全世界只有"万人迷"贝克汉姆一个大牌球星喜欢裸露上身，C罗、永贝里、亨利……越来越多的球星愿意敞开他们的衣襟，展现他们强壮的形体，不是为了和小贝一争高下，而是为了展示他们独特的魅力②。

事实上，就连拳击运动员半裸的身体频繁接触，（也）创造出了一种视觉上的奇观和紧张的气氛，从而让观众充满激情地参与进来③。如今，运动员的身体经过（电视）媒体的打造和包装，已经变得既色彩斑斓、体征时尚，又风情万种、艳丽无比，并且是按照一种与其所属体育项目相关的、规制化的、仪式化的模式来运行的。因此，通过对身体装饰、肢体表现以及对身体的有意锻造，俨然可以实现文化与认同的传播。例如，在电视等媒体的引导下，对于成功的女性运动员，人们更多地关注他们的美丽外表，而不是她们的运动成绩，而这便引发了体育传播中关乎"性感化"的话题。

① 杰·科克利. 体育社会学：议题与争议［M］. 管兵，等译. 北京：清华大学出版社，2003：译者前言5.
② 当代体育：下半身踢球上半身秀［J］. 当代体育，2008（11）.
③ 格雷姆·伯顿. 媒体与社会：批判的视角［M］. 史安斌，译. 北京：清华大学出版社，2007：355.

（二）性感叙事：时尚诱惑无餍的催化剂

电视体育中的身体是直观的、具体的，它和现实中的身体有所不同。首先，现实中的身体私密保守、循规蹈矩、沿袭传统；而电视体育中的身体暴露开放、狂野另类、叛逆标新。其次，现实中的身体千差万别、形形色色；而电视体育中的身体囿于运动、如出一辙。再次，现实中的身体关注生物原理和健康指数，而电视体育中的身体注重审美价值与符号意义……某种意义上可以说，电视体育的魅力正是来自体育明星的身体魅力，而体育明星的身体魅力在于其奋发向上的生命脉动以及勇于挑战的欲望本能，而这种生命和欲望正是人类情感爆发的最极致和最高潮的节点写照。因此，身体作为运动员最直接的物质性存在，其必然隐喻冲动、快感等诸多隐秘莫测的欲望本能。

毫无疑问，由于大多数观众并不关心电视体育中强壮的身体是否符合健康和文化的标准，他们青睐的只是能满足视觉欲望和隐秘快感的美丽身体，因此电视体育这种对身体的强调，尤其是通过对体育明星性别形象的强化，润物无声地建构了大众内心深处理想的性别形象。而且这些形象往往是通过一系列象征符号表征出来。其中，着装呈现是对性别表达最为重要的符号。因为对于所有的运动项目而言，运动员的着装都是专业化的，旨在适应该项目要求的同时突出他们健美的体格。只是在游泳等运动项目当中，吸引我们的是运动员半裸或几乎全裸的身体。在这里，"健美"和"性感"这两类话语发生了碰撞——尤其是我们在观看女运动员比赛时①。诚如劳伦斯·文内尔所指出的："性别的差异是体育的一大特点。其属性是媒介体育叙事的基石，这也是媒介体育在市场化目标中实现召唤的手段。"同时，他还认为："女性作为体育世界一个'异性'角色的地位也是至关主要的，这一身份影响了体育环境下的消费叙事对不同性别的表达。"② 针对这一点，服装产业敏锐地把运动服重新构建为一种"时尚类商品"，这就把占主导地位的"男性化凝视"和为满足性欲而构建出来的香艳视觉影像引入了体育界③。加上体育比赛的组织者和赞助商们总是鼓励参与者穿上极具性吸引力的服装。因此，随着服装趋势的改变，其审美因素与性吸

---

① 格雷姆·伯顿. 媒体与社会：批判的视角［M］. 史安斌，译. 北京：清华大学出版社，2007：346.

② 劳伦斯·文内尔. 媒介体育、性别、体育迷与消费者文化：主要议题与策略［J］. 成都体育学院学报，2012（3）.

③ 格雷姆·伯顿. 媒体与社会：批判的视角［M］. 史安斌，译. 北京：清华大学出版社，2007：351.

引变得越来越重要，以至女性的穿着已经由老式连衣裙、直筒裙和带褶短裙变成合体的泳装、体操紧身衣和网球场上暴露的套装。

于是，尽管电视对女性体育的再现还远远不够，但女性的在场已成为电视体育奇观中不可缺少的因素。在性感的旗帜下，类似于《奥运就是性感》《上海足球与性感做爱》的标题也频频现身各种体育新闻报道。美女和桃色成为体坛的重要风景和体育新闻的重要内容①。甚至于某届冬奥会的一些赛事转播中，大批媒体根本无视运动员在赛场内外的艰苦付出，而将注意力集中于所谓最美丽的女运动员是谁的评比。比如，金妍儿是否进行过整容手术、芬兰花样滑冰选手科尔皮的形象完美度、单板女王布雷勒性感度等，不一而足。因此，从台球美女、体操美女到跳水美女、网球美女，凡是容貌姣好的女运动员、玲珑火辣的体育宝贝，哪怕是身材傲人的女球迷纷纷都能成为性感体坛的主角。在这里，女性身体俨然成了时尚的标签，她们在用热爱消费物质、体力与激情，而电视观众则用眼睛窥视并消费女性的"身体"。正如有人所指出的，"在如今这个消费文化盛行的年代，身体愈发要得到最大限度的观赏性和享乐性"②。这就难怪，如今的体育活动是"苗条"还是"不苗条"已成为影响体育报道的因素，在那些苗条的体育项目如体操、跳水，体重和外表对于成功更加重要③。

当然，在电视体育的身体狂欢中，男性健美的身体同样也具有了观赏性，它可以和美女一样成为"被看"的对象。以至，一方面，在艺术体操、冰上舞蹈、花样游泳等能充分展现竞技场中女性"美"的项目中，面容娇好的女运动员特别抢镜；另一方面，在足球、橄榄球等展现男性阳刚之美的领域，同样还是外貌俊俏的男运动员独领风骚④。当然，如果是"大牌"明星，则只要与性感挂上钩就能得到更多的关注。例如，在足球世界杯比赛期间，罗本的半裸照片成为了各大媒体集中捕捉的镜头，不少球星色彩斑斓的文身更成了赛事叙述的重要噱头。毫无疑问，电视体育的编码策略，使得身体被展示为一种性感的文化商品，其形象甚至获得与其体育成就同等重要的意义，并能突破体育竞赛的范畴而出现在其他文化形式（如商品广告）之列，并最终汇入到消费主义文

---

① 罗亚. 制造快乐：走向娱乐的新闻技巧：对中国传媒新闻娱乐化的实证研究院［D］. 上海：复旦大学，2005：42.
② 谢有顺. 身体修辞［M］. 广州：花城出版社，2003：8.
③ 哈里斯. 媒介心理学［M］. 相德宝，译. 北京：中国轻工业出版社，2007：170.
④ 罗亚. 制造快乐：走向娱乐的新闻技巧：对中国传媒新闻娱乐化的实证研究院［D］. 上海：复旦大学，2005：42.

化的滚滚洪流之中。

五、政治消费化：电视软化体育政治的硬冷

放眼当下，到处可见一些高度资本化的赛事，如 NBA、英超联赛、F1 等。其中，所谓"国家"的概念正被进一步地分化和退场。比如，像切尔西这样的顶级球队，就可以在任何一场比赛中派上为数不多的几名甚至完全都不是英国本土的球员。同样，这一情况在 NBA 比赛，甚至我国的 CBA 比赛中也早就屡见不鲜、多见不怪。那么，是否可以说，当下电视体育再也无需承担建构民族/国家的身份/认同的所谓政治任务呢？

（一）权力机构的政治化期待与挪用

体育竞赛作为一种能够提供"紧张""刺激""自豪感"和"认同感"等的载体，因此常常被作为民族注意力和民族激情的理想焦点。这不但为消费者提供了一种情感宣泄的合法渠道，而且为消费者提供了一种情感的"支持"——想象中的社区认同感和民族认同感。比如，激烈的足球赛中人们自觉地为国家队或自己钟情的球队加油呐喊，其实正是认同感的体现。当然，也正是这种民众将自己的部分爱国热情投入到了体育仪式之中，从而使得政治家们有机会也把他们的部分政治期待寄托在了这种仪式之中。因此，策略性地通过实现对能够放大体育传播效应的大众传媒的控制，对于构成民族/国家而言，体育运动便有了可以为其提供操纵民族主义感情的机会。恰如美国学者安德鲁·比林斯指出的，正是在（体育）媒体的受众处于相对的白日梦中，即处于一种由体育带来的兴奋、欣喜或暂停的状态时，才最有可能被说服。在这样分心的状态下，我们才更有可能暂停批评性的探索①。而伯杰从符号学视角考察橄榄球比赛的电视转播时也指出：橄榄球比赛在巨型体育场馆举行，有乐队、啦啦队、中场休息表演等，令人叹为观止。我们可以说，这些壮观场面的功能是使人们的注意力从现实社会状况转移，来压榨人们的情感精力（这些能量本可以用在政治与社会问题上），最终让人们确信政治秩序的合法性②。

---

① 安德鲁·比林斯. "冰球"在哪里：高级体育媒体学术的十大主题［J］. 成都体育学院学报，2012（3）.

② 阿瑟·阿萨·伯杰. 媒介分析技巧［M］. 李德刚，何玉，译. 北京：中国人民大学出版社，2005：168.

电视时代，由于电视图像的历史性使用以及无国界地广泛传播更进一步加强了体育运动的影响，而使其成为炙手可热的可利用的媒介事件。前国际奥委会主席萨马兰奇曾一针见血地指出：政治之所以直接同体育相联系，这首先是由于奥运会已经成为近30亿电视观众收看的事情①。而就媒体事件，戴扬和卡茨也指出，媒体事件以典型的现场直播方式，唤起人们广泛而同期的注意，并以区别于其他的新的叙事方式构造出庆典仪式。同时能"提供一个向别的社会庄严地'表现自我'的机会"。因此，我们可以称这些事件为"电视仪式"或"节日电视"，甚至"文化表演"。这一观念延续了迪尔凯姆以来的社会整合的思想——媒介事件具有强烈的社会功能，"这些事件以集体的心声凝聚着社会，唤起人们对社会及其合法权威的忠诚"。比如，奥运会、足球世界杯等大型国际体育赛事的申办和举办在现代传媒的作用下，其真正的意义在于它们是"媒介事件"，是一种仪式性的政治，能够"始终表现出它对空间、时间以及对一国、数国乃至全世界的'征服'"②。再如，"美国的篮球、棒球在全球的流通和推广实际上也是在'贩卖'美国的身份/认同，且体育已不仅仅与身份/认同的建构有关，它已经成为营销民族/国家的身份/认同的一种手段"③。

可见，电视体育多少体现了国家文化政策的非官方工具——表面上只与娱乐、竞争有关的文化奇观，其背后隐喻的半官方宪章却是道德和政治的。这样，电视体育自然就成为民族/国家礼仪奇观有用的延伸，从而常常被用来推进国家认同——建构民族主义的话语，以促进多民族融入同一个国家。例如，奥运会开幕式包括壮观的运动员和教练员入场式，他们以国家为单位依次入场。通常情况下，每个运动员的服装展示了各自祖国的传统装束和颜色。无论竞技水平如何，无论是否有机会冲击奖牌，无论经济地位如何，一个国家的所有运动员都作为一个整体入场。当运动员或者运动队赢得奖牌时，颁奖仪式是在升国旗和奏国歌中国完成的。当媒体转播颁奖仪式时，摄像机镜头聚焦领奖运动员激动的泪水，他们见证了祖国胜利的伟大时刻④。同样，"每个国家只有一个球队

---

① 杨河山，曹茜. 电视文化 [M]. 哈尔滨：北方文艺出版社，1992：173-178.

② 彭海涛. 国族的世界想象：2008奥运申办的媒介研究 [J]. 二十一世纪（网络版），2005，34（1）.

③ 格雷姆·伯顿. 媒体与社会：批判的视角 [M]. 史安斌，译. 北京：清华大学出版社，2007：349.

④ 罗纳德 B. 伍兹. 体育运动中的社会学问题 [M]. 田慧，译. 北京：人民体育出版社，2011：145.

的世界杯比赛更成了国家与国家之间竞争的舞台"①。正如布尔迪厄所说:"电视的再现虽然看上去只是一种简单的录制,却将全世界的运动员之间的体育比赛改变成了各个民族冠军之间的较量。"② 各国电视往往赋予那些能够带给本国人民胜利喜悦的优势项目,以及某个令国人骄傲的运动选手以更多的镜头机会,以便让这些带有表演性质的影像能指能够更好地激发和满足民族的或民族主义的想象的自尊心期待与需要。其实质就是对体育比赛胜利的象征力上的策略性利用。例如,在美国,观看 1996 年亚特兰大奥运会的人发现,关注美国运动员、美国国旗、美国国歌和欢呼"美国!美国!"的观众,比关注作为聚到一起相互学习并结成友谊的全球社区一部分的运动员要容易得多③。

所以,政治对电视体育的渗透也就见怪不怪了。首先,政治领袖频繁地出现在体育颁奖仪式上和看台上,而且常常精心挑选时机和场合④。例如,在过去的 50 年间,几乎所有的美国总统都会利用自己体育迷的形象来融入老百姓。总统们为棒球赛季开球,观看美国网球公开赛,并出席奥运会开幕式⑤。而权力人物抑或机构登台亮相无疑使体育竞赛更加合法化和正式化的同时,亦容易使人们将体育竞赛想象为全民族的大事。其次,体育形象成为政治跳板,编码政治乌托邦主义。例如,1965 年美国的最佳球员康普,是个彻头彻尾的里根派,在布法罗足球队开始了足球生涯,之后宣布竞选总统。这样,体育功勋轻松地转换位为政治才能,也让康普成了一个重要的人物和偶像⑥。在此,体现的正是一种功绩社会的想象。在这个领域中,天才的意义只能是顽强拼搏。如同其他场所和事物一样,这部配有照片的传奇故事富于似乎永恒的感情色彩和具有社会编码式的乌托邦主义。再次,恰如美国政策批评家诺姆·乔姆斯基(Noam Chomsky)所认为的,体育是用来麻醉民众的,即体育使得人们不再关心那些对他们的生活至关重要的事。体育是控制人民的一个主要手段。工人们是有思想

---

① 哈里斯. 媒介心理学 [M]. 相德宝,译. 北京:中国轻工业出版社,2007:165.
② 皮埃尔·布尔迪厄. 关于电视 [M]. 许钧,译. 沈阳:辽宁教育出版社,2000:101.
③ 杰·科克利. 体育社会学:议题与争议 [M]. 管兵,译. 北京:清华大学出版社,2003:529.
④ 乔治·维加雷洛. 从古老的游戏到体育表演:一个神话的诞生 [M]. 乔咪加,译. 北京:中国人民大学出版社,2007:134.
⑤ 罗纳德 B. 伍兹. 体育运动中的社会学问题 [M]. 田慧,译. 北京:人民体育出版社,2011:270.
⑥ 乔治·维加雷洛. 从古老的游戏到体育表演:一个神话的诞生 [M]. 乔咪加,译. 北京:中国人民大学出版社,2007:134-135.

的，必须要让他们有事可做。而最重要的是，必须确保他们所做的事情是毫无意义的。所以职业体育是最佳选择，它灌注给人们的是完全的被动①。

电视可以通过解说员和评论员的作用，以及镜头的策略性选择、图像的放大、领袖的亮相、神话的建构、隐喻的运用等，将体育比赛"有机"地融合进为国家而讴歌的集体性想象行为之中。同时，正如有研究所发现的，观众们观看体育比赛的行为显得训练有素，但他们并不是被强迫的，而是以一种寻求收视享受、体育归属感和民族认同的态度参与其中。而（电视）传媒常常以这种方式激发起体育与国家之间的一种集体意识，并且将观众观看其节目视作一种爱国行为而予以推广②。

（二）消费主义对体育政治的"消解"与利用

然而，在消费时代，由于市场逻辑对政治的消解，已使得长期以来一直硬结为严肃的体育运动蜕变为游戏但仍被称作"严肃"的严肃事业。尽管体育包含了竞争、征服和屈从的各种方式，但它毕竟不是战争、政治，所以仍然被视为一种具有美德的行为而被明显强化和广泛接纳。又因为体育作为当今影响重大的公共表演和神话制造的重要场所，从而使得体育和战争的语言游戏彼此认同和过度结合。因此，人们还是使用各种有关战争的隐喻和话语来报道这种赛事。在这一奋勇争先的过程中，民族/国家的身份/认同与"差异性"的概念相结合。因此，在体育比赛当中，国家队代表着这个国家。他们的胜负、统一穿着的"制服"、对国旗的使用以及运动员的行为都代表着某个民族/国家的身份/认同。而电视所再现的体育，日复一日，已经在潜移默化中融入人们对自身和他人的身份的认知当中，同时让体育赛事和体坛人物代表民族/国家身份认同的想法已经"自然化"。例如，棒球被视为美国文化的精髓；乒乓球被认为是中国的"国球"；姚明是中国的象征等。实际上，从某种程度上说，民族/国家的身份/认同是通过体育及其相关的符号而被创造出来的。正如大卫·罗伊所阐明的那样：所谓"民族/国家"的概念是围绕着其自身的体育代表而建构起来的，这一概念通过媒体机构在其内部和外部被广泛传播，从而成为在人类情感世界的深处连接媒体和体育的重要文化象征。

不过，随着体育商品化进程的加快，民族/国家的界限有逐渐被打破的趋势

---

① 罗纳德 B. 伍兹. 体育运动中的社会学问题 [M]. 田慧，译. 北京：人民体育出版社，2011：267.

② 詹姆斯·库兰，米切尔·吉尔维奇. 大众媒介与社会 [M]. 杨击，译. 北京：华夏出版社，2006：344.

——体育明星可以凭借"贩卖"自己的技艺，在全球范围内从一个团队"跳槽"到另一个团队。因此，这些体育明星已经不再是为了推广"正面的"民族/国家的身份/认同而展开竞争的"公民"，而成了在全球性市场上追求自身价值最大化的"演员"或"艺人"①。而作为全球化经济、政治和文化变革的结果，在对运动员或运动团队的感知和认识过程中，国籍的意义似乎已消失殆尽。比如，世界著名的运动员，像威廉姆斯姐妹、大卫·贝克汉姆、泰格·伍兹或舒马赫等，他们的形象具有全球的象征意义②。此外，各参赛国的运动员身穿耐克、阿迪达斯、锐步和其他的运动品牌比赛，从某种意义上来说，身穿统一品牌的服装的运动员也在同一阵营③。然而，电视能够巧妙地将这些运动员的国际意义符号化为他们所代言的品牌抑或商品的象征价值。

一般认为，中国电视体育传播是一种以社会公共利益为出发点的文化事业。可以说，借助电视体育传播的强大渗透力和影响力，其在传达政治意识形态，以及建构民族认同感等方面一直都发挥着重要的作用——常常成为被政治话语借势来策略性地表达国家意志的特有形态。一直以来，与主导意识形态的直接灌输有别，中国电视体育将政治意志隐藏在其特定话语符号形式之中，具有了更加亲和、巧妙、潜移默化中易于被认同和接受的特点。同时，也正是由于政治话语的隐性控制，在一段时间里中国电视体育传播都存在着主题相对比较狭隘、表现方式过于概念化等问题。然而，随着20世纪90年代消费时代的到来，社会经济活动的主流话语形态已逐渐转向为对"消费主义"的顶礼膜拜。由此，当下中国电视体育传播中的消费主义意识形态与主导意识形态表述之间，油然而生了一种微妙的张力关系，从而导致中国电视体育传播出现了两个显著的变化。一是"去政治化"倾向。近年来，电视体育传播与宣传主题客观上大大突破了政治话语的预设，已然呈现出多样化特点。例如，电视体育传播对体育社会里的民生状况、公众利益等问题也越来越关注。二是"商业化"倾向。"借体育传播之名，取商业广告之利"已成为电视传媒普遍的惯用策略——依凭体育竞赛这种群众基础较强的文化样式，可以在受众消除戒备的轻松娱乐状态下达

---

① 格雷姆·伯顿. 媒体与社会：批判的视角 [M]. 史安斌，译. 北京：清华大学出版社，2007：347-349.

② 汉斯·乌尔里希·古姆布莱希特. 体育之美：为人类的身体喝彩 [M] 丛明才，译. 上海人民出版社，2008：84-85.

③ 罗纳德 B. 伍兹. 体育运动中的社会学问题 [M]. 田慧，译. 北京：人民体育出版社，2011：138.

到构建自我品牌、推销商品形象与赢得广告利润等的多种目的。

因此，表面上看，当下我国电视体育文化机制中含有各种复杂共生的权力话语。但在经过近 30 年强势崛起的经济话语的影响下，我国体育电视传媒已经策略性地对电视体育中所有其他的话语文化实行了消化、吸收和巧妙利用，体现着经济话语的强大文化力量。具体而言，就是在经济话语的要求下，为了实现体育运动的商业价值最大化，中国电视体育不遗余力地开发、使用了一切可以利用的文化手段。从而使得可以表征对民族辉煌历史的渴望的体育奇观，策略性地被置换成了商业和物态的方式。当然，目前我国电视组织还甚为谨慎，电视体育文化传播空间这一带有"狂欢"效应的"公共领域"平台，其实并没有涉及多少公共政治问题，这也从另一侧面解释了，他们的使命只是对"注意力经济"的赚取，而不在"公共领域"的扩大。这就将电视传媒自身的政治使命也一并消费化了。恰如有学者所指出的：

> 一方面，体育（传播）全球化在客观上强化了民族身份的自我认同意识，刺激了大众通过竞技体育进行民族认同的欲望。另一方面，传媒对这种认同意识所潜藏的商业价值进行了充分的利用，体育明星的"英雄化"叙事，成为"娱乐化"叙事的一种必要的补充形式。这样一来，即使是带有强烈意识形态诉求的政治话语，也不过是体育产业需要利用的一个手段而已，其目的只是为了获得包括官方在内的普遍认同以及更多的经济利益①。

此外，电视体育将虚拟的狂欢转换成民主的代用品，让人们在欲望满足的幻象里无暇于有意义的政治选择，这多少掩盖或补偿了社会中存在不民主的事实。事实上，电视就这样将体育潜在与显在的政治功能以消费文化的形式表现出来，从而吞噬或缓和了体育原本赋予政治意义的和隐喻政治指向的事物。

综上，不同类型的电视体育文本自然有其所偏爱和擅长的表演领域，同时它们的每个面向总是以复杂有时甚至是自相矛盾的方式盘根错节地交织在一起。但处身消费时代的文化产品总是直接或间接、显在或潜在地与产品、服务以及产生利益的世界相耦合。因此，电视体育传播摆脱不了作为广告点支撑的宿命

---

① 李健. 体育的想象：解读电视体育节目 [M] //周宪，刘康. 中国当代传媒文化研究. 北京：北京大学出版社，2011：133.

——消费主义的文化植入，毫无疑问是对体育"法则"的偏离，但其效果是为了将人们的注意力集中于体育奇观本身，从而最终服务于商业目的。换言之，电视体育影像文本业已成为一种服从于市场逻辑的商品，其就必须采取以上这些制作策略与手段，以尽可能最长久地诱惑并抓住尽可能广泛的观众。恰如凯尔纳在分析媒体文化时所指出的：

> 媒体娱乐通常极令人愉快，而且声光与宏大的场面并用，诱使受众认同于某些观念、态度、感受和立场等。消费文化提供一系列令人眼花缭乱的货物和服务，引导个人参与某种商品化的满足体系。媒体和消费文化携手合作，制造出与现存的价值观、体制、信仰和实践相一致的思维和行为①。

与之同理，是电视体育与消费文化的合力塑造了与消费时代相匹配的消费需要，而"消费需要是人们的消费行动以致一切行动的动机和驱动力"②。当然，以上所有这些手法的运用及其叠加，并不能真正代表观众对于体育的欣赏动机与需要，其只是作为商品的体育奇观存在于消费的文化逻辑之中，同时也是观众的消费欲望被策略性地人为点燃的结果。进言之，如何有效地实现电视体育产品与资本市场的积极对接，以及如何实现体育节目内容/形态的有效生产及其赖以存在的社会关系的再生产，这无疑已经成为电视体育内容策划与运营层面需要正面回应的问题。当然，这些手法的运用尽管有时也相互抵牾和自相矛盾，但"矛盾在这里通过功能性共存而得到了解决"③。无论传送的最终模式如何，都必然离不开不同规模和强度的经济过程的作用。这也即电视体育文本"与时俱进"的深层原因。

因此，电视体育文本中的娱乐并非真的娱乐、狂欢并非真的狂欢、暴力也并非真的暴力，它们只是电视体育文本的一场游戏，是电视的奇观化运营策略。也因此，以上五点（即"偶像化打造""戏剧化增效""暴力化宣泄""性感化编码""政治消费"）不可能是电视体育消费主义拓殖的"终极划分"，电视在体育传播中对消费文化的策略性配方，在内容和形态上肯定还会手段越加巧妙、花样不断翻新地向前发展，其进程必定以复杂的方式相互交织和彼此重叠，并

---

① 道格拉斯·凯尔纳. 媒体文化：介于现代与后现代之间的文化研究、认同性与政治［M］. 丁宁，译. 北京：商务印书馆，2004：12.

② 王宁. 消费社会学［M］. 北京：社会科学文献出版社，2011：21.

③ 让·波德里亚. 消费社会［M］. 刘成富，译. 南京：南京大学出版社，2006：148.

在具有全球性质的基础上一起界定电视体育的基本轮廓的同时，进一步佐证我们今天这一消费主义的时代。

　　然而，正如福柯在他的《词与物——人文科学考古学》一书开篇所写到的："我们在注视一幅油画，而画家反过来也在画中注视我们。"① 同样，我们沉醉于电视体育时，电视人、广告与赞助商等也正在这种体育视像传播中注视着我们，想象着我们所具有的经济学意义，并密切地寻找着借电视体育的注意力效应而开发实施利润计划的机会。殊不知，正是在这商业利润的过分考量下，电视体育一步步走向了自身的异化。

---

① 米歇尔·福柯. 词与物：人文科学考古学［M］. 莫伟民，译. 上海：三联书店，2001：5.

第 5 章

消费时代的电视体育：在批判中审视

无疑，消费时代的电视体育奇观从"奥运会"到"世界杯"，从"锦标赛"到"对抗赛"，从"NBA"到"F1"……一场场体育盛宴，"你方唱罢我登场"已然成为流行的图腾。因此，某种程度上说，电视体育所表征的神话世界已经成为我们社会理想的榜样和参照，它是一种将现实移植到想象中的信仰，同时也是以想象作用于现实的信仰，相互之间创造了一种畸形的关系。当然，这种信仰为我们的世界带来了一种完美的逻辑，这个逻辑又帮助我们更好地融入其中。换言之，电视体育促使我们以另一种方式去看待现实，直至将其理想化——体育具有极为透明的比赛过程和一目了然的成绩表，它提供了一套协调的手段，展示了清晰的合理性，以美化社会的方式提高了社会的价值①。

然而，电视传媒毕竟是社会的媒介，它必然打上社会的烙印，并成为社会的缩影，同时，它也必须为社会中的人所掌控和使用。而社会既表现为弘扬温情的港湾，有时也是隐藏邪恶的渊薮，且人又是复杂神性与魔性的一体之共生，因此，由电视人编码而成并运行于社会的电视体育，必然兼具人性和社会的两副面孔——既以健康、公正相标榜，也以丑恶、失衡为现实，以至制造了涉及体育内外的遗憾与问题——文化霸权、性别偏见、暴力渲染、情色泛滥等，不断汹涌来袭。特别的，处在新媒体技术极度发达的消费时代背景下，这一情状更是愈演愈烈。其实，类似于电视体育制作与传播这一"表意实践存在于人类存在的方方面面。它在一些时候是最为重要的人类活动面向，而在另一些时候则被更具功能性的面向所遮蔽"②。那么，电视体育及其传播到底面向哪里？它

---

① 乔治·维加雷洛. 从古老的游戏到体育表演：一个神话的诞生［M］. 乔咪加，译. 北京：中国人民大学出版社，2007：187.

② 约翰·斯道雷：记忆与欲望的耦合：英国文化研究中的文化与权力［M］. 徐德林，译. 桂林：广西师范大学出版社，2007：4.

又遮蔽了什么？为什么？这一系列的问号突出了对其进行社会文化审视的必要性。

一、遭遇新媒体：电视体育的抵抗与收编

行文至此，也许会有人问，如今的消费时代处于新媒体极度张扬的背景，电视体育还能如先前一样风光吗？甚至有人提出颠覆电视的时代已经到来。那么，遭遇到新媒体冲击的电视体育，其结局会是如此糟糕吗？

众所周知，由于科技发明与创造及其研究规模与组织形式，一方面直接影响着社会经济、政治、观念和生活方式的变化，另一方面也在促进现代社会变迁的日益加速。因此，一些学者正是因为看到技术发展无可避免而且已经引发了重大社会变革，而提出了"技术决定论"。按照技术决定论的观点，"技术已经成为一种自主的技术"，技术包含了某些它本来意义上的后果，表现出某种特定的结构和要求，促使个人和社会做出特定的调整。当然，这种调整是强加的，不管人们喜欢与否，技术都将循其自身的踪迹而走向特定的方向。尽管这种论断由于过分地强调了技术的自然属性对于技术的社会属性的决定性作用，没有看到技术的社会属性对于技术的自然属性的制约、导引作用，从而遭到了另外一些人的诋毁。但我们不应忘记，现代科学技术几乎已经渗透进社会生活的每一个角落，尤其技术对现代人的物质追求和精神满足以及社会生活的决定作用，早已使它取代了昔日的宗教权威和神学独尊而成为人类新的心灵偶像。

然而，对于传播媒体来说，无论如何，每一种携带先进科技因子的所谓"新媒体"，在它诞生和流行的初期都曾产生过广泛而深入的社会影响。例如，报纸、广播和电视等，在它们历史上哪一个不曾扮演过举足轻重的角色？如今，一个拥有无限生机的媒体新技术正方兴未艾，人们称它为继报纸、广播和电视之后的第四媒介——新媒体。对它而言，因为其适应了当下受众的多元化需求——从过去只是单纯为受众传播新闻信息转向能为受众提供全方位的信息服务。因此，如今的新媒体与其说是人类一种新的信息交流的方式，不如说是人类一种新的工作方式和生活方式更为确当。它以其海量性、跨时空性、交互性、主动性、个性化、移动化等诸多特征，不仅改变了以往的新闻和信息传播格局，而且为公众提供了一个前所未有的可以自由讨论社会公共事务以及参与政治、经济活动的广阔空间。事实上，在新媒体的日益精进与广泛使用中，昔日传统

媒体一统江山的格局已然松动，新媒体的社会与文化影响力愈发显著起来，以至造成新媒体时代的电视开始走下坡路已是不争的事实。

可以想象，强势的新媒体难免不对传统体育电视的生存和发展带来了不可忽视的影响。例如，被誉为新媒体全面转播奥运会"历史元年"的 2008 年，是新媒体第一次作为奥运会独立传播机构，与传统电视媒体等一起被列入奥运会的传播体系——北京奥运会首次允许互联网等新兴媒体登上奥运转播的舞台。从而真正实现了奥运报道渠道的多元化，北京奥运会带来了一场媒体盛宴，从而体现出新媒体对体育传播的巨大影响力。在这里，互联网、车载移动电视、户外大屏幕、手机等新媒体的体育传播得到了无限的发展机遇与想象性挖掘，它们当仁不让地弥补甚至抢占传统媒体无法触及的时间与空间，分享奥运经济大蛋糕，刺激体育新闻传播①。然而，面对新媒体的咄咄逼人，以及当下体育节目依然强势的现实，本书认为很有必要对这一吊诡现象加以分析。

首先，体育传播是电视在新媒体时代必须坚守的阵地。在新媒体主动地强力围剿下，电视体育不可能被动地坐以待毙，而是自然会采取多种方法与手段试图力保自身的原有的霸主地位，并试图从体育传播市场中占领巨大的市场份额。同时，对于已然一体化的电视与体育来说，电视也不会放弃体育这一难能可贵的吸睛的上好内容，当然体育更不会轻易抛弃曾经让自己风光无限的电视。

再说，当下新媒体尽管已经在一定程度上改变了社会结构以及人与人之间的关系，但其还不至于会像某些人所认为的那样——新媒体已经颠覆了电视。因为尽管新媒体在某些方面已经能够挑战电视（这里指传统意义上的电视），比如以互联网为代表的新媒体，擅长运用文字及图片等多媒体就最新消息来传播与交流各类社会化和私人化的信息，并长于智能化的互动服务，如 YouTube 等视频网站、Twitter、Facebook 等社交网络，以及 MSN、Skype 等聊天工具、视频对话窗口能够最大满足人们轻松、便捷地实现（跨文化）人际传播和群体传播，为选手博客、网络调查、竞猜提供平台等。此外，新媒体还具备如直播、时效及方便等优势，以及如手机视频的移动性和个性化点播特点等。

然而，回顾媒介的发展历程，当一种新媒介闪亮登场时，往往仅会导致传媒的生态环境发生改变，从而会使原有的传媒位置产生相应调整，以至在功能上变得更为专门化，但几乎从来不会被完全淘汰。整个媒介发展史表明，新旧

---

① 顾若兵，张卓. 北京奥运新媒体的实践及对体育新闻传播的未来影响 [J]. 体育与科学，2009（5）.

媒介之间，从来不是一种媒介取代另一种媒介，而是媒介形态的相互叠加和功能的彼此平衡。正如当年电视的出现和使用并没有让收音机成为历史，有线电视流行后，也没有令无线电视消失一样，前者只是取代了后者的部分功能，令其生存策略作相应的调整而已。就拿手机与网络来说，尽管它们占据了移动视频与信息互动的生态位，但其二者的画面质量都较电视有一定的差距。这一点，美国学者保罗·利文森在其《数字麦克卢汉》中阐释的较为透彻，他将一切媒介都视为"补救性媒介"（remedial media），并认为该媒介能够补救此前媒介的不足，且更趋人性化。因此，可以理解为新媒介就是从不同于旧媒介的方向上对人体进行的新的延伸。

还有，尽管新媒体来势汹涌，但目前仍无法撼动传统电视媒体的主导地位，电视在社会舆论导向、长期培养的收视习惯以及商业营销推广等方面仍发挥着不可忽视的主要作用。事实上，柯惠新教授在其著作《媒体与奥运——一个传播效果的实证研究》中表明，84.9%的中国观众首选通过电视来了解奥运信息。这一发现充分说明了当下电视体育传播的受欢迎度，以及人们长期以来收视习惯的养成与延续，在短时间里依然会保持一定的优势。再说，在当下技术化生存时代，电视的概念内涵和外延都已得到了前所未有的新发展——由于技术的支持（如"三网融合"——电视、通信和网络三者革命性的整合）使得电视与互联网等新媒体相互结合而形成的新型电视，已成为可以跨界转行从而整合各种传播资源的重要枢纽。事实上，目前电视传媒仍然还占领着转播技术最前沿，并能引领未来传播科技不可替代的霸主地位。事实上，北京奥运会后，央视体育频道凭借其长期以来所积累的经济、人才和品牌等实力，以及它的设备、节目资源、政策倾斜等方面，已在中国体育电视界首屈一指，其垄断地位进一步确立。恰如曾经在中央电视台任职的凤凰卫视中文台执行台长刘春所说："以我的理解，除了娱乐节目外，央视几乎横扫天下；央视的体育节目已经完全占据了垄断地位，除了'英超'和世界重量级拳击赛外，其余所有的国内外重要赛事的直播被央视尽收囊中，特别是奥运会和世界杯足球赛，央视的垄断令人望而生畏。"①

当然，无视发展只能裹足不前，我们不能无视新媒体所带来的先进生产力的事实。例如，2012年伦敦奥运会开幕之前，凤凰网页就公布了它自身全媒体奥运报道策略，其为"全媒体、全明星、全出击"的口号曾名噪一时，它还充

---

① 谭康. 中国体育电视的现状解析 [J]. 新闻爱好者，2010，11（下）.

分整合凤凰传媒全媒体平台资源——凤凰网、凤凰卫视、凤凰都市传媒、凤凰手机网和凤凰周刊等，此外它还邀请众多奥运明星、演艺明星一同参与报道，倾力打造并发挥出了其"全媒体"平台的独特优势。特别的，其间凤凰网制作了多档原创视频节目，其中《伦敦直播间》《伦敦下午茶》和《锵锵五环行》等节目形态及其内容在受众中产生了不可小觑的影响力。此外，它借助凤凰卫视的超级视频制作团队，在节目策划、视频制作和传播质量上都远超其他门户网站，以至在奥运赛事结束后的统计中，敢作敢为的凤凰网在市场占有率上竟然追平了四大门户网站之一的网易——双方均为8%。当然，凤凰全媒体奥运报道战略的首次尝试也以成功而圆满落幕，这无疑不为其培养了观众并积累了经验。

可以想象，伴随着新媒体的异军突起和全面出击，数字化、网络化的新媒体发展，突破了传播的物质壁垒，降低了传播的边际成本。首先，体育传播市场的竞争因此更加激烈，传统媒体的受众群和广告份额必将被分割。其次，消费者的偏好和使用习惯将有所改变。他们将有更多的选择，在不同的媒介形态间的切换速度也越来越快，媒体市场的天平将日益向需求方倾斜。再次，随着受众群的不断细分，信息及广告投放的针对性将更强，传统媒体经营中一味强调大发行量、高收视率和收听率的盈利模式将面临挑战。

不过，相较于手机、IPTV（交互式网络电视）、互联网等非常私密性的媒介特点，电视传媒的大屏幕显示，传输技术的流畅性功能、朋友聚会式的分享特点及其所附带的可以进行啤酒干杯的男人友谊等，所有这一切都决定了未来很长一段时间里，电视体育传播依然拥有绝对的优势，其不但不会被互联网等新媒体所颠覆和消融，反而会被它们尊为贵宾。尤其在新媒体需要传播如体育直播活动以及审美要求较高的规模化的节目时候，最经济的办法就是借助电视的资源。然而，在市场高度细分的今天，传统电视在以互联网为首的新媒体的围剿下，垄断市场的局面无疑将难以为继。如此，新媒体就需要通过和传统电视的合作来借船出海和自我扩张，电视也需要在新媒体的支持下来优化生存空间，拓宽传播范围和巩固自身形象。

可以预见，未来电视体育传播通过数字压缩技术不但可以提供更多的体育电视频道，而且还可以为观众提供利用交互技术创制他们为自己量身定制的体育节目的机会。与所有主要的媒介组织都有在线信息服务一样，所有大型或小型体育组织及其项目都可以有专门用于买卖和营销的网站。特别的，互联网能提供的最民主和最廉价之处是观众自己的点击权和镜头选择权，有了这两项权力，观众自己就可以随其所好地选择内容，以及任意地查找任何一名运动员的统计资料，从而可以打破长期以来的节目导演的操纵。到那时，被动体育电视消费者有可能变成为全能的体育视频导演，甚至能够创建家庭虚拟赛场，而自己担任运动员的"替身"。互联网不但能够增加专业媒介接触体育粉丝的方法，而且也能够扩大那些具有相同爱好的粉丝相互交流的机会。其也可通过延迟和存档镜头的"网络广播"来开发额外的收入来源①。可见，在体育传播上，新媒体取代电视的时代暂时不会到来。当然，中国电视体育的未来发展，其复杂性自然会远远超越于"技术决定论"。然而，只要电视体育作为一种体育传播的文化形式继续存在着，它就毋庸置疑地存在并对其所要传播的内容——体育以及它的受众等潜在地实施着所谓文化权力的运作与操控，从而导致各种异化的产生。

二、电视体育造成的体育异化

阿帕杜莱在其《现代性游戏：印度板球的非殖民化》一文中指出："20 世纪 60 年代末电视还只有很少的观众，现在它已经完全改变了印度的板球文化。"② 其实，被电视所改变的又何止是印度板球呢，随着电视的技术霸权，电视传媒已经深度介入到当下体育运动及其赛事的运作环节之中，并几乎改写了整个体育界的故事。电视将与体育运动有关的一切都缩小到可以控制的尺寸，结果导致，任何形式的体育比赛，高曝光度以及与金钱的联系让获胜变得更加重要，以保持积极的形象③。同时，一些体育组织获得了高额的电视转播权费的背后，是电视组织间的激烈竞争。天下没有免费的午餐，作为经济合作伙伴，电视在体育运动和体育赛事中投入了大量的金钱（转播权费用及制作与传播费用等），为了收回成本后还能赢利，他们不得不将自己的意愿延伸到体育管理之中，而体育必须让渡诸多自主权，并对电视的要求高度敏感。

---

① 大卫·罗. 体育、文化与媒介：不羁的三位一体 [M]. 吕鹏，译. 北京：清华大学出版社，2013：263.

② 阿尔君·阿帕杜莱. 现代性游戏：印度板球的非殖民化 [C] //罗钢，王中忱. 消费文化读本. 北京：中国社会科学出版社，2003：380.

③ 威廉·尼克斯，帕特里克·莫纳汉，等. 体育媒体关系营销 [M]. 易剑东，等译. 沈阳：辽宁科学技术出版社，2005：289.

　　然而，种种迹象表明，电视与体育这对曾经被誉为"幸福结合的范例，相依为命的伴侣"，它们并不是完全幸福着的。因为人世间任何行为实践都是一把"双刃剑"，它带来积极一面的同时，其负面效应也在悄然生成，这就是事物的复杂性。电视对体育的影响也未能脱俗，恰如有人所抱怨和抗议的那样："（电视）为了自身的方便，它改变了比赛的规则和时间；剥夺了体育比赛独立自主的管理能力；使之成为富人的嗜好和玩物；它对运动员百般纵容和奉承，使他们变成了'超级明星'。"① 当然，如果从娱乐化的角度来看，这些影响无可厚非，因此，所谓的积极与消极全凭评价主体所持有的价值标准。但如果我们立足于体育运动自身的独立性而言，这里暂且将电视对体育的一些作为定为消极影响。现今媒介对体育报道的选择、加工遵循的是商业利益的要求，为了通过迎合受众需求获得更多的利益，经常不顾体育运动本身的特点，迫使体育组织对体育赛制作出改变以适应媒体转播的需要。恰如曾有美国学者针对电视网说服了1984年奥运会的组织者改变比赛安排，使一些比赛时间与美国的黄金时间吻合时，就认为，如果不断上升的电视转播权使奥运会完全商业化，那么所有团体都失去了奥运会所倡导的体育竞争的精神价值②。事实上，这样的担忧绝非危言耸听，因为电视所导致的体育异化还远未止步，难怪国外有人批评说："体育已把自己的灵魂售卖给电视了。"③

　　（一）导致了体育比赛规则的电视化修改

　　"触电"之前的体育比赛注重的是现场气氛及其娱乐。因此，在时间长度方面由于各种可能的潜在原因往往有着不可预知性。而这一特点与电视台的演播安排相抵牾。在电视转播权费越发攀高的今天，电视根据自己经营逻辑迫使体育项目修改规则，以保证比赛能在预知的时间内完成。例如，国际排联把决胜局改为每球得分制，也是为了适应电视播出的观赏性和刺激性；国际乒联将原来每局21分制改为11分制，为了让乒乓球速慢一点，让观众看得清楚一点，将乒乓球原来的38毫米放大到现在的40毫米；高尔夫比赛从普通的比赛变为金牌赛、一杆赛，目的是能在电视转播赛尾插入极为吸引人的获胜者庆祝会。

① 詹姆斯·库兰，米切尔·吉尔维奇. 大众媒介与社会［M］. 杨击，译. 北京：华夏出版社，2006：332.

② 威廉·尼克斯，帕特里克·莫纳汉，等. 体育媒体关系营销［M］. 易剑东，等译. 沈阳：辽宁科学技术出版社，2005：14.

③ 大卫·罗. 体育、文化与媒介：不羁的三位一体［M］. 吕鹏，译. 北京：清华大学出版社，2013：128.

另外，在网球运动方面则实行了抢七决胜制，即先得7分而且领先2分的一方赢一盘。该变化保证一盘比赛在相当于13局比赛之后就会结束，而不像在老规则下一盘比赛要打20~22局才会结束。抢七决胜制使得比赛的时间长度容易预见，方便电视制作人计划节目。而对高尔夫球运动来说，比赛已完全演化为比杆赛，即总杆数最少的人获胜，而丢弃了昔日那每打入一个球洞得一分的比洞赛。而修改这一规则的原因是，比杆赛的结果更有悬念，更能激发电视观众的娱乐紧张心理，因为需等到选手打完最后一个球洞才能决定胜负。再如，为了营造娱乐，篮球比赛采用了三分球规则，同时还对投篮采用了"限钟"，以保证投篮必须在规定的时间内完成。还有，电视台为了履行对赞助商的广告插播承诺，在比赛中不顾比赛节奏的破坏而增设了"技术暂停"① 规则等等，不一而足。其实，所有这一切的目的都是为了确保体育比赛的电视转播能够有固定的时间表，并且在形式上更容易取得高收视率，而俨然不顾体育规则本身的科学合理性②。

（二）影响了体育比赛时间和地点的正常安排

组织体育赛事的官员非常明白，仅靠体育现场的区区几万个座位，根本无法满足举办赛事的花销，而来自电视的巨大球迷基础和潜在收入才是体育赛事的真正财政命脉。因此，比赛的最佳开赛时间及赛程安排，以及球员的利益与喜好多半为了适应电视的利益要求而被有意忽视。例如，1970年墨西哥举办第九界世界杯足球赛，为了方便万里之外的欧洲球迷观看比赛，在电视媒体的要求下世界杯组委会竟然将一些比赛安排在炎热的中午举行，而无视许多球员和教练强烈的不满。还有，2008年北京奥运会，美国独家转播奥运会的电视网NBC为了让美国人在晚间的黄金时间收看游泳项目，目睹他们的游泳天才麦克尔·菲尔普斯一人独揽8枚金牌，不惜以大价钱力压国际奥组委把游泳决赛调整到北京时间的早上。另外，为了照顾到尽可能将电视观众停留在体育频道收看比赛，缩短了一些运动项目的中场休息时间；在冰球、篮球、橄榄球等比赛中预先安排了"为电视转播而设"的商业性中断时间（如暂停），以利于赞助商宣传他们的产品；出于市场开发的考虑和电视转播的要求，让运动队在不合适的时间和地点进行比赛，难免会使队员们更趋生理和心理上的疲劳；等等。

---

① 罗纳德 B. 伍兹. 体育运动中的社会学问题 [M]. 田慧，译. 北京：人民体育出版社，2011：71.

② 詹姆斯·库兰，米切尔·吉尔维奇. 大众媒介与社会 [M]. 杨击，译. 北京：华夏出版社，2006：343.

当然，因为经济利益原因电视机构影响体育比赛时间最大的，莫过于 IOC 将夏季奥运会举行的时间由先前的 15 天改变成 17 天。为何？因为这样，就会在竞赛中多出两个额外的周末黄金时间，从而用来创造更多的广告收入。另外，历年来美国电视网对奥运会比赛地点的选择影响力较大。因为，当比赛地允许在美国收看的黄金时间进行现场转播时，广告收入的潜力就会增加。而这使得电视网竞相投标，并可能已经影响了 IOC 的成员选择像墨西哥城、蒙特利尔、普莱西德胡村、洛杉矶、卡尔加里、亚特兰大和盐湖城这些自 1968 年以来的 7 个奥运会地点。在电视成为奥运会的大量金钱来源之前，只有 2/15 的夏季比赛在西半球举行①。电视权力对体育赛事地点的影响，由此可见一斑。

（三）撼动了体育运动的正常体制性结构

体育过去是各种形式的有组织的游戏，但随着利润可观的电视转播协议的出现，如今它则成为各种形式的有规则的娱乐和商业活动，甚至为了能够成为一种可以在市场上买卖的商品，而不屑自身的正常体制性结构特征。尽管电视上也出现了越来越多的比赛，但主要也是增长了几个主要的强队和大型的比赛，而削弱了很多小队和小型比赛。这一情况带有世界性特征，造成了"由于电视的转播，体育体制也出现了很大的结构性调整。"如美国学者 Richard Jackson Harris 在考察美国棒球运动时就发现："20 世纪 40 年代后期共有 59 支棒球小队，30 年后，缩减到了 15 支。电视对大型棒球队转播的日益增多基本上淹没了人们对小型棒球队的热情，并进一步动摇了他们存在的经济基础。"

如今，随着电视体育传播力旷日持久的影响，已导致"观众不再去亲自观看这些地方性的小比赛而去看电视上的大型球队比赛，并成了他们的支持者"。同时，电视直接推动和创造了一些本不存在的一些赛事的产生。例如，美国的《超级碗星期日》，我国的电视上常客《城市之间》《武林大会》《武林风》等节目赛事。当然，影响最大的莫过于"从 1988 年的卡尔加里的奥运会和 1992 年的巴塞罗那奥运会开始，延长了比赛的时间，保证主要体育比赛转播的时间达到三个星期"②。针对这些情况的发生，布鲁克斯的观点很有代表性。他说："现代体育的构成可以被视为把成人游戏规范化和商业化的一种尝试。"③ 然而，

---

① 杰·科克利. 体育社会学：议题与争议 ［M］. 管兵，译. 北京：清华大学出版社，2003：480.

② 哈里斯. 媒介心理学 ［M］. 相德宝，译. 北京：中国轻工业出版社，2007：157－160.

③ 格雷姆·伯顿. 媒体与社会：批判的视角 ［M］. 史安斌，译. 北京：清华大学出版社，2007：344.

这种尝试已然在电视介入之后改变了体育运动的正常体制性结构。事实上，娱乐编码、赞助需求以及奇观再现等都在改变着体育本身及其组织的管理。

（四）平添了体育组织与运动员的多重压力

迄今为止，其格言为"更快、更高、更强"（拉丁文原文："Citius，Altius，Fortius"）的奥林匹克运动，已发展成为各大媒体竞相报道的，规模最大、最成功的豪华体育盛会。通过电视的转播，体育运动成为大众娱乐和某些人借此成功的工具，并成了某种用胜利加以策略性包装，以转换为民族激情的东西。尽管在当今科技文化背景中，我们早已知晓人体所具有的各种能力的最大极限，不可能无极限地挖掘。但这也许正是竞技体育存在的理由及其魅力所在，牵动着无数人的神经。在这一情境下，观众对在国际比赛中代表国家而"战"的运动员获胜的期望值已越来越高，以至对那些可能有希望获胜的运动员的偶尔失败不但不能加以理解，反而越来越多抱怨。在这一层次，"对最高成绩的追求"已明显超越了体育"竞技"本身，而运动员也不再是单纯出于对体育的热爱和兴趣而参加比赛的业余选手。因此，奥运会已成为今天每一个用金牌、银牌、或铜牌来衡量成功与否的有抱负的健将选手努力奋斗的人生目标。奥运会期间，整个世界通过电视将目光聚焦在每个项目中的精英运动员身上，期待着他们的最佳表现。

如今，这一情况越演越烈，并已经渗透进当下职业体育的每一个毛孔，就连本来可以了无牵挂地自由参与体育活动的运动员，如今也已变成了为体育组织服务的职工。然而，体育奖牌争夺是一把"双刃剑"——胜者为王，败者为寇。在大众媒体的议程的熏陶下，公众将夺牌作为运动员参加奥运会的首要目标，他们只关注顶级运动员的比赛①。而徜徉在体育竞技中的结局，要么享受幸运，要么遭遇不幸。因此，尽管最终赢得奖牌的幸运运动员能够一炮走红、财源广进，但这一选择性关注无形中增加了无数运动员的生理、心理和社会等多重压力。因为全国甚或全世界都在观看，从而让体育组织及运动员就有了一种对失败的潜在恐惧。

此外，"转播权费"为体育组织提供了相对可预期的收入，也是收入比重最大的内容，但它也深深地牵制着体育组织。体育组织一旦与电视机构签订了转播契约，无论天气好坏、运动员有无伤病、心情如何以及休息是否充分、时间

---

① 罗纳德 B. 伍兹. 体育运动中的社会学问题［M］. 田慧，译. 北京：人民体育出版社，2011：143.

是否适合，他们都必须迅速调适自己，并奋力一搏。还有，对许多体育项目而言，其运动员的运动寿命很短，在这短暂的运动生涯里，明星运动员能够挣到足够的钱以供退役后享用。但那些更多的非明星运动员的"后体育职业"时代很难再享受到服役期间的经济与生活待遇。他们在淡出体育舞台的日子里，如何铺平以后的生活之路？这些都已成为运动员无可逃避的问题。随着这方面失败例子（如我国原体操运动员张尚武）的报道越来越多，着实给运动员本人和家庭带来无尽的烦恼。

（五）打破了运动项目发展不平衡

电视和体育之间的这种以利润为中心的"共生"关系，其直接产物就是体育运动逐渐被分化成两大类型：一是深受电视宠爱并得到广泛传播的体育项目成为高利润项目，如足球、篮球、拳击、F1 等；二是没有被电视关注的项目则渐渐成为低利润项目，如大多数女子项目、业余体育项目、传统体育项目、残疾人体育项目等。其定义的标准实则就是各自能够赚钱的能力。同理，电视的这一选择报道行为也增强了一部分体育组织，而放弃了另一部分，在每一级别的体育组织里把它们分成"富人"与"穷人"①。仅以中央台体育频道的《体坛快讯》《体育新闻》《体育报道》《体育世界》四档栏目为例，每天的竞技体育报道至少占去了全天播出的 90% 的时间。并多以收视率高的足球、篮球等体育项目为主，而那些不适合电视表现的其他体育项目则逐渐地受到冷落。有人甚至指出，电视实际上控制了职业运动的命运②。

当然，正常情况下体育项目的多元化是常态，也合乎公众的目标追求，但由于受到电视传媒议程设置功能以及受众的收视习惯、兴趣及其爱好等的多重影响，电视会有意地照顾那些已经有大量收视群体的体育项目，从而加剧这些体育项目的不对等强力扩散，从而造成一种类似于传播学上"沉默的螺旋"——强者更强而弱者更弱的局面，这在很大程度上将会影响到体育传播的多元化发展。以至高收入的运动员都从事着受众关注度高的体育项目，还有不同体育运动项目在人们心目中的地位，以及其在实际生活中的具体分量，越来越取决于各自在电视上的曝光程度以及其对于电视来说的潜在经济效益。某一体育运动及其赛事能否最终变成电视体育，在消费时代的今天，电视人必须在

---

① 大卫·罗.体育、文化与媒介：不羁的三位一体［M］.吕鹏，译.北京：清华大学出版社，2013：128.

② 杨法香，哈洪存.反思电视体育报道的价值引领责任及其他［J］.当代电视，2006（7）.

下注之前对其经济潜力进行评估。如在美国，由于电视的歧视，女子篮球协会难以维持生存，而北美24个足球队在1980年失去了约三千万美元的收入，终于导致了北美专业足球协会于1985年宣布解散①。可见，电视体育不仅扭曲了当前的体育现实，还会影响未来体育现实的趋向。

（六）培养了羸弱的体育爱好者

在电视传媒的奇观逻辑的作用下，体育的价值不再完全像过去那样直接运用于人们的肢体实践，而是更多作用于人们的视觉震撼，以至体育对于许多人而言，已使体育从操练的使用价值转变为观看的交换价值。这种情况造成了一个悖论性结果：随着当下体育迷不断地增加，而真正长于操练的体育人口却反而相对地在减少。事实上，电视体育转播已经导致了这样一种可能——一个人是某项运动忠实的粉丝，却从未跨入体育场馆亲自实际享受运动过。比如，有一年在中央电视台举办的体育知识竞赛中，获前十名的选手竟无一人是亲身投入体育运动的，全是"君子动口不动手"，纸上谈兵而已。这些受众都是被媒介所深深麻醉的人，他们一方面自认为对体育非常热心，十分了解，因而感到志得意满；另一方面，虚幻的满足又使他们完全丧失参与体育运动的热心及能力②。但尽管如此，这毫不妨碍电视体育迷们对体育比赛的享受和满足，他们的许多行为举止已非常接近于现场的观众，唯一不同的是，在电视体育观众与体育之间多了许多科技因素的介入与依赖。人们可以通过现场直播、节目主持人的详细解说，以及现场解说员对于比赛亮点和背景知识的评论，来了解体育项目、特定赛事和运动员的情况。当然，电视使得观看体育对所有人来说都变得更加容易、更加有趣并且更加方便，从而大大提升了体育的受欢迎程度。但这种光看不练的"假把式"体育爱好者，一定程度上已经变成了所谓的"沙发上的土豆"，长此以往，他们的真实身体状况无疑是羸弱的。

三、可消费性的电视体育批判

电视体育所呈现的情景，犹如披上了一层诱人但僵化的消费主义外壳，把人们从复杂的、普遍联系的、有挑战的社会情境中隔离出来，从而使他们置身

① 杨河山，曹茜. 电视文化［M］. 北京：北方文艺出版社，1992：173 – 178.
② 李彬. 传播学引论［M］. 增补版. 北京：新华出版社，2003：193.

于一种虚假狂欢的、带有审美色彩的安全幻觉之中。殊不知，这种与市场和消费密切相关的安全幻觉，在市场意识和个人潜意识的合谋操纵下，已经跃出了自主个体选择的能力范围，从而让人们"不识庐山真面目"。然而，人们除了满足自身的欲望和视觉快感之外，也正在参与电视市场的集体消费仪式的建构。人们的快感陶醉其实就是对无奈现实的肯定，这很快就反馈到了电视组织及其商业同盟那里，并给他们壮了胆，以致电视体育体育发展越来越肆无忌惮的同时，其危害日益扩大。

（一）文化殖民：电视体育单向度的影像暴力

消费时代，为了"商品推销"这样一种文化逻辑，电视传媒不仅肆意进行话语符号的意义生产，还试图采取其他各种手段消耗着一切可以借势或利用的文化资源。其中，对体育运动竞赛的再现和改造就是电视的一种常规手段。时至今日，电视体育传播中，在完成"规定动作"的同时，其"自选动作"已越来越多。然而，经过电视技术话语逻辑操纵的语境挪用、焦点选择、奇观制造、音乐串联、品牌嵌入、能指链接等各种开掘到极致的手段，这些积淀和蕴藏了特定身体文化与实践内涵的体育文化成品无可避免地发生了形变与扭曲。以致造成"在今天，很难想象体育能够脱离图像世界的伴随，脱离永无止境的体育转播和评论。电视进军体育，并已经与其成为不可分割的一体。电视带来了更多的市场，丰富了比赛的时间和地点，撼动了体育的结构，使它的时间、表达和展现的方式都产生了彻底的改变。除了体育仍旧标榜其行为的纯洁性以外，一切都发生了变化"①。然而，消费时代的电视体育"形象中蕴藏着一种原初的快感，一种人类学的快乐，一种未受审美、道德、社会和政治批判阻碍的野性的迷恋"②。而且，电视体育中这些漂浮不定的视觉符号给了我们一个无休止的仿真世界，当我们置身于这种由符号能指所造成的"影像爆炸"及其暴力之中时，就很容易使我们失去对具体社会现实的感知。恰如法国社会学家布迪厄所评价："电视这一看似无羁无拌的交流工具实际上是套着绳索的。"③ 而电视体育作为电视内容的重要组成部分，实难免俗。事实上，电视体育既有供人娱乐的一面，也有其暴力的另一面。不过，我们不要忘记的是电视体育并不仅仅只

① 乔治·维加雷洛. 从古老的游戏到体育表演：一个神话的诞生［M］. 乔咪加，译. 北京：中国人民大学出版社，2007：129.

② 让·波德里亚. 形象的恶魔与假象的运动［C］//詹姆逊. 2000 年度新译西方文论选. 黄必康，译. 桂林：漓江出版社，2001：36.

③ 皮埃尔·布尔迪厄. 关于电视［M］. 许钧，译. 沈阳：辽宁教育出版社，2000：39.

是停留在身份/认同这一层次上，全球化时代，它已成为积极进行跨文化推销民族/国家的身份/认同的一种有效手段。诚如伯顿所指出的，"美国的篮球、棒球和橄榄球在全球范围的流通和推广，实际上也是在'贩卖'美国的身份/认同"①。

其中，最为典型的就是，NBA 以其完善的市场运作、成熟的商业理念、全方位、多层次的产品包装，也成为浓厚的美国文化和美国精神的充分展现。其以先进的传播科技及理念为支撑，借助强大的文化、经济力量向生产力落后的国家和地区渗透，潜移默化地传播着美国的文化价值和观念，推销美国消费主义的行为模式和态度，在获取巨额利益的同时，也影响着接受地区人民的意识形态和价值观念。与此同时，赞助 NBA 的"耐克公司成功地将其'swoosh'符号投射到人们的脑海中，让人感到这是一种牢固的道德核心"。而且"这种意向并不单是随处装饰着运动态身体，他还开始依附着某种'流行道德'，在广告中大谈特谈机会平等和人道主义，同时却依赖于发展中国家的廉价外包劳力"②。可以说，"媒介—体育"生产复合体已经成为一个全球性架构。而体育就像是一个出口代理，将美国体育精神包装并地方化后分销到全球③。

因此，电视体育中其实隐含着历史与文化，保存着和权力关系的积淀。NBA 的成功建立在将具有"情感表现力"的体育现实景观用一种奇观化的影像与散文化的叙述来彰显一种隐性的特定价值观传播，从而达到塑造美国国家形象、强化"软实力"的真正目的，这一点尤其值得我们注意并警惕，否则一不留神就会沦落为他国文化殖民的"帮凶"。例如，2004 年 5 月 17 日，NBA 巨星乔丹抵达中国。一个穿着"乔丹"背心的"追星族"冲着中央电视台记者的镜头叫着："我们不是追星族，我们不是铁杆球迷，我们是来朝圣的！"这个"追星族"在长城上见到了乔丹，并率一众同类双膝下跪。"看不见你，只看到了神！"——这是一家媒体的标题④。不过，我们应该警惕的是，有文化殖民野心的还不只是美国，针对电视体育的红利，西方国家之间的竞争一刻都未曾消停。

---

① 格雷姆·伯顿. 媒体与社会：批判的视角 [M]. 史安斌，译. 北京：清华大学出版社，2007：349.

② 克里斯·希林. 文化、技术与社会中的身体 [M]. 李康，译. 北京：北京大学出版社，2011：116.

③ 苏·卡利·詹森. 批判的传媒理论：权力媒介社会性别和科技 [M]. 曹晋主，译. 上海：复旦大学出版社，2007：281.

④ 石义彬，余靖. 全球化语境下的体育"殖民"："皇马中国行"及相关体育现象思考 [C] //单波，石义彬. 跨文化传播新论. 武汉：武汉大学出版社 2005：179–191.

关于此，文化学者汪民安就曾警告说，"足球世界杯赛实际是文化殖民的最猛烈形式"，因为它能够再次"凸现欧洲的中心地位和白人的优越"，因此它是一个"殖民阴谋"①。贝克汉姆作为世界足坛的第一偶像，在欧洲足球世界中，其实并非最伟大的、球技最高的，但是却在普罗大众中最具知名度的。当然，还不只是在足球界，他的名字已经在众多领域，如娱乐、时装、文化、商业等界均已产生了难以想象的名人效应。

（二）影像控制：电视体育中的"意识形态霸权"

根据阿尔都塞的"症候式阅读"（symptomatic reading）理论，一个文本不仅仅只说它看似要说的东西，其显在的话语背后必然隐藏着表面沉默的意识形态话语，犹如无意识的症候深藏其后一样。同样，消费时代的电视体育所传播的已不仅限于体育的事实，而且还包括选择、解构、重组、链接、阐释和理解这一事实的方式及其效果。因此，体育已不仅仅是参赛者的体育。然而，因为人们往往通过这些参赛者以及媒体对他们的构建来理解"体育"这一概念。从这个意义上说，对体育的理解还要涉及更为广泛的层面——媒体和意识形态②。

正如吴琼所发现的，"当代视觉文化不再被看作只是'反映'和'沟通'我们所生活的世界，它也在创造这个世界。个体与民族的信念、价值和欲望也在日益通过图像被建构、被折射和被扭曲"。他还认为，"视觉性既是一种敞开、敞视，也是一种遮蔽、隐匿，是在敞开的同时又遮蔽——因为任何一种视觉政体都必定隐含着某种主体/话语/权力的运作，隐含着阿尔都塞所称的'意识形态的形式结构'"③。而作为一种视觉奇观的电视体育不仅再现了体育的场景、内容、细节，也不仅制造了体育的拟态环境，以及让"不可见"转为"可见"，它同时还在体育的名义下生产了消费主义的无尽的快感意义与物质欲望。因此，对照电视体育的奇观化建构，我们就不会反对劳伦斯·文内尔所揭示的："媒介体育是一个极为强大的意识形态领域，它融合了两个意识形态工具——媒体和体育。由于两者都具有其自身的特性，其融合本身就体现了晚期资本主义消费叙事框架下的意识形态。"同时，他还指出，"在当代高度商品化的形式下，媒

---

① 王颖吉. 媒体共谋与足球神话的诞生［J］. 新闻与传播研究，2004（1）.
② 格雷姆·伯顿. 媒体与社会：批判的视角［M］. 史安斌，译. 北京：清华大学出版社，2007：356.
③ 查尔斯·伽罗安，伊马·高德留. 视觉性与视觉文化［C］//吴琼. 视觉文化的奇观：视觉文化研究的谱系. 北京：中国人民大学出版社，2005：12－14.

介体育的意识形态和道德伦理掌控了与体育相关的文化意义"①。

当然，体育节目的意识形态是电视普遍功能的一部分，而电视的普遍功能是对电视所需要的观众和回馈方式进行设计。因此，电视往往通过培养社会大众对体育的热衷、迷恋，使他们接受其意识形态之内的主体位置，而自觉或不自觉地成为该意识形态的同谋，且因此而赋予它一种文化性的表达，即人们通过电视体育奇观的拟态狂欢而并没有间断与消费主义意识形态的联系，而且通过乐在其中，人们使电视体育的奇观化生产更充满了文化的效益与活力。所以，"电视—体育"复合体中的"体育所包含的价值和表现标准，不仅是父权制的，他们同时也体现了工具主义、进攻性以及支配性的企业资本主义林林总总的竞争理念"②。

由此，我们不难发现，高利润体育项目抑或优势体育项目的主导地位，恰恰说明了电视在影响体育组织和对体育的文化意识形态方面的强大动力。因此，电视体育通过解说员指导的反映模式来构建节目，邀请体育专家（前运动员、经理、体育记者等）到演播室做评论等，其目标其实都是试图吸引更多观众参与，并引导他们以相似的方式深入思考，从而做出类似的评价。这里，电视体育文本就可被视为社会意识形态（等级、主导与从属、性属等）的"承担者"，同时，它还迎合并利用人们既有的价值观（体育是雄性的森林），以及能够进一步促成这些价值观的方式（它本来就该如此）来自觉不自觉地建构意义，而这无疑又反向证明且巩固了当前社会文化运作方式的合法性（强壮的男人是性感，但肌肉过于明显的女人则是"畸形"或"男性化"的）。

如此，反观当下中国电视体育传播，有两方面的意识形态效果值得我们反思。一方面，电视体育的选择与呈现往往体现按着"对现代西方体育模式，以及构成西方体育模式的社会实践与意识形态的一种简单重塑与提倡"。也就是说，这类文本提倡竞技、金牌、暴力、男性等，认为它们才是有价值的媒介体育目标。另一方面，在部分体育爱好者看来，观看这一行为本身就是对他们自身需求的维护。他们非常珍惜消费电视体育的快乐时光，因为在这个时候可以理解为源于对自身现有社会结构、社会压力与社会经验的不满，从而有效地逃避了社会现实。

---

① 劳伦斯·文内尔. 媒介体育、性别、体育迷与消费者文化：主要议题与策略 [J]. 成都体育学院学报，2012（3）.

② 苏·卡利·詹森. 批判的传媒理论：权力媒介社会性别和科技 [M]. 曹晋主，译. 北京：复旦大学出版社，2007：281.

(三)"格雷沙姆定律": 流行潜规则

新闻实践中, 关于什么是公众的新闻价值以及什么能吸引公众, 二者经常发生冲突。但不幸的是, 大众媒体选择和报道的标准和利益的驱动、竞争是分不开的。由于传媒消费主义背景下的受众已被定义为"消费者", 所以当下的大众传媒往往都强调传播内容对受众的吸引力, 并千方百计地激发和诱惑他们对信息消费的欲望, 以至其新闻内容的选择、制作、加工等, 无不都是尽量迎合大众的口味。因此, 如果仅从"可消费性"的角度对新闻材料进行整理、加工时, 那传播者考虑最多的无疑是: 哪些能吸引受众眼球? 哪些可刺激他们的好奇心? 哪些又能挑动他们的欲望神经? 而受众最需要、最应该知道的东西却难入传媒法眼。《纽约时报》专栏作家安东尼·刘易斯曾指出, 新闻界有自己的格雷沙姆定律 (Gresham's Law), 即经济领域中"劣币驱逐良币"现象 (Bad money drives good money out of circulation) 的变种, 在争夺受众的竞逐中, 存在着诽谤性丑闻和煽情新闻驱逐严肃新闻的倾向。其实, 这一现象在电视体育中尤甚, 因为深受广告商、赞助商制约, 当下电视体育必然选择以"眼球效应"为旨归, 自觉地遵循"大数法则" (Law of large number), 以至不惜以性、暴力、刺激、低俗、偶像消费、品味消费等为噱头, 乃至主题的大肆生产与传播。诚如国外学者所言: "媒体从获取金钱的各个角度审视体育运动, 而不是像体育哲学家们描述的良性竞争一样无私。"① 事实上, 在大众传媒激烈竞争的今天, 只要能够吸引更多的受众, 媒体可以不惜工本, 降低职业道德标准来迎合受众的需要, 愉悦受众的感官。这已经是全球带普遍性的行业"潜规则", 也是当今"黄色新闻国际化"的一个主要原因。

电视体育之所以庸俗成灾, 往往是受收视率所绑架, 但巨大的收视率并不意味着节目本身的优秀, 而是体育之外诸多因素的合力作用, 从而导致电视体育节目无可避免地沦为"一次性消费"的视听垃圾。当然, 电视体育新闻娱乐化也有其合理的一面。比如, 在打破刻板宣传的定势思维, 以及满足受众合理需求等方面都有一定的时代进步性。但从新闻传播功能的角度来看, 娱乐化走势则是对新闻娱乐功能的误读、背离和异化——它极端化放大了娱乐元素、娱乐话语、娱乐功效、娱乐思维等在整个新闻传播中的地位, 使人们过分聚焦于那些新闻价值中的人情味、趣味性、猎奇性等因素, 因而大大偏离了新闻选择

---

① 威廉·尼克斯, 帕特里克·莫纳汉. 体育媒体关系营销 [M]. 易剑东, 译. 沈阳: 辽宁科学技术出版社, 2005: 18.

的标准以及新闻娱乐功能的初衷。如今，电视体育娱乐化进程中，娱乐、迎合受众快感已成为其传播主旨，并已发展成为一种炫目的遮蔽，奉行着"眼球策略"，大力宣扬与体育无关的因素。这样当它在给受众传送因体育奇观而带来的愉悦的同时，当然就难以避免地会制造、传播着低俗的、色情的、暴力的信息垃圾，不过其在将一切都消费化的同时，诱惑并引导着喜好享乐的受众一步步走向消费性的时尚潮流。

根据弗洛伊德理论，观众常常要面对出自其"本我"的、隐藏在他们心中的"怪物"。他们在看电影的过程中，实际上就是在"凝视"和反思他们内心当中隐藏的冲动和"另一个自我"。由于观众在观影过程中参与了建构意义的过程，因此可以说，我们看电影就相当于在清醒的状态下做着梦①。不过，也许有人会问，除了受经济的考量问题，电视体育记录、聚焦、演绎和放大暴力、色情、庸俗的图像，会让人们更富人文关怀，从而走向反娱乐化之路，还是会唤起人们更加反人文的欲望？这里用波兹曼的话来回答："电视最大的长处是它让具体的形象进入我们的心里，而不是让抽象的概念留在我们脑中。"同时，"电视屏幕希望你记住的是，它的图像是你娱乐的源泉"②。因此，各种体育影像包围在人们的周遭，人们无法不为其所侵扰、控制和影响。恰似当代批评理论所认为的那样，我们借助表现系统体验世界，而这种表现系统，即使从最低限度看，也会影响我们对世界的认识。有的批评家甚至认为它会决定我们眼中的世界③。

因此，作为商业影像的电视体育对体育运动的一种较为丰富的、集中的再现与反映，某种程度上讲，它已经成为人与人、人与社会相互联结的纽带，深刻地影响着人们对自我、对他人、对体育、对社会现实的认知。然而，殊不知，这虚假的体育影像一旦成为个体现实行为的决策依据，其负面和消极的后果将会不期而至。不过，电视体育中这种"劣币驱逐良币"的现象，其直接受害者无疑正是它的受众。

（四）误导青少年：应予警惕的文化刻写效应

国外学者研究认为，电视体育是通过使用电视技术创造的戏剧化的、令人

---

① 格雷姆·伯顿. 媒体与社会：批判的视角 [M]. 史安斌，译. 北京：清华大学出版社，2007：204－205.

② 尼尔·波兹曼. 娱乐至死 [M]. 章艳，译. 桂林：广西师范大学出版社，2004：156－159.

③ 罗伯特·艾伦. 重组话语频道：电视与当代批评理论 [M]. 牟岭，译. 北京：北京大学出版社，2008：8.

激动的和风格化的形象及信息，以实现娱乐观众和保持赞助的目的而被"再现"在观众面前。这一体育表征对人们生活的影响，取决于人们通过电视能得到多少信息和他们能通过直接经验能得到多少信息。体育中的直接经验影响人们怎样解释和使用他们从媒体中所看到的、听到的和观察到的事情。但是当人们对体育几乎没有直接经验时，人们更多的只能是依赖媒体印象和信息来建构我们的体育经验，并且将那些经验与我们生活的其他部分相连①。那么，现实生活中到底是哪些人对体育缺乏直接经验呢？这可以分两种情况加以分析。一种情况是，体育的跨文化传播所导致的，一般人都对新的体育运动（可以是新传播而来，也可以是人们到新的地方所看到的）缺乏直接地参与经历，这是针对一个群体、民族，乃至一个国家的绝大多数人而言的；另一种情况自然就是，涉世未深的青少年群体，他们因年少而未及亲身参与更多的体育项目，当然第一种情况同样也适用于青少年群体。因此，无论哪个社群中，都是青少年群体更多地依赖于电视体育来了解体育信息。电视体育对于青少年群体来说，能够激扬士气，引起共鸣，并让他们宣泄来自学校与日常生活中的紧张、悲观、乏味甚至恐惧的种种负面情绪。其对于青少年形成自我认同、改善人际关系有一定的作用。但事实上，它却更多地走向了事物的反面。

1. 刺激青少年的炫耀性消费

观众对电视体育的消费属于符号消费，而在符号消费中的商品定价并非依据商品本身的使用价值，而是根据符号价值的估算。同样，顾客购买商品也已首先不是考虑它的使用价值，而是充分考虑商品的符号价值和象征意义。例如，2005年奥运冠军刘翔的运动鞋被定为"国宝"，以底价1000万亮相拍卖会。该鞋由耐克公司生产，只因见证了刘翔雅典夺冠和有刘翔手书"刘翔110mh1291"而卖出了"天价"。广告商抓住青少年的追星心理，使用他们喜欢的偶像明星作为自己产品的代言。这样一来，拥有羡慕、崇拜和时尚心理的青少年就会"爱屋及乌"。事实上由于电视体育明星们的示范效应，青少年大大改变了对消费的态度观念和价值取向，甚至形成了非理性、以攀比和模仿为其行为特征的消费时尚。

这里套用英国学者迈克·费瑟斯通的观点，当下已是追求"消费时的情感

---

① 杰·科克利. 体育社会学：议题与争议［M］. 管兵，等译. 北京：清华大学出版社，2003：500.

快乐及梦想与欲望"的时代①。因此，对于处在消费时代的人们来说，消费不再只是获得物品的使用价值或展示社会地位的工具，它在更深层次的意义上与自我感觉和个性人格发生密切关系。消费已不仅仅是一种经济现象，而是延伸为一种生活方式，一种文化，一种体现自身个性的重要方式②。事实证明涉世未深的青少年受此影响最大，在现实消费中他们较少会考虑某商品的实用性，甚至省吃俭用也要不惜代价购得符合自己意义追求和身份品味的心仪商品。一项对山东省济南和淄博两地480名男大学生体育消费行为的调查发现，城市男生对体育服装的品牌消费观念和行为较强的占51.67%，特别在对名牌运动鞋的作用调查一栏，仅有16.88%的被调查者承认其购买目的是实用，高达56.04%的人是为了让别人羡慕、欣赏或炫耀。由此可见一斑。青少年的文化需求弹性很大，对外在文化环境的依赖程度高，尤其是面对不良文化产品的反复刺激，很容易激发猎奇心理的萌生③。

2. 增长青少年的暴力化倾向

电视体育中的男性项目多于女性项目，男运动员多于女运动员，男体育明星多于女体育明星，就连从事体育传播的电视人也是男性多于女性，这一事实促使人们将当下电视体育想象成是培养普罗米修斯式男性气质及其成就观的最佳场所。其中，理想的男性气质被过度再现、夸张和渲染，甚至在青少年的体育赛事转播中得到体现。对大多数男性青少年来说，接触电视体育这一策略性、功用性仪式及其令人眼花缭乱的符号资源无疑已成为他们社会化过程中的一个不可忽视的重要内容。在欣赏电视体育的过程中，他们以独立的、心智未全的心灵去体验男性气质、内化男性价值以及模仿男性气质所必需的生活技能，并在自我满足及其与人分享中潜移默化地自我暗示与成长。于是，在青少年人生观、价值观处于培育可塑的情况下，经过启蒙和不断再教育的他们自然就会将自己理解并想象成男性传统的继承人，并总是在日常生活中设法按男性气质要求并完善自己。长此以往，以男性为主导的文化价值观难免会在不自觉中潜滋暗长并根深蒂固。

不仅如此，电视往往还通过大量报道加以突出，甚至"美化"赛场上一些偶然的争吵或斗殴事件。如果看台或者赛场一旦发生类似这样的悲剧，摄像机

---

① 迈克·费瑟斯通. 消费文化与后现代主义 [M]. 刘精明，译. 南京：译林出版社，2000：18.

② 杜娟. 视觉的快感：消费时代的审美趋向 [J]. 山东艺术学院学报，2006 (5).

③ 李金蓉. 论文化消费的特点 [J]. 理论与改革，1993 (3).

的镜头和媒介关注的注意力就立即会习惯性转移到这上面。从而使本属比赛之时空成为暴力实践的同期声。电视这样做的结果使得"哪怕体育播报员明确地谴责了斗殴事件，媒体对此事件的大量报道也潜在地传递了这样的议程信息。对年轻的观众来说，暴力事件的赢家就像比赛的赢家一样都是应当受到崇拜的，因为大打出手、怒发冲冠比起克制来说更加精彩和更具有画面效果"。布赖恩特（Bryant）在对一份体育暴力反映的研究中发现，热情的体育迷的确喜欢观看粗鲁甚至暴力的体育比赛，尤其是在特定情况下（道德上允许的暴力，许可的途径主要包括比赛的规则和习惯，体育播报员或者体育作者评论的基调，以及其他球迷的反应），越是暴力的人们越喜欢观看体育暴力。一个人越是不喜欢暴力事件的牺牲者，从观赏暴力中获得的满足越多①。这一情况在一些强对抗项目如拳击运动中表现尤甚。例如，在拳击运动中拳击运动员是被鼓励具有和使用暴力的，同时观众在观看拳击比赛时也会倾向于认同更具有"杀伤力"的运动员，而且那些更具攻击性的运动员除了在赢得比赛后会得到人们的认可之外，就连他们的强攻击性特点本身也会得到行业声誉以及社会荣誉。恰如美国学者劳伦斯·安纳（Lawrence Anner）也在研究中指出，体育迷们经常在运动队和运动员身上寻找身份认同，会取而代之地去分享比赛甚至幻想参与到比赛中去。

　　体育明星是青少年心目中的英雄，他们之间的关系是一种亲社会关系。美国媒介心理学家哈里斯在研究中发现，"儿童会从电视上学习到不同情况下如何表达他们的情感"。其在《媒介心理学》一书中还举例说，很多年前，约翰·麦肯罗当时在球场上的表现通过电视转播出去被很多人校仿，并成为人们体育比赛中处理挫折的一个榜样。儿童模仿约翰·麦肯罗学会了在打网球受挫时谩骂和摔球杆②。哈里斯还发现，（少年）儿童不但以非常传统的方式，同时也以一些新奇的方式模仿电视体育英雄。他们不仅模仿英雄潇洒的射击姿势，同时也会效仿其脾气、气质，或者模仿其吸毒"③。所以，电视体育青少年受众也会在潜移默化中受到体育节目中有关暴力图像和暴力阐述的影响，而增加他们对现实生活中暴力存在的感觉，从而使他们相对更容易受错误感觉诱导而在真实生活中偏好使用带有暴力倾向的语言、行为和处理问题的方法。

---

① 哈里斯．媒介心理学［M］．相德宝，译．北京：中国轻工业出版社，2007：166－167.
② 哈里斯．媒介心理学［M］．相德宝，译．北京：中国轻工业出版社，2007：149.
③ 哈里斯．媒介心理学［M］．相德宝，译．北京：中国轻工业出版社，2007：171－172.

3. 增强了竞争性意识，降低了合作性需求

积极竞争和争取胜利很难说不是体育竞赛中的主要心理驱动因素，而习惯于明星效应和娱乐思维的电视又把经过功用性"修正"后的无以计数的体育赛事批量、持续地送进千家万户的客厅。这一过程无疑又进一步突出并加剧了竞争情状的重要性。电视通常聚焦少数人气体育明星个人，并给予他们更多的镜头呈现和形象放大以及解说员的激情叙事和事迹美化，而对其他多数运动员却显得很是吝啬，犹如对政界的报道总是倾向于关注级别最高领导人一样。哪怕到比赛结束，大多数"战功一般"的选手也不会因为他们也曾拼尽了全力或者偶尔的出彩表现而受到镜头宠爱。还有，胜利在电视体育中受到顶礼膜拜，仿佛体育运动的一切就是为了取胜。为此，那些即使进入冠军赛决赛的运动员因为最终没有获胜也被认为是失败者，甚至那些数次挺进决赛的运动员或者教练，只要最后没能取得胜利仍然被视为失败者。然而，可笑的是，有的运动员尽管在其职业生涯中的能力和表现都很逊色，可是因为他赢得了大赛就被尊为王者，而不管其侥幸获胜是因为偶然运气、队友助力，还是对手状态欠佳等，问题的关键在于特定紧张的时刻他们——赢了。

而正由于电视体育涉及不少已经偶像化的体育明星，而明星效应主要体现在青少年身上，同时在市场法则的无情支配下，电视的商业化色彩越来越浓——为了追求收视率和商业利益，往往会对一些体育明星进行过分的宣传乃至无中生有地拔高、粉饰，甚至于"污名化"，以在一种虚假的人文关注下追求轰动效应。比如，某球员与队长因某事闹矛盾、某选手现移情别恋、某冠军叫板俱乐部老板等，不一而足。在这一情境里，一些别有用心的体育明星为了炒作自己，甚至与电视等传媒一起"合谋"以图共赢，以至大家互相把玩造谣和辟谣的文字与形象游戏，且"风景这边独好"地反复制造夺人眼球的热闹景象。然而，尽管明眼人都能分辨出，这些貌似真实的新闻制造都极具主观上的欺骗性和客观上的误导性，但是它们对于不明就里的青少年来说，往往还是被视为真相而给予关注，甚至于加入传播的队伍，而替人家免费宣传。为此，为了随时掌握这些明星的信息，无数青少年不惜浪费大量的时间和金钱，以求能成为某明星的合格"粉丝"。他们在追求体育明星的过程中，不时会相互攀比谁作为粉丝更正宗，甚至于有时还因斗气而滋长了某些不健康的狭隘心态。比如，有些青少年因为崇拜不同的体育偶像而不惜与自己本可以和睦相处的有着其他偶像追求的个人或群体产生敌对情绪，乃至恶语相加、大打出手。

以上情况的日积月累，使得电视体育中这种话语"暗示"对青少年观众来

说，无疑容易形成一种总体性评价印象及其标准："……只有赢得第一才行！"可以想象，电视这样以成败论英雄的意识形态议程设置，对青少年，甚至未来的运动员以及全身心投入的广大球迷来说，其直接和间接影响是巨大的。首先，在孩子们意识到自己不可能赢得比赛时，最可能的选择也许就是放弃并最终退出该项活动（如体育比赛、作文竞赛等）。其次，电视这种将镜头对于少数明星个体的万千宠爱而对大多数运动员的无暇顾及，无形中降低了体育运动中团队合作的重要性，以至会鼓励青少年坚信：合作不重要，竞争才重要。恰如哈里斯所批评的那样：电视体育中的一个认知现实就是一种获胜的欲望，这是早期通过媒体学习到的一种心理动机。这种强烈的竞争动力轻易地压过了对团队合作的学习①。因此，值得警惕的是，电视对知识与历史的改造与重新命名是从对人的改造开始的。

事实上，有研究发现，电视体育的形象性和收视的随意性比起严格的学校体育教育来说更容易被青少年所接受。因为电视体育比学校更早和更多地介入青少年的生活，其吸附性之强不言而喻。电视体育传播，使得青少年的体育价值观、体育兴趣和项目偏好等有趋同倾向，以至缺乏个性特征和创造性。曾有人担心，由于资本的推波助澜，历史有被电视文化涂抹篡改的危险，因为电视文化中的历史对于今天的青少年们具有更强的感染力与刻写效果。其实，对于电视体育来说效果更为明显。体育现实常常被电视作奇观化变形处理，而视觉的快感逻辑也使体育的文化改写变本加厉，从而造成徜徉在过度的快感诱惑之中，而逐渐失去独立深度思考能力的青少年们正在经历着观念中的体育文化扭曲。同时也要警惕不要滑向普利策的惊世良言状态："一个冷嘲热讽、商业性强、哗众取宠的媒体会在一定时间内创造一群和它一样低级趣味的民众。"②因此我们需要呼吁电视体育要高度重视孩子。

（五）耄老缺位：受众定位阙失

美国学者詹森曾经带有褒奖地称赞道："电视对体育竞技的风靡性再现，使得其观众可以一生都参与并欢庆普罗米修斯年轻的盛典。"③ 然而，透过这句话，完全可以根据我们自身的经验做出另一种完全不同的解读抑或追问：电视体育中的老年人哪去了？为什么青年人更多地被触及，而老人却很少被表达？

①　哈里斯. 媒介心理学［M］. 相德宝，译. 北京：中国轻工业出版社，2007：165.
②　端木义万. 美国传媒文化［M］. 北京：北京大学出版社，2001：116.
③　苏·卡利·詹森. 批判的传媒理论：权力媒介社会性别和科技［M］. 曹晋主，译. 上海：复旦大学出版社，2007：273.

事实上，老年人已经成为电视体育再现中受到抑制性表现的一个群体，甚至是"缺席"了的群体。

随着我国计划生育政策的实施，以及人们生育观念的转变，出生率在稳步下降。这就必然性地导致了中青年人口在长时期内逐步下降的情况。而老龄人口则刚好相反，随着高出生率时期出生人口的逐步老龄化，老龄人口数量在不断地增大，到2045年将突破3亿。中国不仅是世界上人口数量最多的国家，也是老年人口数量最多的国家①。那么，日渐增多的老年群体，其状况如何呢？研究发现，老年人由于脱离了熟悉的工作岗位而赋闲在家。但是，不少刚退休的老年人并不太愿意留在家里享清福，他们对于新事物学习的需要与热情、对工作生活的留恋与渴望、对国内外大事的关心与投入，其投入程度未必低于年轻一族，甚至在一定意义上有过之而无不及。因此，不少老年人认为自己依然可以为社会做贡献，希冀再度就业，以期在工作中重新得到认可。然而，由于缺乏政策扶植和有效的组织措施，同时也缺乏有利于开发老人人力资源的社会舆论支持，他们的再就业的期望往往是事与愿违。

然而，长期失落导致的不良心理对老年人的生活质量和健康状况会产生直接消极影响，这就导致他们有通过双线互补、声画合一的电视传媒获得情感慰藉的需要与可能。有研究表明，在传播领域里，老年受众是一个经济水平低而媒体消费能力（受众接触媒体所花费的时间）高的群体。甚至今天的城市居民在如何支配闲暇时间上，已经习惯以电视传播为主要的参考系②。但是，电视体育这一利用和放大青春参与竞争的文化形态，尽管它表面上对所有的观众（消费者）都一视同仁，但是其市场化力量所造就的服务上的平等化与标准化，导致并隐藏了它的"好恶交织"的文化品质——尽管能够雅俗共赏，却没有做到老少咸宜。

而且，对于因竞争而越加依赖广告商和赞助商支撑的商业电视来说，受众的数量固然重要，但受众的消费能力更为重要。由此，以市场为导向、以资本赢利为目的的传播制度就有了维护资本主义制度和"自然而然"地边缘化掉一些消费能力低的消费者的结构性倾向。加上电视员工队伍的都市富裕社会文化身份也使得电视体育很自然地就倾向于都市富裕消费者的需求和感觉。因此，

---

① 魏艺，温蓓. 中国老年电视节目的缺失与思考［J］. 西南交通大学学报（社会科学版），2005（7）.

② 陈勃. 老年人与传媒：互动关系的现状分析及前景预测［M］. 南昌：江西人民出版社，2008：144－145.

靠广告费支撑的电视公司，往往很少向老人（因他们不易被广告煽动而去消费）提供节目，而且对那些能够刺激人们消费的节目内容提供补贴（而对那些批评消费或可能减少消费的节目内容则置之不理）①。

其实，电视体育中老年群体的缺位并不是现实社会中"老年化社会"的真实写照。面对老人形象传播在媒体缺位的情况，斯库恩（Schoonmaker）在《哥伦比亚新闻学评论》上撰文指出："记者不应该仅仅报道一定年龄阶层的人，而应该适应历史需要，就像美国今天面临的历史上从来没有出现的白发浪潮。"她还认为，全美的白发浪潮对于新闻、商业、体育等社会事业来说，带来了结构性的变化，而不是靠某一方面的改变②。可见，美国这种老年形象传播的缺位，对中国电视体育传播不无借鉴意义。因为，忽视庞大的老年群体无疑是电视体育在开发观众资源上的失策。随着人口老年化程度的加剧，老年化问题日渐成为一个令人关注的话题，而当下电视体育的分众化趋势也已提上议事日程，因此，制作适合于老年群体的专业化和对象化的体育节目和栏目应该成为电视传媒发展的一大趋势。

（六）"刻板化"与"出位化"：对女性的两种不良建构

女性地位在当今时代的崛起以及性别观念在人们头脑中的转变，通过电视体育人对镜头的选择与设置，表现为具象的能指，从而让观众真切地感受到这种对女性评判的新概念，经过日复一日、整体一致的长期反复播出、强调与突出，最终让更多受众在潜移默化中逐渐认同。电视体育毫无疑问体现了这一特质，至少"体育宝贝"的走红就充分说明了这一点。不过，凯恩和格林杜佛却发现："文献中压倒性的证据表明，在高度等级化的体育世界中，女性仍旧被严重地表征不足。"③ 因此，尽管今天的电视体育考虑到了女性的功能与作用，并也在传播中进行了一定性别上的变革，但其在有意无意间恰恰又维护和巩固了男权社会的传统，而且其中的女人却依然被束缚在意义的承担者而不是创造者的地位。

1. 性别分化：电视体育强化了女性的边缘化地位

女权主义者称体育运动为"性别分化"的活动，即有组织的体育运动强调

①　郭镇之，等．第一媒介——全球化背景下的中国电视［J］．北京：清华大学出版社，2009：280.

②　吴定勇，王积龙．浅析美国媒体老人形象问题［J］．国际新闻界，2007（4）.

③　大卫·罗．体育、文化与媒介：不羁的三位一体［M］．吕鹏，译．北京：清华大学出版社，2013：179.

竞争、效率和成绩排名，却不看重相互支持、友善、反馈和体谅，因而加强了它的"性别分化"特征①。不过问题果真是如此吗？据益普索调研公司 2002 年的研究数据显示，在所调查的 8 个项目中，除排球外，男性参与度均高于女性参与度②。这充分印证了"体育一直都是男人的天下"这一说法。其实，就连电视体育节目也极大地偏向男性观众及男性项目。除奥运会的比赛之外，女子体育得到转播的机会也大大少于男子体育。而且，媒体塑造的体育形象绝大部分是占支配地位的男子形象。这一点没少让学者们诟病。但聪明的电视面对指责，也能"知错就改"。当电视组织认识到世界一半以上的人口是女性，而且女性也开始热衷体育运动的时候，女性所喜爱的体育项目的节目时间立刻就增加了，诸如花样滑冰、体操、网球、高尔夫球和女子足球。女性节目主持人逐渐出现在转播团队中，而且努力使节目的转播方式更加迎合女性的品位③。然而，男女比例失调和"重男轻女"现象依然突出，且中外皆然。比如，伯顿就指出，媒体在其体育再现当中以各种方式歪曲了性别。1996 年亚特兰大奥运会上，女性运动员仅占 36%。美国的"全国广播公司"总共选派了 51 名记者报道此届奥运会，但仅有 11 位被派去报道女子项目的赛事，这其中的绝大部分又是男性。总的说来，对女子项目的赛事报道通常是在报道总量的 10% 以下。此外，1991 年，美国各大电视网仅有 5% 的时间在播放女子项目的赛事④。而中国也类似，1984 年、1988 年、1992 年、1996 年夏季奥运会女性运动员占运动员总数的比例分别为 23%、26%、28%、34%⑤，虽然逐届增加，但仍远远少于男性运动员。

　　与此同时，整个体育信息系统的建立都只是为了更方便地报道男性体育运动。甚至体育记者的工作计划也是预先安排好的，这样可获得常规的男性体育报道，而只有当某一女性体育项目有特殊的特色时才可能报道它。这些做法，支撑着一系列的文化观点，即体育"本质上"适合男性而不是女性，男性是比

---

① 杰·科克利. 体育社会学：议题与争议［M］. 管兵，等译. 北京：清华大学出版社，2003：53.

② 罗纳德 B. 伍兹. 体育运动中的社会学问题［M］. 田慧，译. 北京：人民体育出版社，2011：131.

③ 罗纳德 B. 伍兹. 体育运动中的社会学问题［M］. 田慧，译. 北京：人民体育出版社，2011：74－79.

④ 格雷姆·伯顿. 媒体与社会：批判的视角［M］. 史安斌，译. 北京：清华大学出版社，2007：350.

⑤ 王大中，等. 体育传播：运动、媒介与社会［M］. 北京：中国传媒大学出版社，2006：171.

女性更好的运动员，女性体育没有男性体育重要和因为女性没有像男性一样对体育的相同"感觉"，所以她们从来不应该是体育记者或评论员①。尽管国外有研究指出，事实上，女性的锻炼并非缺席不显，甚至"在足球与篮球之类的团队竞赛中，女性的人数越来越多，有氧健身、健步走、游泳、自行车锻炼中的女性人数更是超过男性，在运动商品消费上，女性更是增长最快的一个人群"②。但电视体育中的男性运动员，依然被看成是电视文本理所当然的主角，而女性或者其他男性气质依然是电视体育节目生产的附属产品，甚至是被边缘化或者更甚是被遮蔽的体育节目③。

　　而且体育报道宣扬更多的往往也是从男性对体育理解的角度，同时体育运动也总是被预设为"男子"运动，而女性的体育参与却往往被烙上具有"差异性"的"他者化"印记。例如，相较于"女子足球""女子体操"等，很少会有人以"男子足球"或"男子体操"谈论男子的体育参与。在大众传媒的"授予地位"功能（制造明星、成就名人等）上，虽然我国男女运动成绩上经常出现的"阴盛阳衰"格局，但在偶像数量方面却出奇地相反。调查显示，34.3%的被访问者认为中国无女性体育偶像。男子偶像方面，前三名分别是刘翔、姚明、丁俊晖和王励勤（并列），而女子方面，排名第一的郭晶晶得票不及刘翔的一半；位列第二的张怡宁也仅刚刚超过姚明票数的一半。关于此，针对类似的现象，美国学者文内尔的观点一针见血，其指出，从历史的角度看，体育属于男性，并且是由男性主导着的意识形态。最重要的是，体育是"残留的超男子气概"在现代社会化中的最后一层堡垒，在面临不断增长的适应性别角色和力量关系变化的需求上，男性很大程度上继续"拥有"体育，并是其最大的消费者。并且，无论在竞赛还是消费上，体育主要还是一个"性别地理"指导的消费领域。而在这具有鲜明性别特征的领域，体育向男性许下了一系列相关联的承诺："（1）你强壮，所以你主宰；（2）你特别，所以你优于女性。"甚至他还指出，体育场的文化地理进一步象征了女性是体育中的"异性"，并将体育场这

---

① 杰·科克利. 体育社会学：议题与争议［M］. 管兵，等译. 北京：清华大学出版社，2003：485－487.

② 克里斯·希林. 文化、技术与社会中的身体［M］. 李康，译. 北京：北京大学出版社，2011：132.

③ 吕鹏. 电视体育：霸权男性气质的想象性生产与消费［J］. 国际新闻界，2011（7）.

一圣地成为一座"世俗大教堂——一个公共的小型'男性文化中心'"①。

2. 强化刻板印象：电视体育中女性的歪曲化表征

所谓刻板印象（stereotype）就是"一群人对另外一群人或一类人的共同印象。其可以是正面的，也可以是负面的，或者是兼而有之的。"② 因此，电视体育中的刻板印象较多，当然它们也是"媒体再现"的主要组成部分。例如，体育评论员往往会突出以下刻板印象：德国队井井有条的组织，拉美球队的激情，代表英格兰的牛头犬等。比较来讲，电视体育中对女性的刻板印象却是我们所无法绕开的话题。关于女性再现，有研究者指出，体育报道存在一种选择性地突出她们的优雅和性感的趋势。且这种趋势体现了"体育运动在意识形态上所起到的作用——维护男性和女性之间不平等的权力关系"③。

一般而言，体育的媒体报道强调男孩和男性比女孩和女性更适宜参加体育，当谈到体育时就强调男性本质上优于女性，强调女性的体育没有男子的体育重要，强调女性关于体育的观点既不如男子关于体育的观点重要，又不如男子关于体育的观点重要。电视上播放的女性运动比过去要多得多，尤其是某些有线电视台，但是女性运动占整个体育播放时间的不超过15%。除了奥运会、网球高级联赛、高尔夫球锦标赛，以及越来越多的排球和篮球比赛之外，女性运动员在媒体的报道中并不占优势。电视中占优势的女性运动员是那些与传统女性形象一致，强调文雅、平衡和审美的运动。电视"绘制了令人迷惑的女性运动员形象——强大而无力的；勇敢而脆弱的；有力但是可爱的"④。犹如大卫·罗伊所指出的，与男性相比，女运动员大多以"被动"的姿态或动作出现在媒体上。在其统计的样本中，60%的有关女运动员的影像都是这种情况⑤。因此，尽管运动技能对于女运动员来说依然不可或缺，但是想要聚敛人气和吸引镜头，美丽和性感似乎是走在前头，并显得更为重要。斯图亚特·霍尔以女子健美运

---

① 劳伦斯·文内尔. 媒介体育、性别、体育迷与消费者文化：主要议题与策略[J]. 成都体育学院学报，2012（3）.

② 阿瑟·阿萨·伯杰. 媒介分析技巧［M］. 李德刚，何玉，译. 北京：中国人民大学出版社，2005：136.

③ 格雷姆·伯顿. 媒体与社会：批判的视角［M］. 史安斌，译. 北京：清华大学出版社，2007：352.

④ 杰·科克利. 体育社会学：议题与争议［M］. 管兵，译. 北京：清华大学出版社，2003：484.

⑤ 格雷姆·伯顿. 媒体与社会：批判的视角［M］. 史安斌，译. 北京：清华大学出版社，2007：351.

动员为例阐明了这种矛盾：

> 一方面，她们要拥有肌肉发达的体格；另一方面，她们又要保持"女人味儿"——这两者之间似乎是相互矛盾的。又如，获得成功的女运动员必须身着"女性化"的服饰出现在媒体上。这方面的典型代表是美国田径女明星佛罗伦斯·格里菲斯·乔伊纳，她赢得了三枚奥运金牌，但是，记者们更为关注的是她的指甲、发型和性感的比赛服装①。

同时，他还引用别人的话以强调，"每个女人都知道，无论她在其他方面有何成就，如果她长得不美，她就是个失败者"。可见，女性自身就会不经意地参与到这种女性刻板印象的制造当中，真是不无讽刺意味。

此外，电视甚至还会教导女性要注重外在美，无论是时装还是美容；从女性的内在品质上延承传统。共同强化固有的关于女性的刻板印象——美丽、贤淑、多情，而这些品质正是男权主导下的社会对女性的期冀，从而在实质上再次巩固了女性从外在到内在与父权制中男性的理智、生产及主动性形成鲜明的差异化，以至二元对立。从表面上看，电视体育为女性及其体育设立了一个服务专区，女性也似乎确实得到了社会的恩宠，然而在本质上，游走于美貌、被动、情感和消费之间的现代女性依然没有实质性地冲破传统性别陈规的牢笼。其中，女性的再现证实了偏见的残余依然存在，且会在"互文性"上，共同强化了被刻板化的命运。当然，许多的这种女性歧视也并非刻意而为，它常常出于电视对性别的无意识，或是对传统偏见的自然化反映。但因为其所表征的男性和女性形象，在总体上并不能反映出体育界真实的性别比例状况，而是夸大和歪曲了其中的现实体育生存状态，从而造成了事实上的性别刻板印象建构。

然而，刻板印象一旦形成，就会支配人们对特定社会群体的期望与看法，尽管人们已知它不正确或不恰当，但其依然会使人们压制相反的证据，并固执地坚持它所表达的信念和观点。此外，电视体育这种对女性的刻板化塑造还会导致人们对女性产生概念化的定论。而一旦受众形成了某种概念化的认知，电视传媒就可能因为倾向于迎合部分观众群体的挑剔口味，而导致他们对女性误解和偏见的刻板化印象的进一步加深。因此，刻板成见不论是正面还是负面的，都是非常危险的。也无论它采取什么形式，如种族刻板成见、职业刻板成见、

---

① 杰梅因·格里尔. 完整的女人［M］. 欧阳显，译. 天津：百花文艺出版社，2002：65.

性别角色的刻板成见等，其实都是过于简化和过于概化①。由于其将个体差异降至至最低，因此它们具有较强的破坏力。可见，当下电视体育所再现的女性仍是审美的对象，其所张扬的女性观赏价值也还只是男权社会的一种产物。因此，电视体育很难带来一场真正意义上的女性革命。

（七）"感觉剥夺"和"神经餍足"：引发两种视觉悖论

随着视觉对象越来越复杂、多样和多变，与古人相比，现代人的视觉经验已越来越丰富、联想和敏锐，同时，人们的视觉需求也早已突破原始的水平，而不再满足于那些单纯的自然形态的物质形象。诚如美术史家休斯所说，我们与祖辈的不同是因为我们生活在一个都市化的人为符号的世界里。自然已被文化所取代，到处是大众媒介的符号②。然而，不可否认，在所有的符号当中，能引起世界为之激动、为之疯狂的，莫过于电视转播的体育。在电视的影响下，如今即使我们逃离为体制化世界所建构的公共领域并不意味着就可以进入到一个没有体育的地带③。换句话说，我们尽管无须事实上参加到体育运动之中，但总能感觉到被体育所侵染的世界的图景。这在一定程度上也验证了哲学家卡西尔的格言——人是符号的动物。文化学者周宪则进一步指出："视觉文化的历史也是一个视觉自然逐渐衰落而视觉文化取而代之的历史进程。在这个进程中，人不但被包围在越加人工化和虚拟化的视觉环境中，而且人的视觉习性和经验模式也越加技术化和程式化了……换言之，视觉文化的崛起在相当程度上可以说是人为的视觉'暴力'对视觉'自然'的压制和排挤。"④　显然，周宪这一观点尽管针对的是视觉符号，但依然适用于作为符号的电视体育之于人的效应。

心理学上曾有一个堪称经典的"感觉剥夺"实验，即在特定的时间内将实验对象的一切感觉刺激（视觉、听觉、触觉等）来源都给以截断或堵塞，让其处在一种几乎完全"与世隔绝"的人为状态之中。该实验的结果玄乎得超乎想象，因为几乎所有实验对象在其所有感觉被剥夺后不久都有过一种莫名的、不堪忍受的焦虑不安和内心恐惧，更有甚者未等实验完成就忙不迭跌地要求返回

---

① 阿瑟·阿萨·伯杰. 媒介分析技巧 [M]. 李德刚，何玉，译. 北京：中国人民大学出版社，2005：136.
② 罗伯特·休斯. 新艺术的震撼 [M]. 刘萍君，译. 上海：上海人民美术出版社，1989：285.
③ 大卫·罗. 体育、文化与媒介：不羁的三位一体 [M]. 吕鹏，译. 北京：清华大学出版社，2013：10.
④ 周宪. 视觉文化的转向 [M]. 北京：北京大学出版社，2008：348.

现实中来。

对此，周宪认为，这一实验具有某种象征性，它揭示了一个显著的事实，即当一个人被剥夺了与世界的感官联系时，他的生存便收到了威胁①。不过，在心理学上也有一种情况与"感觉剥夺"相反，那就是所谓的"神经餍足"现象。该现象则是指如果人沉溺于感官世界的过度刺激就会引起神经系统的功能紊乱，从而产生心理焦虑、烦躁，以至对一般刺激迟钝甚至失效。所谓视觉疲劳、"入兰花之室，久闻不觉其香"等说的正是如此。事实表明，这两种情况都属极端，正常人的社会生存不能走极端，而是需要介于二者之间，只有这样才能维持人的健康状况，否则，将会走向病理状态。恰如当代法国著名哲学家、后现代思潮理论家利奥塔所认为的：

> 后现代社会在现代中提倡呈现自身不能呈现的东西，会放弃美好形式的安慰，放弃情趣一致性——那将有可能共同分享对无法获得的东西的怀旧感——会探求新的呈现方式，其目的不是为了享受它们，而是为了传达一种对不可呈现的事物的更强烈的感受②。

其实，消费时代异常发达的传媒科技，造成人们接触形形色色的影像文本犹如家常便饭，以至他们在潜移默化中对诸多影像的视觉欣赏能力也已水涨船高。事实上，当前不少影像文本已经很难再有使"天下喁喁，四海注目"的昔日辉煌。不过，遵循商业逻辑的传媒机构是不会善罢甘休的，追求利润的本性将会促使它们进一步征用更为炫目和夸张的表征手段，从而势必造成传媒人为了片面追求视觉震撼而对影像作极端的奇观化处理。正如前文我们已经论证过的，今天的电视体育正是奇观化处理的一个典型的成功杰作。

不过，尽管作为媒介奇观和商业神话的电视体育确实有时给人们带来无穷的美妙时刻。但"难免有人会问，这些美妙的时刻过后，我们还剩下些什么；在经历过这些美妙的瞬间之后，我们是否还会有某些东西能够'持之归家，拥之入眠'呢"③？电视一贯把注意力集中在专业竞技体育上，并倾向于为男人准

---

① 周宪. 视觉文化的转向 [M]. 北京：北京大学出版社，2008：345.

② 让·弗朗索瓦·利奥塔. 非人道 [M]. 罗国祥，译. 北京：商务印书馆，2000：108 - 109.

③ 汉斯·乌尔里希·古姆布莱希特. 体育之美：为人类的身体喝彩 [M]. 丛明才，译. 上海：上海人民出版社，2008：139.

备一流的体育赛事报道。这种对职业体育夸大的报道最终强调了胜利和英雄动作的重要性，忽视了与体育参与精神相联系的其他因素。结果，电视观众得到和消费的是体育的被"歪曲"的形象，而这一形象是电视人选择建构的，但也要符合购买广告时间的商人们的利益。用上述心理学概念来解释，那就是当下表面上精彩纷呈、奇观迭起的电视体育文化其实是一个很容易形成视觉的"神经赝足"的消费文化。从另一个角度看，电视体育中的体育运动被神话化了，被赋予了许多新的意义和情感投入，其中赛事场面、体育明星、对抗程度、情色隐喻等视觉形象的过度生产与消费文化特征越来越明显。这难免不使得长期浸染在电视体育文化氛围中的人们会感到某种对这一奇观文化的木然、冷漠甚至厌倦。过度的视觉文化的生产与消费能够激发人们视觉欲望，但同时它也潜在地削弱了人们的视觉趣味，从而导致现实的视觉疲惫以及产生某种视觉缺失的匮乏感。诚如武行出身的熊欣欣导演在出席2012年香港影视博览会时，针对日益偏好虚构与写意，让奇观覆盖现实，夸张代替实力的"功夫片"发出了一番"功夫片已死"的惊人感叹，而牵起了无数人对功夫片的怀念之情与现实之悲。当然，我们也不应忽视电视体育这一歪曲和掩盖现实的手段。具体说，就是现实体育中运动员的成才概率、退役保障、女性地位、潜在与显在的社会问题，以及各运动项目的现实处境与未来前途等都被电视有意或无意地屏蔽掉了。但是，物极必反，当电视体育制作人的情感或梦想只是被用来维护和创造电视体育这一消费"神话"时，其实给其观众带来的正是一种视觉的"权利剥夺感"。

诚然，我们必须对电视体育的视觉悖论作辩证的理解。针对电视体育文化的富裕与过剩所带来的"感觉剥夺"和"神经赝足"，并不表明我们要放弃体育电视化的这一传播方式，而回归过去那种前电子时代的文字体育传播状态以及在有限空间里的亲力亲为的体育表演传播。面对能够提供有关体育方方面面信息的高度人为化和符号化的电视体育世界，我们应该从这个悖论中看到富裕的、过剩的人为视像背后所被遮蔽、压制和排挤的另一种真实的价值需要或匮乏。

四、电视体育的价值困境审视

不难发现，电视体育通常表现为"影像文本""商品""电子信号"等多元符号形态，并以其超级震撼的奇观性、审美化生存的现代性以及不可扼制的商品性等吸引、诱惑且满足着消费它的无限大众。因此，从意识形态方面看，正如我们所经常看到却又熟视无睹的，电视传媒这种对体育神话的开发和利用，总是会牵涉一系列的排斥与增补①。而且，这一境况还在越演越烈。德国美学家威尔士说，在铺天盖地的美丽商业构成对我们外在生活和内在心灵的压迫的时候，我们可能需要对美进行严肃的"瘦身"——思考与反省。因为它已久被"代数化"和制度化了，我们看惯了，看得太多了，眼睛被磨出了茧，脑子也被磨出了茧。因此，在今天，公共空间中的艺术的真正任务已经成为"挺身而出反对美艳的审美化，而不是去应和它。艺术的冲击不应像一篇文章面面俱到，而应像流星滑落天空"②。如今，电视所再现的超真实体育正环绕在我们周遭，时时演绎着充满"感觉剥夺"和"神经餍足"的精彩性悖论。再者，电视体育的价值和地位永远也不会像体育运动中个人的世界纪录那样不证自明。因此，电视体育的深层价值层面还需要我们睁大双眼去追问，去探索。

（一）电视体育传播的价值体系分析

随着电视和体育越来越紧密的结合，出现了大量的体育电视节目。而这些节目在一定程度上已经把体育建构成了一个象征国家形象、政治经济和全球文化的重要符号。因此，伴随着电视体育节目这一文化形态，其背后还蕴含着一个不为一般人所知的价值系统。当然，在该系统中，电视体育首先是作为一个"商品"而存在，然而商品可履行两种功能："物质的"功能与"文化的"功能③。而功能往往又与价值如影随形。比如，文化功能关乎意识形态的意义生产、价值观的建立以及审美价值的体验。因此，电视体育的价值系统既包括其作为商品所该具有的经济价值，也包括电视体育文化及其节目产品作为符号构成物所蕴含的文化价值，及其作为身体美的呈现而内在地拥有的审美价值。

1. 电视体育的经济价值

法国作家安德烈·马尔罗（André Malraux）曾提醒人们："必须永不忘记：电影是一门工业。"④其实，在全球化竞争时代的电视体育何尝不是如此。电视

---

① 詹姆斯·库兰，米切尔·吉尔维奇. 大众媒介与社会［M］. 杨击，译. 北京：华夏出版社，2006：345.

② 石义彬，余靖. 全球化语境下的体育"殖民"："皇马中国行"及相关体育现象思考［C］//单波，石义彬. 跨文化传播新论. 武汉：武汉大学出版社，2005：179-191.

③ 约翰·菲斯克. 理解大众文化［M］. 王晓珏，译. 北京：中央编译出版社，2001：13.

④ 安德烈·马尔罗. 电影心理学概论. 参见：电影理论文选［C］. 邵牧君，译. 北京：中国电影出版社，1990：114.

体育作为一种典型的媒介文化产品必需依赖文化工业的生产方式进行生产与传播，而且也必须以市场为依托，才能够如愿以偿地"飞入寻常百姓家"，并接受万千大众的洗礼。因此电视体育的经济价值非同寻常——电视体育可以像其他商品一样被售卖，不仅能直接卖给电视观众（如付费电视），还可卖给那些将节目作为一种传播媒介来吸引注意力和传播广告信息的广告商和赞助商，从而产生并获得理想的利润。进言之，其制作的高科技性、高成本投入以及多种专业人员的相互协作需求，使它无法远离工业的属性，就更不用说，其生存与发展必须依赖广大观众的眼球与投入资金的回笼了。某种程度上，当下电视体育传播的本质就是电视通过对高水平体育竞技资源的策略性利用，实现其既有市场的维护和对新市场的商业渗透。在这个过程中，所谓的体育比赛仅仅是重要的敲门砖。恰如有人所言，不要把它（体育竞赛）看成单独一场赛事，而是围绕这场赛事，尽量延长它的影响力，提前预热、后期跟踪，开发它的周边价值，即其衍生出来的价值，获得更多的商业回报，形成一个良性循环。这里我们仅以历届奥运会合作伙伴实施情况及2008年北京奥运会的赞助商情况为例，来管窥电视体育所具有的经济价值。有关数据参见表1、表2：

表1 历届奥运会合作伙伴（TOP计划）实施情况

项目 ＼ 历届奥运会	首尔 1985—1988	巴塞罗那 1989—1992	亚特兰大 1993—1996	悉尼 1997—2000	雅典 2001—2004	北京 2005－2008
赞助费（万美元）	400	1000	4000	5500	6000	6500
赞助商（个）	9	12	10	11	10	11
计划创收（亿美元）	0.8	1.4	3.5	3.5	不详	暂无数据
实际创收（亿美元）	1.105	1.75	4	5.5	6.5	暂无数据

资料来源：顾江. 文化产业经典命题100例［M］. 南京：东南大学出版社，2011：1.

表 2 北京奥运会赞助商

赞助层级	2008 北京奥运会赞助商名单	赞助底线
国际奥委会全球合作伙伴	可口可乐、Atos Origin、GE、强生、柯达、联想、Manulife、麦当劳、松下、Omega、三星、VISA 信用卡	6500 万美元
北京奥运合作伙伴	中国银行、中国网通、中国石化、中国石油、中国移动、大众汽车集团（中国）、阿迪达斯、强生、中国国际航空股份有限公司、中国人保财险、国家电网公司	约 1 亿美元
北京奥运赞助商	美国 UPS 公司、海尔集团、百威啤酒、搜狐公司、伊利集团、青岛啤酒、燕京啤酒、必和必拓、恒源祥、统一企业	约 2 亿美元
北京奥运独家供应商	长城葡萄酒、金龙鱼、北京歌华特玛捷票务有限公司、梦娜、贝发文具、帝华、亚都、士力架、千喜鹤食品、思念食品、皇朝家私、Staples、Technogym、Schenker	4100 万人民币
北京奥运赞助商	泰山、曙光、美孚、爱国者理想飞扬、水晶石科技、元培翻译、奥康、立白、普华永道、大运、首都信息、优派克、微软（中国）、国誉、新奥特、盟多	1600 万人民币

资料来源：顾江. 文化产业经典命题 100 例 ［M］. 南京：东南大学出版社，2011：1.

从表 1 和表 2 总结 2008 年北京奥运会赞助情况，涉及的国内外著名企业之多，赞助商、供应商竞争之强，赞助费金额之大令人叹为观止。对因电视体育转播所带来的潜在经济价值效应，由此可见一斑。其巨大的商业化运作，巨大的产业化运转，巨额的资金流动以及可以想象的快速发展，牵涉的单位和个人之广泛等，都足以证明电视体育文化的经济价值之大、受益面之广以及商业诱惑力之强。

2. 电视体育的文化价值

按照德国哲学家卡西尔的理解，"人是符号的动物"。他说：

> 人不再生活在一个单纯的物理宇宙之中，而是生活在一个符号宇宙之中。语言、神话、艺术和宗教则是这个符号宇宙的各部分，它们是织成符号之网的不同丝线，是人类经验的交织之网……在某种意义上说，人是在

不断地与自身打交道而不是应付事物本身。他是如此使自己被包围在语言的形式、艺术的想象、神话的符号以及宗教的仪式之中，以致除非凭借这些人为媒介物的中介，他就不一可能看见或认识任何东西……因此，我们应当把人定义为符号的动物（animal symbolicum）……①

那么，作为"第二自然"的电视体育——人们借助于电视技术及其叙事形式来表达体育意义的影像，就与上面所提的语言、神话、艺术等一样，也是卡西尔所说的"符号宇宙"的一个部分，是织成符号之网的不同丝线的一种，是人类经验交织之网中的一个网点。那么，既然人是符号的动物，生活在符号的世界里，具备符号思维就是自然而然的事了。诚如卡西尔的另一句话："人也并不生活在一个铁板事实的世界之中，并不是根据他的直接需求和意愿而生活，而是生活在想象的激情之中，生活在希望与恐惧、幻觉与醒悟、空想与梦境之中。"② 因此，为了便于更好地与符号的人沟通，电视体育这一"文化"成果就以多种符号，诸如语言文字、图像声音以及综合各种符号而构建的"文本"来表达意指，并且还处心积虑地运用不同的文本形式，如直播、集锦、新闻报道、人物访谈等形式来想象性地表达人们对体育世界的理解与感悟。

因此，文化的意义就是符号的意义，而文化价值自然也就是符号的价值了。恰如汤普森所说，文化价值在某种程度上就是象征价值，而象征价值是根据生产和接收它们的个人对它们的评估而具有的价值，根据它们被这些个人赞美或谴责、珍惜或蔑视而具有的价值③。不过，与前文其他几种传统文化形式有别的是，电视体育并不是任何社会形态都必然出现的现象，而是随着工业文明积累、大众社会的兴起和消费时代的来临而出现的技术文化形态，其因商业性和娱乐性需要而具有"通俗普世性"与"消费民主性"的当代价值。如前文所一再强调的，电视体育作为超真实奇观文化的一种，是机械复制之物，目标指向想象性的最广大消费性观众，而且剔除了传统艺术曾有的光晕与膜拜价值，极力彰显其符号价值、娱乐效果与震惊艺术。其之所以"看起来像真实世界里的

---

① 恩斯特·卡西尔. 人论［M］. 甘阳，译. 上海：上海译文出版社，1985：33–34.
② 恩斯特·卡西尔. 人论［M］. 甘阳，译. 上海：上海译文出版社，1985：35.
③ 约翰·B. 汤普森. 意识形态与现代文化［M］. 高铦，译. 南京：译林出版社，2005：13.

事物，因为它们再生产着观众感知的各种条件，即符码"①。然而，在波德里亚看来，商品价值已不再取决于商品本身是否能满足人的需要或具有交换价值，而是取决于交换体系中作为文化功能的符号（价值）②。可以说，电视体育的间接价值旨在帮助构建一个关于消费主义的大同世界。在该世界中，消费者在区分文化商品时其实也是区分自身的过程，也正是通过这种区分过程，人们在社会中的文化旨趣、阶级地位也就一并通过区分的符号表现了出来。

由此可见，电视体育的文化价值，除了它作为人的本质力量对象化的文化实践，及其作为文本存在所需经历的符号活动，还在于它区别于传统文化形式的通俗性与普适性以及在消费过程中想象的民主性，更在于它作为一种文化形式所具有的包容性与超越性，即它能借助技术、隐喻等主客观条件，填平横亘在其与高雅文化之间的那道似乎不可逾越的世俗鸿沟，通过"外爆"和"内爆"的方式创造一种新的文化品种，在扩大和模糊文化的外缘与边界中，彰显人类体育与文化实践的种种可能性。

3. 电视体育的审美价值

相较于美和艺术都疏离普通民众的过去，今天，借助于大众传媒、文化工业等手段，美和艺术普及化了，审美的"唯审性"或"纯审性"与日常性、实用性从针锋相对走向了和谐统一，以至原先遭受经典美学打压的欲望、诱惑、利益等被抬到至高无上的地位。然而，考虑到今天我们所面对的电视体育不只是全球化语境下的体育奇观，而且是全球化了的以文本的形式出现的，并供人享用、消费或欣赏的体育文化存在样式。同时又因为体育之美、身体之美以及电视符号的美学特点三者的综合作用，证明了一个不争的事实：电视体育具有审美品格。但就其审美而言，与其他精英文化形式或高雅艺术形态所具有的审美体验不同的是，电视体育突破艺术与非艺术、审美活动与日常生活的界限，从而具有了独特的审美体验与审美价值。

借用本雅明的美学二元范畴——光晕与惊颤来确证，电视体育显然不属于光晕型艺术，而应该属于惊颤型艺术。因为惊颤型艺术的最大特征：

首先是要能够以机械复制的方法，生产出大批量的复制品，而无须具

---

① HALL S. Encoding, Decoding［M］//DURING S. The Cultural Studies Reader［M］. London and NewYork：Routledge, 1993：511 –512.

② 王岳川. 消费社会中的精神生态困境：波德里亚后现代消费社会理论研究［J］. 北京大学学报（哲学社会科学版），2002（4）.

有那种光晕型艺术的独一无二的本真性和权威性；其次是偏重于展示价值，而不奢求巫术性膜拜价值；再次，在惊颤型艺术欣赏过程中，由于主客体间离已经不复存在，从而那种光晕型艺术欣赏过程中应有的凝神观照、崇敬有加、沉思默想等特质以及由此而生发的静观审美之体验也就不可能产生。与之相反，观赏者犹如被一枚射出的子弹击中一样，快速而令人惊颤。如此，惊颤型艺术就有了触觉特质①。

不过，电视体育的审美价值远不止仅仅表现于这种惊颤型艺术带给观者的惊颤与镇定体验，还体现在惊颤型艺术所特有的触觉特质的连续性与新奇性，以及由此而带来的体育文化超美学。恰如有学者总结的那样，体育与性感借助发达的大众传媒，体育已经彻底表演化了，而在现代的商业化的体育表演中，对美的利用不遗余力，美已经成为体育招揽观众的重要手段。不过与古典的审美经验不同的是，体育产业更张扬的是感性的美②。其实，这多少也道破了当下电视体育等文化审美的感性化情状，即对快感消费的追求。对此，拉什和厄里曾从审美的现代性发展角度给予了深入分析：

> 审美现代性预设一个自治主体，后者拥有供审美自反的表情深度、内向性。它假定有一个审美——表情主体，一个自反性的主体。但是在当代信息和通讯结构中，形象流通需要的不是审美主体，而是客体；不是自反性主体，而是自反性客体。随着客体——审美形象——有了已经中介的自反性，主体就可趋于扁平和无中介。为此，无所不在的信息和通讯结构双重地导致后现代化，首先通过其无所不在性及其普及，其次是通过从主体向客体置换自反性的倾向③。

事实上，如今的电视体育犹如好莱坞电影一般，常以突破受众心理界限常规的视听力量，倾力打造影像对观影者"零距离"的吸纳效应，从而割断媒介"真实"与体育现实的联系，让体育奇观世界代替接受主体的创造性想象，用感

---

① 瓦尔特·本雅明. 摄影小史、机械复制时代的艺术作品 [M]. 王才勇，译. 南京：江苏人民出版社，2006：55-92.
② 魏鹏举. 体育的剩余价值：一个文化研究的典型个案. [EB10L].
③ 斯科特·拉什，约翰·厄里. 符号经济与空间经济 [M]. 王之光，译. 北京：商务印书馆，2006：182.

官刺激的"高峰体验"去消弭接受主体的自主精神，使自反性主体沦为纯粹被动的影像"终端接收器"。而且，电视体育这张意义之网，体现了极强的民主性，以至能够容纳一切的创造、一切的误读、一切的解读、一切的阐释、一切的花样翻新、一切的形式变更、一切的内容增添，当然这些行为都需在消费主义框架之下，才有其存在的合法性。

综上，电视体育的价值其实是一个复合系统，它由多个价值子系统所共同组成。这些子系统既作为一个不可或缺的结构性要素与其他要素捆绑在一起，共同支撑着电视体育的价值大厦，同时，也作为一个矛盾性的因素与其他因素悖论性地交织互渗成电视体育的矛盾复合体。因此，在全面系统地剖析了电视体育的价值子系统之后，更有必要对其价值困境进行审视。

（二）电视体育面临的价值困境

无疑，大众传媒及其文化在消除曾经的理性异化和伦理异化过程中做出了不菲贡献，这是其积极意义的一面。但是，它在克服异化的过程中，自身又走向了异化的悖论误区。而电视体育作为大众传媒文化的一种，自然难逃此厄运。事实上，如今的电视体育俨然已经成为一个自足的领域，为了自我表现，其已经远远脱离了记录和表现体育真实的要求，而是通过一种夸大化的体育奇观来隐喻一个消费的想象性所指。每一个电视体育文本都试图将自己的奇观效果发挥出来，并都设法让自己独树一帜或卓尔不群于各种影像文本之林。正如德波所指出的，每个特定的商品都为自己而战斗，它不承认其他商品，并努力到处施加自己的影响，好像他是世界的唯一存在……每个商品都追随着自身的激情进行盲目的斗争，却不知不觉实现了某些超越它自身的东西——商品的全球化同时也是全球化的商品①。情同此理，电视体育的三个子系统抑或结构性要素在自身的运行过程中难免不产生这样或那样的问题。例如，此消彼长和顾此失彼等矛盾。

1. 电视体育商品价值追求中的异化

关于经济、文化与技术之间的关系演变问题，国内曾有学者进行过很好的概括。其认为，近代以降，经济学的一大贡献就是将原本属于文化、道德领域的"真、善、美"的问题，睿智地转化为技术、法律和经济等诸领域的程序合法性问题，从而增加了问题的"可操作性"。只是这种操作性，是在一种普遍化和抽象化的意识形态理念下实施的。这一理念可以概括为"市场经济的自动调

---

① 居伊·德波. 景观社会［M］. 王昭凤，译. 南京：南京大学出版社，2007：25.

节机制、公平竞争原则和人性化供求规律"，如今，它俨然已经成为全球化的"普世原则"。因此，社会财富就像货币一样被高度集中化、一体化①。当然，这一普世原则的优点无疑是明显的、广泛的，不过，其缺点也是显著的、深远的。以至造成了"野蛮"臣服于"文明"、东方臣服于西方、农村臣服于城镇，就连精神生产领域也脱不了干系——文化已然臣服于传媒——艺术审美追求蜕变成了快感消费策略，而且意义与价值问题也蜕变成了交换价值乃至剩余价值的生产。那么，它是如何被转化的呢？

汤普森在其《意识形态与现代文化》一书中曾分析了象征形式的"价值化过程"（valorization）问题，很好地解释了这一现象。他说：

> 这方面有两类价值特别重要。一类可以成为"象征价值"：象征价值是根据生产和接受它们的个人对它们的评估而具有的价值，根据它们被这些个人赞美或谴责、珍惜或蔑视而具有的价值。第二类价值是"经济价值"，我们可以把它解释为象征形式依靠在市场上通过交换而取得的价值。在这个意义上，并非所有的象征形式都具有经济价值，但是象征形式的经济价值化是一个重要的过程，它是历史地发展起来的，而且在现代社会中起越来越重要的作用。当象征形式受到经济价值化时，它们就成为商品，或者像我一般说的"象征货品"，可以在市场上买卖或交换②。

从这段话语表达中可以看出，"经济价值化"对于象征形式的重要性。当然，只有该过程发生后才能谈象征价值问题。按此逻辑，电视体育及其节目产品的生产过程就是电视体育产品这种象征形式的经济价值化过程。这就难怪当前电视体育制作的逻辑是把体育当作商品，因为它必须走进市场以攫取利润。如此，电视体育的商业逻辑就控制了它的象征性逻辑，用布尔迪厄的场域理论来表达就是经济场控制了新闻场。他说："新闻界是一个场，但却是一个被经济场通过收视率加以控制的场。"③ 因此，一些电视体育节目为了最大限度地吸引观众的注意力，巧用互联网、手机短信等现代高科技传播手段以求获得最大范

---

① 张柠. 想象的衰变：欠发达国家精神现象解析 [M]. 福州：福建教育出版社，2008：142.

② 约翰·B·汤普森. 意识形态与现代文化 [M]. 高铦，译. 南京：译林出版社，2005：14.

③ 皮埃尔·布尔迪厄. 关于电视 [M]. 许钧，译. 沈阳：辽宁教育出版社，2000：62.

围的观众参与。更有甚者不惜动用金钱或贵重礼品来诱惑人心——"移动用户请发送到……联通用户请发送到……"已成为体育节目主持人的口头语。不过，这还不够，为防忘却甚至在节目结尾插画，或于屏幕下方以文字温情提示。这些节目参与的背后就暗示大家有幸运的物质奖励，这样做的结果是，通过收取短信咨询费就能为电视体育制作方收取丰厚的经济利润，而对广大受众来说于无形之中提供并鼓励了对偶然性的崇拜，从而有助于刺激观众投机性心理和物质追求的欲望，而忽视体育文化价值因此已然被弱化的危险。

当然，这里不能不谈及广告，因为其是电视体育的命脉。它在一定程度上导致了当代电视体育传播分类加长，使其传播过程片段化，从而在其非重点、非高潮部分与片段衔接处插播广告，进而改变体育比赛的赛制和赛程，以符合商业要求。就前文讲到的技术暂停来说，尽管在观看一些精彩的球类比赛时，不少人抱怨像是观看一系列插入比赛片段的技术暂停。但实际上，这就是电视台与体育组织有意共谋的一个商业策略——如果算一算商业技术暂停所带来的利益，你就会明白为什么这种做法如此普及了。举例说明，在 2004 年美国"超级碗"比赛中，一次 30 秒的技术暂停就会花掉赞助商 230 万美元①。当然，花了钱的企业赞助商难免不对国际体育的电视转播实施部分控制权。如果赞助商想通过电视转播来宣传其产品，那么赞助商希望在哪个国家宣传，哪个国家的观众就有机会观看到该体育比赛。如果电视转播没有给赞助商带来经济利益，观众们也许就不得不另寻门路来关注这一赛事了②。不过，电视体育和赞助商的故事还会继续持续下去。例如，哥伦比亚广播公司总裁在接受《洛杉矶每日新闻》的体育记者针对 CBS 就大学男子篮球锦标赛不断增长的转播费的专访时就这样说道："谈到持续的增长，全美大学生男篮锦标赛的转播是最成功的案例之一，广告商对此非常热情和忠诚。这是 20 世纪 80 年代初的伟大发现，而且它也慢慢发展起来了……因为转播费增长了，所以我们也要延长转播时间，增加商业广告。如此一来，锦标赛的转播就有了持续的增长和需求。"③ 窥斑见豹，重大体育比赛的"眼球效应"这一事实存在，就很容易招来见缝插针的商

① 罗纳德 B. 伍兹. 体育运动中的社会学问题 [M]. 田慧，译. 北京：人民体育出版社，2011：71.

② 罗纳德 B. 伍兹. 体育运动中的社会学问题 [M]. 田慧，译. 北京：人民体育出版社，2011：129.

③ 威廉·尼克斯，帕特里克·莫纳汉. 体育媒体关系营销 [M]. 易剑东，等译. 沈阳：辽宁科学技术出版社，2005：43－44.

家。因此，电视和体育之间，事实上就是一种商业"联姻"，舍得预先花巨资购买转播权的电视机构定有其商业的企图以及利润的预期。

事实上，自20世纪90年代以来，通过电视我们轻易就能发觉林林总总的公司名称及其标识已经与体育比赛、体育场馆设施、运动队、运动员融为一体。一个典型的例子，全球人都已习惯于把耐克公司与迈克尔·乔丹联系在一起。而那些靠出售啤酒、香烟、快餐以及糖果而获得利润的公司，则试图想通过赞助体育，以能够借助体育明星的感召力量和体育赛事的健康形象魅力，来回应和修改长期以来他们产品的非健康性的一贯观念。毕竟，人们会自然地认为，观众会以为是啤酒、香烟、汉堡包和糖果等给了他们体育嘉年华，而这些怎么会有害于健康呢？跨国公司等有实力的经济实体对不同体育项目极富选择性的赞助，深刻影响着大众传媒对体育信息的传播。例如，彼得卢德思就发现，沙滩排球之所以迅速成为奥运会正式比赛项目，是因为到海滨度假并参加或观看这一运动的人们是公司企业更关注的实力派消费群体；香烟公司总是通过赞助赛车比赛来试图让人们相信吸烟是很有个性化的、成人的行为；等等。

可见，电视、市场营销、广告、企业较少地关心体育信息，他们更多关注的是开辟市场、建立商标认同以及创造当地/全球化的消费者身份①。因此，尽管随着卫星电视和有线电视频道的大量涌现和传播技术的进步，加剧市场竞争的同时，体育节目也越发具有吸引力，从而使得体育在电视的合谋下成了一种具有相当市场开发潜力的可靠商品。但对于企业、公司、电视而言，体育只是可资利用的一个能够吸引眼球的有效资源而已。如此，诸多电视机构以及一些新的频道纷纷涉足体育，并竞相与体育赛事主办方签订价格不菲的商业契约，这同样给电视运营潜藏了许多难以承受的商业危机。人们难以忘怀，为2002年和2006年足球世界杯转播权付出了天价版权费的德国基希传媒，却因不能收回成本而宣告破产的可悲结局②。因此，如何规避这些潜在的经营风险必然进入电视运营的议事日程。

2. 电视体育文化价值的宰制性生产

如果说作为一种商品的电视体育，其经济价值是在它自己的领域内运作，那么，它的文化价值则要必须通过意识形态的运作，才能将其所要传播的文化

---

① 彼得·卢德思. 视像的霸权［M］. 刘志敏，译. 北京：中国广播电视出版社，2009：142.

② 大卫·罗. 体育、文化与媒介：不羁的三位一体［M］. 吕鹏，译. 北京：清华大学出版社，2013：43.

精神自然化于其中。正如前文讨论过的，电视体育文本是一种惊颤艺术，它能把权力编码到其视觉审美中去，激发一种视觉快感。不过，这种快感效应应该说正是电视体育影像的魅力所在——产生一种惊颤效果——惊怵、暴力、性感、紧张、刺激等不一而足的感知效果，常常给人带来意想不到的惊颤。这一情状能将观者带到一种对情感、情绪的高度敏感状态，如此电视体育就能使其编码的权力利用这种情绪极度高昂的时机渗透到他们的每一个敏感的神经之中，以至创造了一个使体育运动既高于生活又贴近生活的环境——耀眼的运动明星、壮观的比赛场面、体验世界性赛事的满足、见证民族/国家胜利符码的代表等。正如里尔所指出的，体育结合了很多其他媒介文化形式，虽然文化形式已被碎片化的（后）文化所淹没，但只要凑手，无论其风格和类型是怎样的，都会被借来胡乱地拼凑在一起①。然而，这样做的结果是文化的扭曲，而变形了的文化最终又影响到人本身。就像贝斯特和凯尔纳所言，景观的世界成了令人激动、快乐和意味深长的"真实"世界，相比之下日常生活则是贬值和没有意义的②。

　　事实上，电视体育就是一个视觉机器，其运用各种观看行为的切割、分解、重组和新设，而这些方法无疑是对视觉诸功能进行的重新组合与设置。这样，电视体育文本不可能是中立、无偏向的，而是将视觉权力隐藏于重重的编码之中，并拆散为维持视觉机器整体的每一个螺丝钉。从而使它能够凸显、放大、收编某些功能，而缩小、遮蔽、围剿另外一些功能。因此，电视体育的文本生产是被操纵的，也即菲斯克所谓的"宰制性"③ 的，而且它能通过"召唤"机制将作为个体的文本消费者召唤为"主体"。当然，这一"华丽转身"，表面上彰显了人的自由与能动，但事实上却是对人的异化与奴役。法兰克福学派的观点反映了这一情况，他们认为，大众文化所产生的快感是一种裹着意识形态的糖衣，当人们沉溺于它所提供的感官娱乐的同时，便会不知不觉地屈从于意识形态的认知暴力。无疑，我们不能无视电视体育这一对人的强大控制力作用。对此，蒋原伦的论述很为精辟，他认为：

---

① 大卫·罗.体育、文化与媒介：不羁的三位一体 ［M］.吕鹏，译.北京：清华大学出版社，2013：236.
② 斯蒂芬·贝斯特，道格拉斯·凯尔纳.后现代转向 ［M］.陈刚，译.南京：南京大学出版社，2002：115.
③ 宰制：操纵、操控、控制的意思。约翰·费斯克对于权力集团的描述是"宰制性团体"，相对于传媒集团而言，大众则是被宰制的。约翰·费斯克.理解大众文化 ［M］.宋伟杰，译.北京：中央编译出版社，2001：27.

　　体育比赛尽管也有着完全独立的价值，但是当它与摄像机构成完美的组合后，本来就包含许多奇观因子的体育就成了与日常生活有了一定距离的地地道道的人间完美奇观。而这一奇观有着至幻的魔力，尽管这一奇观的各个组成部分没有叙事逻辑之间的关联，没有悬念和类似的包袱。某些搭配是偶然的，另一些组合是临时的，但是由于它们毕竟有日常生活为背景，因此它们之间就有了必然性。因为，在奇观中的人们是放松警惕的，他们大度地接受一切新鲜的尝试，并很快就做出认同的姿态①。

　　而美国社会学者杰·科克利则进一步认为，电视在人们对体育运动如何形象地思考、创造和进行中扮演了中心角色。他甚至担忧，人们可能不会模拟在电视上看到的东西，但他们会用电视播放的体育运动的形象作为他们评价其他体育运动的标准②。不过，持类似观点的学者不在少数。问题是，电视体育的消费者观众不可能就像"魔弹论"里所说的中弹即倒。西方文化研究的理论大师斯图亚特·霍尔的研究成果《电话话语的编码和解码》早就开启了文本意义生产的可能性之新河。其著名的"霍尔模式"——"主导—霸权立场""协商代码或协商立场"以及"对抗式解码"，解决了横亘在无数学者面前的理论难题，即由于编码者和解码人各自的生活经验与背景不同，因此编码和解码的同步性与一致性就必然会打破，如此文本的意义也必将随之而发生变化。霍尔的模式说明了，意义不是传送者"传递"的，而是接受者"生产"的。同样，意识形态的被传送也不等于被接受。所以，阅读文本是一种社会活动，更是一场社会谈判③。换一种说法就是，在电视体育宰制性的生产与其文本消费之间存在着巨大的张力空间。在这一空间里，电视体育除了是电视文化生产者的符号建筑物，而作为生产者式的文本之外，它更可能成为一个可供消费者改写、重写、续写，以生产新的意义和快感的游戏乐园，而成为科层制社会中的一种制度性补偿。不过，发现这一张力空间的意义是重大的，他让我们看到了电视宰制性的有限性以及大众抵抗的无限可能性，并让到底应该坚持电视文化自律还是坚持受众本位的问题进入研究者的视域，同时也为我们重建一个理性的电视

---

① 蒋原伦.媒体文化与消费时代［M］.北京：中央编译出版社，2004：101.
② 杰·科克利.体育社会学：议题与争议［M］.管兵，等译.北京：清华大学出版社，2003：645－646.
③ 斯图亚特·霍尔.编码，解码［M］//罗钢，刘像愚.文化研究读本.北京：中国社会科学出版社，2000：345－256.

体育传播奠定了可行性的基础。

3. 电视体育的审美困惑

如今电视体育的审美日益虚拟化，尽管其提供了更多从物质性的日常生活中暂时解脱的通道，但它并不提倡美学精神的深化。其原因是，在全球化的消费时代，人们正在经历着"当代审美泛化"的质变，这包括双向运动的过程：一方面是"生活的艺术化"，特别是"日常生活审美化"得以滋生和蔓延；另一方面是"艺术的生活化"，当代艺术摘掉了头上的"光晕"逐渐向日常生活靠近，这便是"审美的日常生活化"①。其实，这就是当代美学的重要转向。由此，美不再仅局限于传统的精英艺术与高雅闲趣，而是照样可以堂而皇之地诞生于胡同里弄与生活琐碎之中。从而填平了传统美学中审美现代性与日常生活之间的鸿沟，使得当代审美的外延和内涵都得到了明显的扩张——审美趣味由精神的超越转变为身体的快感，由沉重的形而上思考转变成当下轻飘的生活享受。同时，大众传媒尤其是电视的巨大影响力，带来了审美感受方式的转型：经典美学中原来不登大雅之堂的诸多现象——身体、快感、暴力等，当下都已在消费文化语境中获得了审美的合法性，而披上了"美"的外衣。以至今天的人们对美的感受方式，已经从康德的那种"用心体会"的美学急速滑向"视觉美学"，人们的日常生活把精神的美学改写成为一种"眼睛的美学"；康德主张的美的"无功利、无目的的合目的性"已更多地被大众文化的物质功利性所取代。正如有学者所总结道：

> 在20世纪50年代以来的现代审美观念中，审美活动与非审美活动交融于一体，审美方式与非审美方式逐渐弥合，艺术与非艺术界限模糊，传统美学中不认为是审美活动的行为逐渐被人们认为是审美活动，传统美学中不认为是艺术的更多地被纳入艺术视野中②。

当然，我们在分析审美转型中，不能忽视消费社会的时代语境，因为"消费"已经是当下人们日常生活中最重要的特征之一。费瑟斯通通过消费的生产、过程、效果来谈论后现代主义的消费理论，他认为，消费的生产强调商品的过

---

① 刘悦笛. 日常生活审美化与审美的日常生活化——试论"生活美学"何以可能？［EB/OL］.

② 潘知常. 美学的边缘：在阐释中理解当代审美观念［M］. 上海：上海人民出版社，1998：69.

剩生产，消费的过程强调消费的公式，消费的效果强调消费之后的快感。而消费时代商品的丰富时刻召唤着大众的消费，商品生产的过剩导致人们消费方式的转变。以至当代人的消费已经突破了过去那种为了维持生活而进行的物品购买阶段，而进入了一种为了满足自身内在心理需要的"符号消费"。这一状况所带来的直接后果就是，人们逐渐对勇气、良知、真理和信仰采取或隐或显的排斥，从而带来了平庸挤压神圣、虚无替代实在以及欲望战胜情感的尴尬生存境遇——美学逐渐变得物质化，即美学越来越关注社会的物质内容，即以物质性消费为核心的社会内容……美应是灵魂的面孔，现在却变成为物质性的表征，所以"身体美学""暴力美学"甚至"性美学"等大行其道①。

事实上，电视体育审美正是以一种文化共享的姿态呈现在大众面前的，因此它必然与整个社会的文化消费有着千丝万缕的直接和间接联系。这就要求，电视体育的当下呈现必须也必然同大众的日常消费方式有着某种内在的目的与价值一致性。如此，日常生活的消费特性就自然会深刻地影响到电视体育的审美形态，以至人们认为，消费时代的体育奇观化再现，其实就是一种极端片面的审美化生存策略而已。因为，在这个日益审美化（奇观化）的能指游戏的"体育"世界里，人与体育文化之间本来应有的那种可以"融为一体"的感性关系恰恰已经缺席。亦如波德里亚和詹姆逊所强调的：

> 后现代主义"无深度"的消费文化的直接性、强烈感受性、超负荷感觉、无方向性、记号与影像的混乱或似漆如胶的融合，符码的混合及无链条的或漂浮着的能指。在这样的"对现实的审美幻觉"中，艺术与现实的位置颠倒了②。

无独有偶，里尔在分析奥林匹克电视转播时也指出，"快节奏的奥林匹克电视用屏幕上的图表和播音员的评论呈现多个赛事，这与经典的连贯、独撰、聚焦的艺术经验是相反的"③。

其实，理想的"审美化"应该保持"形象化"与"情感化"的统一。艺术

---

① 丁来先. 当代美学应往何处去［N］. 中华读书报，2004 - 09 - 22.

② 迈克·费瑟斯通. 消费文化与后现代主义［M］. 刘精明，译. 南京：译林出版社，2000：34.

③ 大卫·罗. 体育、文化与媒介：不羁的三位一体［M］. 吕鹏，译. 北京：清华大学出版社，2013：235.

品需以形象打动观者，而观者也必须投入情感从而与艺术品建立一种彼此紧密的情感皈依，这样才能真正获得美感享受。然而，消费时代的电视体育文本抑或产品。一方面越来越符号化、形象化和奇观化，它那重视形象的紧张、刺激、娱乐而又令人震惊的瞬间视觉冲击力，目的是要激起人们的猎奇、羡慕、敬畏、成功、快感等多重复杂的情感波澜与欲望心理。另一方面，观众（消费者）对电视体育这一愈益视觉化、审美化的具体体育文本有过一阵短暂的视觉震惊之后，除了慨叹科技的伟力和自身的局限之外，采取的往往是"观后即忘"的非情感化之冷漠态度。恰似乔治斯泰纳在论及当下文化产品的特性时所指出的，如今的文化产品适于"最大的冲击和瞬间的遗忘"，即要想引起注意，它们必须是强烈而骇人听闻的，但它们只有在最短的时间内才是重要的，它们注定要让位于新的强烈的冲击①。

因此，电视对体育胆大妄为的娱乐化开发和因时而化的非理性利用，在给人们带来愉悦和"惬意地保持注意力"的同时，也为各种修辞（暴力、情色、庸俗等）和意识形态的滥用，甚至破坏性开发敞开了大门，从而使得电视体育文化价值、商业价值和审美价值的偏离与异化。以至使得电视体育的公共服务职能往往屈从于其最大限度地吸引广告收益的商业目标。从而导致电视体育正在为我们"时代的组织原则"而把自己献身给泱泱消费文化大事。当然，这里无意抹杀消费时代电视体育的进步意义与历史功绩，而只是试图指出它的消费化是实现资本目的的必然选择与基本手段，也是催生众多体育异化的总根源。然而，在当下电视体育传播的许多问题与危机产生的根源上是电视体育在替消费主义，准确地说是替资本背黑锅，而广遭诟病。当然，这是电视体育自身认识上的局限性与不彻底性导致的，一定程度上，有失公允。不过，我们不能只看到表面上的奇观运作，而无视其背后的消费主义操控。作为历史的产物，消费时代终将会结束，而体育传播的历史仍将续写。只是随着电视体育消费化终结，服务于新的文化目标，与价值观念的未来电视体育形态将焕然一新。那么，当前我们能否从电视体育那只潘多拉魔盒的荧屏上寻找到香格里拉呢？对此，我们须对当下电视体育进行理性化重构。

---

① 齐格蒙特·鲍曼. 被围困的社会［M］. 郇建立，译. 南京：江苏人民出版社，2006：150.

第 6 章

消费时代中国电视体育的理性重建

前面的分析指向一个事实就是，一定程度上，作为社会流行的图腾以及日常神话仪式的当下电视体育，与现实体育以及人的关系的确发生了深刻的变化，它作为一种奇观化的、超真实的影像商品时，其收视率、经济指标往往被视为重中之重，甚至是第一位的，而人文关怀、社会责任则被有意或无意地淡化、简化和边缘化了。但是，这里必须阐明的是，波德里亚看似睿智实则偏激的理论阐述，恰恰忽视了在虚拟之外还有其他实在文化与之并存的可能性。恰如周宪所说，虚拟文化的出现导致了符号与现实关系的变化，但这并不意味着模仿的文化和复制的文化不存在了，准确地说，只是虚拟的文化逐渐占据了越来越重要的位置，而使模仿和复制退居次席了。换一种说法就是，"文化的发展是积累性的，不是非此即彼的排他性的"①。其实，电视体育传播并非单一的文化实践，它在政治和经济的真空中是不能发挥什么作用的，要想有所作为，其必须建立在复杂的社会、经济和政治关系基础之上。因为任何一个文化主体不仅是能动的，而且是社会的，并与人类生活共同体中的其他主体相互依存、彼此渗透的。因此，无论如何精进的电视工业特效技术以及编辑手段，只应该是用来使一个原本就精彩的体育实践活动更加引人入胜，但如果仅靠特效及编辑技术等是无法成就一部有生命力的电视体育文本的。

当然，今天我们所面对的电视体育已不仅仅是全球化语境下的体育奇观，而是已经充分全球化了的体育文化及其传播样式。因此，中国电视体育必须在社会、文化的"系统世界"中安身立命并与之相互建构。不过，我们也应该注意到，脱胎于社会主义计划经济体制的国有传媒企业的竞争毕竟与纯粹市场经济体制下的竞争不同，这是因为我国的国有传媒享有政府所给予的政治、经济等特权，而这些特权反过来也需要传媒必须通过履行被认定的相关政治责任来

---

① 周宪. 视觉文化的转向 [M]. 北京：北京大学出版社，2008：172.

确保。因此，考虑到中国传媒的特殊性，以及电视化的体育传播及其消费性的艺术旨趣至少在可预期的将来仍还是现代人接触体育文化生活的重要方式。而且，在科技和无限市场生生不息的互动关系中会不断将新技术成果注入电视体育，而使其越来越超凡脱俗。在这样的时代趋向中，成熟的电视体育传播就应该既注重审美愉悦的快乐性解放，又不忽视精神维度的神性提升；既注重社会大众的感性体验需求，又不丢弃价值理性追求的意义维度。所以，作为电视与体育的文化复合体呈现，电视体育有着独特的地位与重要作用，如何跳出当下日趋严峻的狂欢无极、欲望陷阱、批判缺失等状况，以实现电视体育的理性重构，既是当前亟待思考的问题，也是本研究对电视体育的本体及其相关问题进行深入分析后的逻辑必然。

一、中国电视体育消费主义的历史演变

由于中国电视体育传播起步较晚，这一事实造成我国体育节目的制作水平与电视发达国家相比，存在明显的差距。该差距集中体现在自制节目的薄弱上，以致在很长一段时间里，中国电视体育传播都是在学习和模仿中度日与进步。中国电视与体育的第一次亲密接触始于一个确切的日子——1958 年 6 月 9 日。这一天，刚刚成立的北京电视台（中央电视台前身）实况转播了八一男女篮球队与北京男女篮球队的友谊比赛。用现在的眼光看，其只不过是一次再普通不过的体育赛事转播了，但在当时意义却非同寻常。因为篮球作为中国 20 世纪 50 年代最为普及和普通的体育项目，堪称"中国第一运动"，而电视转播其时，对国人来讲是既很新鲜又极为昂贵的传播方式，以至两者的携手"活脱脱像是一个王子与灰姑娘的组合，灰姑娘穿上了水晶鞋显示出公主的风采。中国体育电视的开端无疑是一个非常甜蜜的开始"①。事实上，正如所有甜蜜的爱情一样，无论对于中国电视还是体育而言，美好的生活已然拉开帷幕，从此走向一个全新的世界。

---

① 李辉．中国体育的电视化生存［M］．上海：学林出版社，2007：5.

（一）高度政治化：20世纪80年代以前

新中国成立后以集体主义为特色的大规模群众体育锻炼，是体现国家意志——"个人服从集体，集体服从国家"这一政治逻辑下的身体规训，带有明显的工具理性思维特点。其时，表征这一思维的，最为典型的莫过于毛泽东振聋发聩的题词："发展体育运动，增强人民体质。"这一题词无疑奠定了中国体育的发展方向，并明确了今后体育的功能取向——体育作为强健民族体质的重要手段而存在。

再者，新中国成立后至19世纪80年代前的这一历史阶段，由于权力高度集中，社会高度政治化，从而新闻体制自然也就呈现高度集中的特点："党直接控制各个信息传送机构，使他们成为附属于自己的工具。"① 在这一背景之下，新闻媒介的属性难免不被单一化而成为意识形态的工具。因此，作为媒介内容之一的电视体育报道自然就会紧密围绕国家的方针、政策展开工作，而自觉统一于党和政府的功用性宣传洪流之中，并进入有序发展的轨道。

事实表明，新中国成立后30年间的体育新闻报道，有一个鲜明的特色，就是偏重于大众体育健身运动的报道。即便出现赛事报道，也多从宣传的角度进行处理，"友谊第一，比赛第二"口号的流行，就反映了这种赛事报道模式的宣传特色②。当然这也同样集中反映在电视体育报道上。1958年北京电视台开播后不久就设立了体育报道，并于同年开办了一档体育专栏节目《体育爱好者》，这是中国电视体育专栏的开始。该栏目非常注重群众性体育报道，着重介绍并宣传锻炼身体得科学知识以及群众体育活动与健身的方式、方法，播出的节目涉及的项目多样，如《怎样练长跑》《怎样学游泳》《怎样下象棋》《怎样打太极拳》《怎样练滑冰》《怎样做广播体操》《怎样打桥牌》等，不一而足，其为广大体育爱好者观众科学地进行体育锻炼和娱乐活动提供了有益的帮助。同时，在《体育爱好者》栏目中还多次出现过中国民族传统体育以及国防体育等国民所喜闻乐见的内容，较为全面地反映了我国当时体育发展的真实状况。此外，适逢体育赛事时，《体育爱好者》还要有针对性地宣传当时体育事业的成就以及优秀体育人物，从而有效地突破了实况转播的单一形态。

遗憾地是，文化大革命期间，《体育爱好者》因故中断了播出。"文革"结

---

① 俞可平. 增量民主与善治：转变中的中国政治［M］. 北京：社会科学文献出版社，2003：109.

② 张江南. 体育传媒案例分析［M］. 武汉：华中师范大学出版社，2009：10.

束后，直至 1978 年 4 月，中央电视台才恢复了专门的体育栏目，而开办了《体育之窗》，设有《体坛人物》《体坛漫画》《佳作欣赏》《问与答》等小栏目。恢复后的体育栏目也主要是普及体育知识，面向广大群众宣传、介绍运动员、教练员的训练生活，体育成就、体育科研以及群众性体育活动等。随后，为了适应广大人民群众对体育信息的需要，中央电视台又相继开办了《世界体育》和《体坛纵横》两档节目。在此之后，有了北京电视台的成功经验示范，广东、北京、上海等地方电视台才陆续设立了专门机构或者确定了专人负责体育节目。

同时，在正常的体育栏目播出之外，在偶遇为数不多的国际国内体育赛事和体育交流（世界杯足球赛）时，也会适时在政治允许的框架下加以报道。例如：

1961 年 4 月，第 26 届世界乒乓球竞标赛在北京举行，北京电视台在为期 10 天的比赛时间里转播了 14 场比赛，整整 35 个小时的转播量在当时对于人力、物力和技术都不尽如人意的情况下，堪称奇迹。

1973 年 10 月，北京电视台与湖北电视台合作，首次成功采用微波信号将在湖北举行的全国乒乓球锦标赛视频传送至北京，从而完成实况转播。

1978 年 6 月，第 11 届世界杯足球赛在阿根廷举行，中央电视台巧借国际通信卫星将比赛的图像和声音先行接受，再加以配音后向全国播出，从而完成了"世界第一运动"与中国观众的首次见面。

总的来说，20 世纪 80 年代前的中国电视体育报道与国家的政治宣传有着密切的关系，而与所谓的消费主义相去甚远，这在当时特定的年代有其存在的历史合理性一面。但这种"政治第一"的电视体育传播模式，实际上冲淡了体育报道自身独有的特色，而使之沦为政治的附庸。然而，这里不得不说的是，1978 年，中国启动了改革开放的历史进程。当中国推开尘封太久的国门时，面对门外的景观，沉浸在"文革"政治狂欢中的国民一下子蒙了。原来，一直引以为自豪的 5000 年文明古国与发达国家之间，无论在科学、技术、经济、社会还是文化、教育等方面竟有着如此难以逾越的巨大落差。于是，以"振兴中华"为诉求的民族主义话语这一充满历史责任感的口号开始响彻中华大地。

（二）新闻价值规律有回归，国家政治功用仍延续：20 世纪 80 年代期间

20 世纪 80 年代初，中国派队参加了一系列大型国际体育赛事，并取得不菲的战绩。1981 年 3 月，中国男排冲出亚洲；世界乒乓球锦标赛上中国队囊括 7 项冠军；1981 年 11 月，中国女排夺得第三届世界杯女子排球赛冠军，这是中国篮、排、足三大球的第一个世界冠军……中国体育健儿的骄人成绩极大地激发

了全国人民的爱国热情以及对于体育的关注。面对这一连串的体育喜讯，华夏上下举国欢腾，一时间体育热传遍大江南北，以至北京许多大学生自发地喊出了"冲出亚洲，走向世界"的响亮口号。可以说，体育适时地充当了人们驱除"文革"阴霾的"排泄阀"以及挥洒爱国热情的"激发器"。此后，女排五连冠的获得，使得女排成为1980年中国的一个最为闪亮的精神符号。还有，1984年，新中国第一次参加在洛杉矶举行的奥运会，就获得了巨大的突破。尤其是随着许海峰的一声枪响，中国彻底终结了奥运史上中国"零"的屈辱。

当然，中国体育成就所产生的巨大影响离不开传媒的广泛传播。这其中，中央电视台功不可没。例如，为了将中国健儿参加奥运会的情况及时传播到国内，1984年中央电视台第一次派出了五人电视报道组，与在香港工作的报道组密切合作，成功地转播了开幕式、闭幕式，以及体操、游泳、跳水、举重、击剑、手球、篮球、排球、足球和柔道等精彩比赛。值得一提的是，此次奥运会上，由于中国选手在获取金牌上出乎意料的突出表现，中央电视台曾紧急修改报道计划：从原定每天转播40分钟，一下子增加到每天转播4小时。当然，其背后的良苦用心就是，要巧借中国奥运健儿的突出表现在全国掀起一场学习奥运英雄、振奋民族精神，同时激发爱国主义热情的社会高潮。为了更好地达到此目的，电视报道组只选择有中国队参加的并预测能够取得出色成绩的项目进行实况转播。而对那些我国选手夺金无望的赛事，哪怕是影响极大的田径、游泳等项目，均不予转播。

事实证明，此举非常成功。此次奥运会的实况转播以及所有有关奥运会的新闻和专栏节目，在国内都产生了巨大反响。于是，在这一思维模式影响下，针对1988年的汉城奥运会转播，中央电视台甚至明确提出："宣传中国体育形象是重中之重，我们的报道方针，就是要大力宣传中国体育健儿在奥运赛场上奋勇拼搏、为国争光的英雄事迹，达到激发全国人民爱国主义热情的目的。"[①]可见，中国电视体育报道事实上是在不断迎合并渲染、放大了，那实际上表征着中国人民急于摆脱弱者困境和重塑国家地位的心理情结的"冲出亚洲，走向世界"，这一吹响中国体育的时代号角。因此，20世纪80年代的中国电视体育报道，总体来说，传播的是以"振兴中华"的爱国主义情感为代表的民族主义话语，突出的正是凝聚民族精神的政治功用与意识形态效应[②]。

---

① 秦志希. 媒介文化新视点［M］. 武汉：武汉大学出版社，2010：173.
② 秦志希. 媒介文化新视点［M］. 武汉：武汉大学出版社，2010：173.

不过，伴随着 20 世纪 80 年代中国体育报道的政治功用之延续的是，我国体育新闻事业事实上也迎来了脱胎换骨的腾飞契机。1981 年中国女排夺得世界冠军后，中央电视台、新华社、中央人民广播电台三大中国主流媒体相继成立体育部，标志着中国体育新闻报道开始进入独立发展的轨道，并将逐步走向专业化之路。就中央电视台而言，1984 年奥运会后，在《世界体育》《体坛纵横》两个栏目种就曾播出过不少国外的体育节目，受到观众好评。1985 年后，《体育之窗》栏目不再满足于仅仅以单纯的赛事作为主要内容，而是寻找赛场外的有价值的、观众期待的信息，更多的镜头已经延伸到运动队以及运动员身边的人和事，从而让观众得以看到一些在现场直播里所看不到的东西。而到了 1989 年元旦，央视开办的《体育新闻》栏目，明确其服务宗旨为："在第一时间为体育爱好者提供最权威、最全面、最准确、最客观、最专业的体育消息。"① 该栏目每周播出 6 次，为广大体育爱好者提供国际国内体坛最新事实与动态，进一步丰富了电视体育的内容。

纵观整个 20 世纪 80 年代的中国电视体育报道，与此前相比，开始逐渐回归新闻价值规律，比赛自身的竞技性、对抗性以及变数性等体育元素得到了一定程度的重视与强调。然而，尽管 20 世纪 90 年代之前的电视体育报道也始终一直在寻找赢得更多观众的办法，以求得更大的社会效应。但囿于其时的社会政治文化氛围，中国体育电视的主要功能只能停留在"宣传教育"的层次之上，并将观众视为参与历史进程的、被规训的政治化单一主体，而终不能超越至将之作为消费者身份的考量。换句话说，20 世纪 80 年代及其之前的中国电视体育的内容是只注重"生产"而忽视"消费"。

（三）市场化进程中的消费主义文化转向：20 世纪 90 年代至今

20 世纪 90 年代，伴随着我国市场经济进程的加速，广播电视界改革创新的进取精神和热情空前高涨，导致关于新闻媒体的体制和经营理念也在不断地被讨论。无论如何，市场经济的优胜劣汰规律在促使着各电视结构越发重视对受众的争夺，其中体育报道由于其特有的共通性、娱乐性、对抗性、不确定性等特点成为电视文化市场中巨大的"卖点"。特别的，1992 年邓小平南方谈话后，尤其到了 20 世纪 90 年代中期，随着中央电视台体育频道和地方台的体育频道相继设立，以及足球、篮球和排球等职业联赛逐渐拉开序幕，加上当时我国开始逐步实行"双休日"制，国人拥有了更多可自我支配的休闲娱乐时间，从而

---

① 刘斌. 体育新闻学 [M]. 北京：中国传媒大学出版社，2010：188－189.

让中国电视迎来了"体育节目的春天"。到 20 世纪 90 年代末,全国省市电视台先后设立了 200 多个名称各异的体育专栏。地方台的加盟使得对体育节目的制作播出极大地丰富了中国电视体育的内涵。其时,电视体育节目播出量迅速增加,涉及的体育比赛及项目逐渐增多。节目形式也逐渐突破过去的常规"老三样"(新闻、栏目和赛事)而出现了体育纪录片、体育教学、体育商城、体育英语等新的节目形式。进入 21 世纪后,体育节目更是出现了如益智、竞猜、电玩、彩票等各类创新型节目形式。同时,我国电视体育节目的自制能力和综合报道能力显著增强,尤其表现在职业赛事的制作与转播上。

此外,在地方台纷纷推出体育节目的同时,处于经济效益的考虑,各家电视台开始考虑资源共享、通力合作、互惠互利之路。例如,1996 年,北京电视台、上海东方电视台、广东电视台体育部首次牵手,合作推出时长达 50 分钟的《中国体育报道》,其依托北京、上海和广东三地丰富的体育赛事资源,广泛报道国内重大体育消息,及时捕捉中国体育的热点、焦点,共同见证中国体育代表团在国际比赛中的动态,综合性强、包容性强,集消息、评论、专题于一体,在广大观众中产生了广泛影响。而到了 2001 年,为了真正达到资源共享,从而节约人力、物力成本,由北京、上海、广东等区域性电视台牵头进行了战略性协作,成立了全国体育新闻协作网(CSN),目前已有数十家电视台在使用 CSN 的节目素材。

由此,中国电视与体育的结合走过了一条报道主题逐渐明晰、报道规模逐渐增大、报道数量逐渐增多、日渐满足广大体育市场需求的发展之路。借助电视产业化的发展契机,中国体育电视正逐渐形成独具特色的产业格局。以至目前体育报道已然成为中国传媒领域中市场化程度比较高、发展比较充分的部分。

可以说,电视体育报道的背后离不开金钱的支撑,体育电视(频道)之间的竞争实际上更是对金钱的比拼——动辄千万以至上亿的体育赛事版权的获得是电视体育报道的生命线,制作成本惊人的系列节目是电视体育报道必备的常规……没有健全强大的运营能力以及资本,电视体育频道及其报道只能是空中楼阁,遑论生存与发展。因此,某种意义上说,电视体育报道实为一个"贴金"的买卖。目前中国电视体育报道的经费来源与其他类型的电视节目没有什么本质区别,主要还是依靠电视的广告收入,这种模式一直未曾有过什么实质性的改变。然而,对于一个体育频道来说,要想健康有序地发展,必须要在广告经营、版权交易、赛事组织和经营、软广告经营、与社会制作的合作以及赛事制作这几个方面做努力,只有多渠道的收入才能保障一个频道的生存发展,对单一盈利模式的依赖，于任何一个企业来说都是危险的①。

特别要说的是，2008 年北京奥运会以后，CCTV5 依靠其在长期以来尤其在奥运转播期间所积累的经济资本、人才密集、政策优势和品牌文化等，已经成为中国体育电视界在体育赛事转播、体育专题节目创意与制作等方面的"巨无霸"，向国内所有的竞争对手们傲视群雄般地宣告了其无法撼动的整体优势。而从经营规模来看，上海文广新闻传媒集团（SMG）所属体育频道的实力紧随CCTV5 之后，在地方体育频道中名列第一，排在其后是北京电视台体育频道和广东电视台体育频道的身影。然而，在当前体育电视市场中，因为 2000 年国家新闻出版广电总局发布的《关于加强体育比赛电视报道和转播工作的通知》，规定了"在我国境内的电视转播权统一由中央电视台负责谈判与购买，其他各电视台不得直接购买"。因为受制于赛事版权的匮乏，除上海和广东两地的电视体育频道凭借地方经济实力及其自身赛事资源的丰富，面对央视的垄断，依靠地方特色已经找到了一定的突围办法之外。其他各地方电视台体育频道乏善可陈，绝大多数举步维艰，以至一些频道不得不迫于经济压力而无奈地转行，如浙江、河北、河南、湖南、广西、贵州等省份和直辖市卫视体育频道。如此，为了在夹缝里求生存图发展，由多家电视台体育频道联合启动的 CSPN（China Sports Programming Network）省级体育频道联播平台与 2007 年 10 月 1 日成功试播，从而为我国体育电视开创了新的格局。

可见，消费时代的电视体育传播任何时候都离不开经济的支撑及其运行。尽管在摩根士丹利发布的《2008 年中国传媒报告》中称，"我们相信在中国体育新闻传播的春天即将来到，因为这个国家仅是球迷的数量就超过了美国的总人口"。但透过这句话，其背后依然是金钱的故事。当然，在这一春天里，伴随着中国体育新闻到来的，一定还有大量的消费文化化的电视体育制作与表征、体育明星奇观呈现、商品营销等。

二、建设中国特色的新型电视体育

一切文化都来源于人类的活动。正如有学者所认为的，文化是"累世承袭的社会遗产"②，而且文化的"遗产"并不像其他的一些东西，可以不加改变传

---

① 李辉. 中国体育的电视化生存［M］. 上海：学林出版社，2007：21.
② 朱增补. 文化传播论［M］. 北京：中国广播电视出版社，1993：45.

来传去。事实上，文化在时间轴上的传播永远是一个不断扬弃的过程。传统社会里的文化传承主要是靠教育实施，而在消费时代，大众传媒在文化传播及其效果方面的作用正随着传媒技术的飞速发展而愈来愈突出。但决定电视体育最终如何传播、传播什么以及向谁传播的经济、政治、文化问题总是错综复杂地纠缠在一起，此消彼长地共同施压。所以，造成在"严格的经济术语里，电视体育可以被看作是千方百计想要通过各式资源产生收益的媒介公司和广告商、赞助商、付费订阅的观众、甚至是体育自身之间的战场"①。恰如电视体育之所以强调一种窥阴式和物化式的凝视，正是为了设法邀请观众加入这一与依赖认同、接近和参与的体育凝视的注意力分散的有对话特征的观看行为。而这样盲目竞争以及收视率崇拜导致的结果必然是，电视体育仅能是部分地反映了体育，甚至于与体育和现实都无多大关系。当这些冠名为体育的拟态影像被广泛、集中、持续地传播之后，不知不觉中拟像与真实的界限难免会模糊乃至消除，而人们在经受了泛滥的欲望刺激，同时在不断地虚幻满足中逐渐物化了自身及其精神交往活动。正因为作为媒介产品的电视体育与生俱来的意识形态属性和商品属性的"两重性"特点注定了体育电视竞争的复杂性。也正是基于这种复杂的竞争，以及承载并孕育这一竞争的电视传媒市场，我们对电视体育的本质、特点、功能与作用认识便能在不断科学化地精进，并最终有效地服务于中国电视体育的生存与发展。

（一）发展是硬道理：中国体育电视的现实面向

无疑，电视体育的生产不仅受到广告商、赞助商、利益集团等的操纵，同时也受到电视传媒身处的社会时代背景、文化意识形态、传播技术力量等的客观限制，当然还受到电视自身利益、电视人教育背景、体育组织利益等的影响。因此，电视体育传播不是一个简单的生产过程，它始终处于一个竞争的生态系统之中，并且本身就是一个系统工程。事实上，当下国际国内电视体育传播已经进入规模化、集团化和国际化竞争时代，作为传媒产业的有机组成部分，体育电视自然不能脱俗。这种竞争要求体育电视能在更大规模上整合资源，形成一种规模优势。而这一过程中，必然需要体育电视迅速学会利用资本市场，降低交易成本，提高资源利用率，以期进一步强化自身的核心竞争力。同时，商业色彩很浓的电视体育的发展，与社会经济生活状况是密不可分的。消费时代

---

① 大卫·罗.体育、文化与媒介：不羁的三位一体［M］.吕鹏，译.北京：清华大学出版社，2013：103.

的经济生产以及必然由此产生的相应社会结构，无疑是当下电视体育及其传播的基础。事实上，体育、电视与市场的共谋、联合与发展已经为发达国家消费主义文化的构建与渗透提供了丰富的、可操作性的实践范式和理论储备，同时也为发展中国家致力于体育电视的后现代竞争与发展树立了典型参照的范例。

　　尽管中国加入世界交易组织（WTO）的协议规定开放市场并未包括电视广播，但境外传媒集团采取隐蔽的"暗渡陈仓"战术步步进逼中国市场，投资制作、代理节目。2002年，作为中国电视"走出去"的交换条件，广播电影电视总局批准境外国际传媒机构如凤凰、华娱、星空、亚视等卫星电视台在广东部分地区落地播出。以至时任国家新闻出版广电总局局长的徐光春坦言："尽管我们没有承诺开放广播电视，但现在实际上外国电视已经有限度地进入了。"① 事实上，目前通过电视就直接能够经常收看到国外体育赛事早已不是什么新鲜的事了，而且这些赛事有时就是来自国外电视台的杰作。例如，ESPN（娱乐与体育节目电视网）这一全球最大的体育电视网早已博得全球体育迷的忠诚，并已通过与地方电视台合作的方式进入中国。然而，尽管体育电视已是目前中国最为市场化的领域之一。但鉴于国际体育电视在资本、资源以及制作能力上的强大，不难发现当前中西方电视体育传播还存在着明显的传受地位差距，以及由此而带来的体育信息传输的不平等。更有甚者，通过体育电视这一平台所引发的竞争更多已经延伸到了国界以及节目文本之外。比如，进入中国后的ESPN，不久就把整频道的体育内容利用版权销售的方式，销售给全国各地方体育频道，以获得一部分资金以及广告时间。自2003年起ESPN就开始在中国大陆三星级涉外宾馆以及小区中落地，并尝试和中国体育电视开展一定的节目合作。到2005年，其更是将自己创立的品牌赛事——"全国大力士比赛"移至四川举行。类似的活动接连不断。由此可见，中国体育电视市场已被国际体育电视觊觎，无疑已经面临着全球市场的节目竞争。

　　然而，所谓的霸权从来就不可被视为想当然，它其实只是一个组织与谈判的过程，认同的赢得也绝不可能一劳永逸，而是要不断地进行更新、再创造、防御及修订的过程，也不可避免会遭到积极抵制。电视体育作为一种最具国际"传染性"的传播现象，其节目市场就是国际市场。近年来，在这个国际性节目市场上，我国电视传媒已经有过对奥运会、中国网球公开赛、F1大赛等多项国

---

　　① 郭镇之. 第一媒介：全球化背景下的中国电视［M］. 北京：清华大学出版社，2009：16.

际赛事的传播经历，检验了我国电视体育传播的实力，提升了我国电视传媒的良好形象，为未来参与国际竞争建立了经验和基础。因此，我国电视体育完全有能力也有必要积极参加国际竞争，努力探索可持续发展的成功之道。

不过，作为视觉文化的一个型代表，电视体育本身即是商业化的产物，同时又在不断地推动着商业化的运行。消费时代的中国电视体育，其视觉形象拥有着独特的经济价值，其正在创造和衍生出许多新的以其形象消费为基础的文化产业。例如，电视体育广告借助运动明星的视觉形象效应，诱导出了人们的本我欲望和无意识冲动，而这些欲望和冲动都可以转化为经济价值。目前，与电视体育形象有关的丰富多彩的广告已渗透日常生活的方方面面，成为一种实实在在的"广而告之"和"循循善诱"。因此，在广告公司看来，电视节目只不过是有可能吸引某一观众群体眼球的诱饵。这里所说的电视节目，是指观众打开电视后所看到的电视文本。在观众眼里，这些电视文本就是电视。对于电视公司来说，做节目意味着花钱，而不是制作一个产品，做节目的过程就是电视台或电视网为了让观众能收看它们的节目而穷思竭虑所做的一切①。

可见，电视体育"文化产品的传记可以被视为一个'价值链'，链的两端各有一面联结着物质经济，一面联结着欲望经济，或情感和内涵经济"②，以致"实际上，成为体育盛事的一部分就意味着成为可口可乐广告的内容"③。令人可喜的是，在这种自我求变和他力助变的合力作用之下，我国的电视体育传播从内容到形式，再到理念都经历了急遽的变革。电视体育在我国已经从昔日"振兴中华"的宏大叙事高度回落到日常生活的层面，一度被"神话"的优秀运动员作为"人"的一面逐渐在报道中被彰显放大，享受体育享受生活的理念也已被更多的媒体进一步接受。整个体育新闻报道呈现出迥异于传统的面貌，正迅速挣脱其"竞技"的束缚而转向竞赛之外更为广泛的领域④。因此，电视体育是市场经济的产物，是体育、电视与市场联姻的结果。作为一种消费文化，它具有由电视产业机构生产供现代大众消费的商品属性。恰如大卫·罗所说，

---

① 罗伯特·艾伦. 重组话语频道：电视与当代批评理论［M］. 牟岭，译. 北京：北京大学出版社，2008：16.

② 斯科特·拉什，西莉亚·卢瑞. 全球文化工业：物的媒介化［M］. 要新乐，译. 北京：社会科学文献出版社，2010：49.

③ 斯科特·拉什，西莉亚·卢瑞. 全球文化工业：物的媒介化［M］. 要新乐，译. 北京：社会科学文献出版社，2010：66.

④ 罗亚. 制造快乐：走向娱乐的新闻技巧：对中国传媒新闻娱乐化的实证研究［D］. 上海：复旦大学，2005：38.

电视建构因空间、时间和社会差异而呈碎片化的国家的能力，以及将这些国家联系起来的能量，被认为是它至高无上的经济优势①。因此，中国体育电视必须有选择、有保留地继续沿着商业化道路，以促进社会产品的消费为中心来组织生产，同时也以自身产品的"可消费性"目标来组织生产。只不过，电视体育的未来发展不能仅仅停留在商业上的单向发展，在进行以上生产实践时，必须同时兼顾其社会效益的担负，并在遵循其文化使命的前提下践行其消费主义的文化实践。

（二）担负社会责任：中国体育电视的突围

长期以来，关于传媒的经营与发展，在人们的心中一直存在着一个假想的"真理"。那就是，如果过多地强调传媒的社会责任，那么其现实的经济利益必然就会受到大为不利的影响。在这一思维模式下，传媒社会责任的担负与经济效益的提升之间就成为一个"零和博弈"的游戏。因此，现实中人们往往只能执其一端而不及其余。那么，对于当下中国体育电视来说，在这个看似不可调和的两难选择中，难道真就没有一个更具智慧且两全其美的理想抉择吗？

事实上，我们深知当前中国体育电视正处于一个内外交困的市场竞争环境之中，以致生存的压力不断逼迫他们向收视率妥协，有时甚至是全面投降。我们也已深知导致这一境况的背后，隐藏着若干个利益团体的多重欲望诉求以至政治压力，但是我们也不得不追问：体育电视的把关人团队对于自己所操控的体育传播事业是否有清晰而自觉的文化理念？他们对自己生产的电视体育作品的责任、使命与追求又是否足够理性而自觉呢？不应忘记，在新闻以及艺术发展史上，真与假、善与恶、美与丑，以及先进与落后、文化责任与经济效益等，总是处于一个不断从彼此冲突走向暂时和谐的循环往复过程之中。进一步说，尤其在传媒面临自身的现实经济利益和物质保障与它所需承担的社会责任和文化使命之间的选择困境时，其间冲突与和谐的交替往复从来就不曾消停过。而且我们必须清醒的是，冲突是永远存在的、无条件的，而和谐恰恰是短暂的、有条件的。当然，在消费主义文化大举渗透的市场经济环境中，如果完全无视传媒的生存处境与利益诉求是不可能的，也是不现实的。同样，对于任何一体育电视而言，在缺乏丰富的物质基础和先进的传播技术支持的情况下，就奢谈其所谓的责任与使命，那必然是痴人说梦。而且，当下中国电视体育的理性重

---

① 大卫·罗. 体育、文化与媒介：不羁的三位一体［M］. 吕鹏，译. 北京：清华大学出版社，2013：95.

构，首先也是在消费时代语境的作用和催化下的改革萌动及其文化行为。

研究消费时代的电视体育的目的就是要从理论上提供能够不断丰富人们的精神世界，增强人们精神力量的"先进的电视体育"文化，来提高社会主体的审美品位，并引导他们的体育价值以及相关消费的价值取向，使先进文化的力量熔铸进整体国民的生命力、创造力和凝聚力之中。而所谓先进的电视体育文化也就是科学、健康、多元与文明的电视体育文化，它由一个个体现社会责任和文化使命的电视体育文本所组成。这一先进文化建立在彻底影响和改变社会主体体育及相关消费价值观，以促进人的全面发展的基础之上。确实，对人而言，物质需要是生存的前提和基础，离开这一点，其他的一切都将缺少根基。但当人的合理的、较好的生存需要得到保障与满足后，精神需要的满足与追求就会得到唤醒，甚至变得更为重要。否则将会严重影响人们的精神生活，而最终阻碍人的全面发展。我国电视体育的消费主义文化问题，说穿了，其应主要集中于影响人全面发展的精神生活上。当然，精神生活领域出现的问题，理应从精神生活入手加以解决。因此，电视体育只有不断改造自身文化的局限和弊端，使自己能够以更为开放的心态面对世界、面对体育，在全球化的语境下，与时俱进地"择其善者而从之，其不善者而改之"，特别是在消费主义的冲击下保持中国的文化特色，发出我们自己传统体育以及文化价值的独特声音，并创造出一种具有全球眼光的本土电视体育文化。在国际消费主义文化氛围中凸显自身文化传统的价值，寻求对中国电视体育的创造性转化，同时努力着眼于全面提高人们的思想道德、体育审美和科学文化素质，并立志培养人们的科学精神和人文素养，才能在消费时代的市场化进程中克服人的单向度，才能不至于在消费主义欲望文化的泥沼中失掉自我。

不过，弘扬电视体育的社会责任，绝不是盲目拒绝对外来消费文化的吸纳与融汇。文化的独创性是人类进步的源泉，文化的多样性是人类最宝贵的财富。事实上，对消费文化择其善者的吸纳与融汇，必然进而化为本土电视体育文化的肌理，使其更富生命力。当然，我们必须强化体育电视屏幕的道德观念，以大量提高体育文化素养和审美能力，并普及具有教育性质的体育节目为主旨，目的是最终增强国民对大举外来消费主义文化中病态欲望和劣质编码的识别和抵御能力，特别是对他者体育消费文化电子殖民主义侵权行为的抵御能力，从而承担起艰巨的中国电视体育传播及其应有的文化职能。值得一提的，在消费主义文化的娱乐选秀风潮甚嚣尘上以及对收视率疯狂崇拜的背景下，中央电视台果断地采用了"绿色收视率"的思想体系和评估体系，并取得了良好的社会影响以及经济效益的回报。其实，所谓绿色收视率，就是在常规收视率基础上的一种提升和创新，其在重视收视率和收视份额的前提下，坚守高品位，抵制低俗化，坚持节目的思想性、人文性和艺术性，从而确保了自身作为主流媒体对观众应有的影响力和对舆论的引导力。

央视前新闻中心主任梁晓涛说，电视媒体真正主打的应当是影响力，"影响有影响力的人"，在此基础上，努力提高收视率。电视媒体要耐得住寂寞，履行媒体责任，"需要踏踏实实，静下心来做，有可能当时不会有收益，比如新闻频道，他需要人力、财力资源的大投入，它不像娱乐节目那样易模仿、成本低、收益快"①。当然，这句话同样适用于当前的中国电视体育的改革与发展。因为在今天这样一个信息高度发达的消费时代，体育电视的竞争与社会责任、文化使命的建设紧密联系在一起。因此，中国电视体育传播，在传承和发展先进体育文化的过程中，只要自觉地担负起社会责任的神圣使命，就一定能正确处理好社会效益与经济效益的关系。当然，中国电视体育只有进一步深化改革，并不断开拓与创新，才能最终以真正优秀的电视体育产品服务于社会大众。

三、重建中国电视体育的运作机制

作为大众传媒的体育电视首先应该是社会文化价值的守望者，为了使这份执著能够长久地得到坚守，整个社会就有责任对电视传媒加以守望。研究发现，电视对于文化传播的功能突出反映在其自身所传播的内容及其传播模式上。因此，为了抵制电视体育传播中过度渲染欲望的反文化局面，我们就必须充分发挥"文化逻辑"在视觉形象生产过程中的支配性力量，以期改变当下电视体育单纯重视经济效益而忽视社会影响的局面。下面就着眼于电视体育文化运作的全面优化，来构建这种建设性文化干预的内在机制。

（一）调整传播方向，重建运作理念

电视体育作为现代传媒文化的一个组成部分，自然带有传媒文化的诸多属性。因此，在分析电视体育文化运作之前，有必要先来看看消费时代我国传媒文化的运作机理。事实上，在当下大众传媒的积极推行过程中，消费主义文化观念已然在整个社会生活中弥漫开来。殊不知，传媒在传播和鼓吹消费主义文化的同时，

---

① 孔令顺. 中国电视的文化责任 [M]. 北京：中国传媒大学出版社，2010：190.

传媒生产与消费的商业逻辑已然入主传媒，从而让消费主义文化悄无声息地浸入到传媒的肌体乃至神经中枢之中，导致传媒自身发生了消费主义的文化变异，以致渐渐成为消费主义意识形态的代言人。整体而言，在传媒自身的消费主义文化转向过程中，尽管传媒传统意义上的信息提供者和环境监测者的身份还在，但却变得更乐于充当自身产品（信息内容）以及各类商品的忠实推销者。伴随着传媒身份转型的是，受众的概念也已因时而化，其由先前那种享用传媒公共服务的公民"群体"，华丽转身变为传媒所青睐与追求的这种能够成为媒介奇观和时尚产品的"消费者"。由此可见，消费时代语境下的当下传媒文化运作，事实上即是将传统的"生产决定消费"变成了"消费决定生产"。但这一状况必然要求传媒内容的生产，必须遵循"可消费性"这一消费时代的文化标准，并围绕着各式可资利用的拟态奇观做文章，同时还要精于成本利润的计算与控制。但对传播的社会效果问题，则简单采取直接忽视或不予过问的态度。

20世纪90年代以来，在市场经济规则运行下，在遵守党的宣传纪律的前提下，我国传媒的运作理念已经发生了翻天覆地的变化——很大程度上实现了从计划经济到市场经济的观念转变——计划经济条件下的新闻传媒内容生产是"生产决定消费"，而在市场经济下则变为"消费决定生产"。而在这一理念下的我国传媒对自身和受众的身份、地位、作用以及报道要求等，都进行了重新的认识、调整和定位。在过去那种以宣传教育为时代使命的时代，传媒的性质就是党的宣传工具，充当党和政府的"耳目喉舌"。传媒对自己的基本定位首先是宣传者、引导者、教育者、鼓动者和组织者。而受众的身份自然则成为受传媒教育和指导的对象，换言之，受众就是传媒可对之实施作用并能施加影响的被动接受体。而如今的传媒已然改变以往那种高高在上的"教育者"和"训导者"的姿态，而具备了诸多的"服务性思维"——尊重受众的传媒接近权和信息知情权，同时注重满足受众的娱乐和信息要求。

当然，我国传媒的这种服务意识较之以前的指导意识有着巨大的进步意义。如果说此前的"指导意识"主要是站在精英和主流意识形态立场上，从教育、训导的目的出发，为大众提供所谓"健康的人民大众的文化"和"正确的政治文明的引导"的话。那么，作为市场推销者的当下传媒更多的则是，因为已经警惕地意识到自身事实上具备着和众多普通商家所如出一辙的市场主体共性，并深知自己的前途和命运其实本质上是掌握在受众手里。因此，在这样的情势下，加上暂时又缺少适时先进理论的指导，传媒只能"任性"地将新闻传播的价值标准干脆直接交给了想象中具有"上帝权威"的受众，而不管或无视受众的所谓需求、品味乃至趣味等其实也存在千差万别的事实，以及自身原有精英立场的社会责任意识。从而导致传媒过多地对内容的特殊性、接近性、趣味性、人情味等方面愈来愈强调，以至在向受众妥协的惯性下，滑向对社会日常生活尤其是受众的娱乐和消费生活的宣传偏向。事实上，我国传媒这种市场生产者和商品推销者角色意识的转变与深化。一方面使传媒的文化传播由昔日简单粗暴的"家长思维"，趋向立体范式的"传播理念"。从本质上说，这是我国传媒文化的本体回归。但另一方面，在实际运作中我国传媒的市场化已导致对诸多本质规定性（社会责任、公共利益、社会批判）的淡化与漠视。

诚如英国文化研究学者戴维·郝斯蒙德霍指出的，文化产业中的标准化/多样化模式是有缺陷的，不过它确实反映了文化生产商的某种"羊群行为"，这些生产商总是从彼此那里盗取理念和公式，然而矛盾的是，他们又总是不断地求索以期在"下一个大热门"中拔得头筹①。其实，这种情况已普遍存在于我国当前的电视体育及其传播之中。体育电视因为要靠为广大观众提供足够具有吸引力的服务来生存与发展。因此，体育赛事级别的高低、体育明星的多寡、转播权费用的多少，就反映着即将要观看的比赛是否"稀缺"，以及决定着人们是否准备观看的参考标准。同时，商业电视经济学总是以提供所谓"新"材料为前提的，尽管更多时候电视体育文本的形式和内容总是似曾相识并无太多创意，但这能够不断地刺激大众的注意力，同时也能凭借新颖和奇特的元素平衡受众的心理预期。如此，电视体育作为体育产业的文化延伸，就变成了消费时代娱乐产业的又一个组成部分，表面上服务于体育以及体育爱好者，实质上代表并引领着社会的消费文化时尚。

当然，我国电视体育的这种操作理念是基于传媒对自身的经营者和经济主体地位的明确认知，而采取的一种自动应急行为。然而，对于任何一家电视传媒来讲，新闻追求和市场诉求是根本不能混同对待的两种传媒运作理念。在西方新闻史上，这两种不同的传媒运作理念曾经导致了上文所提及不同的两种对待受众的态度。其中，在新闻追求的传媒理念指导下，传媒重视自身作为社会子系统所应尽的责任和功能，于是它在甄别新闻价值的过程中考虑受众趣味的同时，更为偏重具有社会责任意识，强调从公众利益出发的精英立场。因此，传媒将受众界定为充分享有信息知情权的"公民"，而且公众有利用媒体行使包

---

① 大卫·罗.体育、文化与媒介：不羁的三位一体 [M].吕鹏，译.北京：清华大学出版社，2013：36.

括知情权、表达权等在内的民主权利。从而规约自身必须满足受众应有的信息需要。在我国，体育电视是国有的，因此它就必须是具有公共性的传播载体。所以，我国电视体育传播本质上就应该为社会公共利益服务，为国家体育事业服务，并对社会大众的正当体育文化趣味与审美追求负责。而事实上，我国电视体育实践的现实距离这一要求还很遥远。这就需要对我国电视体育的文化运作理念加以调整和优化，使之在追求经济利益的同时，必须兼顾其文化品位及其显在和潜在的社会责任。

事实上，任何一个电视频道，在其创办之初抑或中途改弦易辙之时，其实都会面临着总体策划与传播定位的问题与抉择，从频道理念的拍板、编辑方针的确定，再到节目和栏目的具体设计，以及对其中各部分内容的取舍与安排、对传播者的甄选，甚至于对观众身份的考虑等，都将影响该频道的性质、水平、形象和风格，从而最终决定到它的文化传播功能。当然，就电视体育频道而言，情况亦如此。比如，为了应对竞争激烈的市场压力以及CCTV5的强势地位，上海文广新闻传媒集团（SMG）对其体育资源进行整合，集团下属的上海电视台体育部、上海东方电视台体育部、原上海有线电视台体育频道的人力资源、节目资源、广告资源和对外合作资源被整合为一个新的电视体育频道，并以"全新的团队、更高的起点、更新的目标"为宗旨，拉开了上海电视传媒业向专业化进军的序幕。2002年7月，SMG旗下人民广播电台和东方广播电台的体育节目及其制作人员一并划入体育频道成立了体育频道广播部，实现了广播电视体育资源共享、优势互补的新格局。目前无论从规模还是效果来看，SMG所属体育频道的实力在中国体育电视界无疑已仅次于CCTV5。然而，尽管它的改革距离真正的成功还很遥远，但这一改革的思路充分说明体育电视传媒在面向什么受众群体，传播什么内容，如何进行传播等方面，关于传媒传播方向的宏观策划是永远处于第一位的，并且传播的方向定位与总体设计，直接影响到电视体育的文化功能发挥。

因此，当我们掌握了消费主义文化正在促使体育电视角色从信息的传播者、环境的监测者，客观上转变成为市场意义上的推销者这一事实，以及这一推销者的行为就是前文所提到的"二次售卖"后。我们完全可以打破体育电视消费主义的运作理念，来重建未来电视体育的运作新理念。事实上，如果我们不是将单独一个相连的"二次售卖"孤立开来分析，而是在一个较长时间的周期里用宏观的视角来观照连续的"二次售卖"时，所谓的"一次售卖是二次售卖的基础，而二次售卖又反过来规约一次售卖，使一次售卖更好地服务于二次售卖"。或者换一句话说就是，"让传媒的内容组织服从于传媒的利润追求"就有点显得滑稽可笑了。

因为在一个延续的时间周期里所有相连的一次售卖和二次售卖都将互为基础，并相互服务、彼此规约——第一个一次售卖是第一个二次售卖的基础，但第一个二次售卖分明就是第二个一次售卖的基础等依此类推。当然这里的基础完全可以换为服务抑或制约等。所以，发现这一道理很重要，因为这样我们就可以对电视体育生产加以控制，并使之向有利于社会文化责任担负的方向发展。从而确定以节目主体为传媒的基本定位，按照电视体育的规律来组织生产，内容生产优先，兼顾经济利益目标。当然，在这一频道资源不再稀缺而受众资源已明确细分的当下，再也不要奢望仅凭借一个栏目或节目就能决胜江湖，因此不同的体育电视频道在社会责任担负的理念下，理应追寻不同的文化定位和文化追求，并努力做到在不一样的文化品位上释放出最大影响力。

（二）制定文化保障制度，建立内外预警系统

当然，在这样一个消费主义文化无处不在的时代，又适逢人们的价值观念急剧转型的时期，要求坚持文化的品位、坚守精神的家园、担负社会的责任，确实是对每一位体育电视人的严峻考验。但上面的分析告诉我们，电视体育准确的文化定位和具有前瞻性的文化角色扮演事实上与其现实的经济利益，从根本上讲是不相抵牾的。在两者的关系问题上，长此以往，如果处理得当，品味就是金钱，品牌就是财富。相反，如果为了一时的利益满足，而忽视或不顾社会效益，恰如当下经济发展与环境保护的关系及其所导致的灾难性结果一样，到那时，在关系愈演愈烈的情势下，必然会彻底破坏电视体育的文化生态，并会生造出泛滥成灾的文化垃圾。因此，电视体育社会责任的担负和文化品位的提高，不仅仅是一个口号，更不应理解成"唱高调"，它是对电视体育传播"正本清源"的前提和基石。不过，确定好了新的传播理念，不等于就真正"毕其功于一役"，要想让电视体育载担负社会责任的道路上实现均衡、协调和可持续发展，没有制度创新来加以规范、制约与保证，根本不可能使好的理念落到实处。

不过，这里所说的制度，仅指体育电视的内部管理制度。其旨在探讨体育电视组织内部的制度安排是如何优先立足于围绕电视体育传播的文化效果及其社会责任目标而设计，进而联动兼顾到一个长期的市场经营效果的。换句话说，即在优先确保有社会责任担当的电视体育节目的生产与传播的同时，联动考虑如何能够最终优化到它的消费目标的一种制度安排。进言之，一档缺少社会责任担当的电视体育节目，即使很能赚钱，也要摒弃，至少是要在摒弃这一经营思路下，以期"拨乱反正"。因此，我们说，社会责任是底线，对于电视体育来

说，任何时候都是社会责任第一，经济效益第二。

然而，当前在"推销者"角色意识非常明显的市场化体育电视领域，对经济利润的追求正在成为电视人的主要乃至根本的奋斗目标。由于早前政治逻辑主导的失势，在市场经济大潮的推动与裹挟下，失去"正确理论"指导下的中国体育电视，其运作机制也就逐渐让位于商业逻辑主导。不过，这一运作机制的转变给体育电视带来的最根本的变化就是导致内部制度安排上的变化，这又集中体现在其经营部门地位的上升以及电视体育评估体系的转变上。事实上，目前经营部门重要性的提高已成为绝大多数市场化传媒的明规则。以报纸为例，目前国际上通行的经营与采编人员比例大致为 7∶3，而在报纸经营管理体制改革以前，我国报纸的经营与采编人员比例正好相反，甚至达到了 2∶8。其时，我国各大报社有的实行总编辑负责制，有的实行社长负责制，因此社长和总编辑之间的关系长期未能得到很好协调。1996 年，在市场竞争中暂时受阻的《羊城晚报》为了扭转乾坤，率先进行了经营管理体制的改革，实行社长领导下的总编辑和总经理负责制，即社长总揽全局，总编辑负责采编，总经理负责经营。应该说，这种改革在一定意义上调动了积极性能够、解放了生产力，针对社会转型期传媒的生存与发展，有一定的积极意义，如果处理得好，无疑将既有助于传媒的社会责任担负又有利于经济效益的提高。事实上，也正是因为这一点，如今这种"三驾马车""两个轮子"的管理模式已经成为流行于我国报社的通用模式。

但是，尽管这一机制规定经营部门与编辑部门要严格分开，且经营部门不得对编辑业务加以干涉。然而，在市场竞争的压力下，软性的文化规定，难以抵挡硬性经营效率的要求。于是，在投机心理的驱使下，市场化传媒不得不打通内部各部分之间的条块区隔。其理由就是，与其让传媒的采编、发行和广告的相互脱节、各自为政造成了"内耗"，不如按照"整体运营"规律运转，以实现"内容、发行、广告之间的互动"，"围绕统一的利益驱动运转三个环节"。因此，传媒引进并采用了整合营销的理论，尽力拆除编辑与广告二部门之间的壁垒，使整个传媒上下"注重以客户为中心的跨职能的协调活动"。正由于此，经营部门实际上已经拥有了干涉编辑业务的理由和勇气，并从根本上影响到传媒客观公正的内容选择、生产及其传播的新闻原则要求。比如，作为中国国家媒体代表的中央电视台，2004 年也成立了经营管理委员会，召开了建台以来的第一个经营工作会议，提出要实现"宣传型向经营型，单纯依赖广告向多元化经营，计划主导型向市场主导型经营"等方面的转变，并提出"巩固广告经营优势，拓展新闻经济增长点，构建跨媒体跨行业的产业链，发展高新媒体经营产业，加强资本市场运营"的五项经营战略①。事实上，央视这所有措施的实施其实都是为了那赢利目标的实现，由此可见一斑。因此，我们必须对这种传媒经营影响并制约文化生产的行为加以警惕。

那么，在电视体育实际工作运行中如何确保"社会责任第一，经济效益第二"这一制度能够贯彻到底不走形呢？具体来说，体育电视组织还应该建立良好、科学的电视体育评估体系，用来扭转当前大多数电视体育节目、栏目以及报道乃至记者个人业绩考核评价，还主要是以量而不是以质为标准的窠臼。这一窠臼反映在电视体育传播上，就是直接以收视率为万能"指挥棒"。如果体育电视建立以社会责任和文化品位作为主体的节目评价体系标准，实施栏目（节目）文化责任品味的末位警告乃至淘汰制，等等，就会促使体育电视组织千方百计在增加节目文化质量的基础上，在进一步满足受众的需求与兴趣。促使他们无论在电视体育直播、体育新闻报道、体育娱乐节目等，都不再仅仅是以提高节目的"可售卖性"作为内容选择和节目生产与传播的主要目的，而是要尽可能地考虑它当前和未来的社会效果。在具体的生产管理措施上，为了社会责任和文化品格的担当，各体育电视还应该建立一系列的预警系统以保证这一目标的最终实现。

当然，预警系统有内外之别，但其目的是一致的。一方面，须确保商业促销和消费主义文化的使用需要明确限制在合理的数量和范围之内；另一方面，明确规定体育电视必须履行的文化义务——客观公正准确，反映多元文化，传统文化自觉，服务于广大受众的健康、高雅文化品位。同时，应该建立一个民主的体育及文化选择机制，不再由少数人关起门来决定什么是应该保留和保护的，什么是应该禁止和淘汰的。电视体育的主要内容、形式以及再现方式等，应该有包括专家、学者和公众等在内的有代表性的社会群体参与公开讨论、反复甄别后决定，并允许在发现弊端后及时研究改正。只有自由的精神、民主的机制才能造就有建设性和创造性文化蓬勃生长的健康文化土壤。此外，考虑到在全球市场经济条件下，中国电视体育的内容生产及其传播作为一种文化产业应该是市场化的、充分竞争的。各电视体育播出机构可以充分挖掘电视体育市场的各种潜在可能性，实施委托制、代理制，并按照市场经济的规律办事，建立起在价值交换基础上的自由流通的市场机制。同时，电视体育市场还应该置于法律监管之下，以不得违法和必须遵守职业道德、接受社会监督为条件，进

---

① 徐小立．传媒消费文化景观［M］．北京：人民出版社，2010：160．

行开放的、充分的竞争。

（三）走出消费性误区，开拓生产新流程

当前中国电视体育的节目策划及其市场运营面临诸多问题，最为核心的问题是节目内容原创性及其社会责任与文化品质的普遍缺失，而且在体育电视的运作与管理层面，无论是栏目内容的选择与制作、节目品牌的攻坚与营销，还是节目形态的开发与整合以及产业链的构建与市场化拓展等，诸多方面的战略与实践与世界同行还存在相当大的距离。因此，如何在全球化发展的消费时代充分发挥电视体育的文化价值，主动担负其社会责任，同时发展其潜在与显在的商业价值就成了电视体育研究的题中应有之事。然而，电视体育文本，作为人类精神活动的科技文化产品，承担着人类优秀体育文化的传播、传承，以及对人们精神生活的薰导与培养。尽管我们没必要对之施以"崇拜"，同时也不应该简单地物化它们，但其必须经由人类主体根据可接受与规定好的过程与价值观来进行制作。

由于作品的敞开存在与意义的交流都是因观众而展现的，由此接受美学确立了观众的中心地位。而没有进入受众审视的电视节目，还不过是所谓的"第一文本"而已，其意义不会主动跃出屏幕。因此，具体到电视体育，接受美学对电视体育节目制作提出了一个重要指导性方向就是以受众为中心，受众的需求是第一位的。这实际上就道出了体育电视制作的受众定位问题。然而，任何艺术都有其内在的规律性，也都有自身对本系统内艺术优劣评判的标准，此乃一门艺术得以独立存在的关键所在，当然，也是其需要自律性的本质要求。电视体育同样也需要自己判断作品优劣的标尺。但电视体育作为一种以大众为接受主体的视听兼备的文化样式，其性质决定了它不能像传统艺术那样过分囿于自身的所谓艺术自律性而一点也不顾及观者。那么，既然是面对大众的文化样式，则其就需要大众在一定程度上参与到电视体育文化的建构中来。因此，假如说在某种程度上，传统艺术以其自律性对大众"敬而远之"，那么，电视体育就需要在大众与自身的自律性之间找寻到一个恰当的结合点，以便能在这一点上使二者"相见甚欢、水乳交融"。如此说来，电视体育的自律实际上是一种相对的自律，而不是那种绝对意义上的自律。因为，电视体育的意义生产与接受都离不开受众的能动作用，只有当体育节目与受众的期待阈限达到彼此融合之时，真正地理解才得以开始。

当然，如果将受众作为电视体育节目好坏的唯一评判标尺，武断地将受众本位以及反映这一本位的一个表征——收视率作为唯一的追求时，我们又将会陷入另一个不良极端——媚俗，以至滑向庸俗。这绝非危言耸听。事实上，消费时代的传媒在逐利动机的驱使下，其受众定位已然发生变化，以至于现在越来越多的传媒倾向于选择那些能吸引消费能力强的受众群的新闻信息，以此讨好广告商和赞助商。而在这广告赢利模式主导下，最好的受众自然就是那些消费能力最强的人。其实，这就是消费主义化的体育电视变得愈来愈趋利的真实原因。其实，在"受众"这一概念的背后隐藏的是许许多多个性各异的复杂个体。在很多时候，受众这一"藏污纳垢之所"所表现出来的审美指向就是对本能、无意识、非理性的极度张扬与宣泄，对暴力、色情等低级趣味赤裸裸的宣扬。如果所有的目的都指向受众本位，对受众的上述审美指向就必然是迎合①。因此，电视体育的自律并不意味着就是要摒弃大众及其文化趣味而片面追求"和寡"之"高曲"。同时，电视体育的受众本位也并不就是指须一切按照受众的原始口味来炮制节目，对他们亦步亦趋，毫无主见地一味盲从。实际上，所谓的受众本位应该理解为是一种在观念上应该对受众重要性给予重视和强调，并且是在电视体育文化自律基础上对受众的充分尊重。它高度重视受众在电视体育意义生产与接受过程里的中心地位，也充分尊重受众的审美取向。因此，电视体育的自律与受众本位之间并非简单而绝对的二元对立关系，二者之间通融空间必然存在。当然，尊重并满足受众及其审美取向，并不意味着电视体育可以放弃自己的文化责任与社会良知，对提高受众文化品格与审美品位的使命说不。这样，按照阐释学和接受美学相关理论，长此以往，观众的文化视野和期待阈限会在与电视体育节目文本的接触与历练中得到不断的延展，并逐渐地自我建立起新的审美标准。因此，考虑到受众的审美品位与电视体育节目的审美格调之间相互依存，彼此渗透、共生共荣的关系体征，电视体育节目完全可以不必为了经济利益取向而屈尊迎合一小撮"乌合之众"的某些低级品位诉求，而应在良性循环之中实现"桃李不言下自成蹊"的神话般现实美景。而这与当前电视体育运作的"社会责任第一，经济效益第二"的制度要求高度吻合。

　　上面的分析告诉我们，真正的服务受众和为了捕获眼球而取悦受众，两者对电视体育的内容取舍与形式选择，执行的将是不同的价值标准。如果单纯从"可消费性"的角度去针对按既定文化要求节目生产时，体育电视人往往就会主观设想哪些是最能吸引受众眼球，并能挑动他们好奇心，或能刺激他们隐秘的感官神经——刺激性的、强烈冲突的、奇异的、另类的、反常的，甚至变态的、

---

① 欧阳宏生．电视文化学［M］．成都：四川大学出版社，2006：374.

色情的、暴力的等内容或细节，只要不超过法律和宣传纪律的边界，总会得到优先聚焦（而不是那些对于受众来说所最应该知道的东西）。那些真正服务受众的电视体育强调的是给其受众提供他们应该知道的而不仅仅是受众想知道的，此时的传者在内容取舍和形式选择时对传播内容的思想内涵和道德趣味、审美水准等深层标准会有更严格的要求，当然也就会更多地从社会责任、公益承担和文化传承当方面去考虑问题。因此，我们认为，在电视体育的生产中，应该尽量使电视体育经营与管理的商业流程与其文化生产流程相结合，在充分尊重"社会责任第一，经济效益第二"这一生产与传播理念下，适度地从"可消费性"要求着手对选择、收集到的报道材料加以处理，并审慎地进行商业性宣传和推销商品、服务或企业等。如此，才能让电视体育真正走出消费性误区。

四、中国新型电视体育传媒人才战略

电视体育人作为体育信息的传递者和生产者，是一群合理的并在社会上占据着有利且有特权地位的专业人士。尽管有人刻薄地类比说电视体育传媒人在一个相对封闭的"玩儿国"里工作，但若要做到职业的专业化，他们就必须要将所从事职业的一般规律与其职业实践和伦理指向的客体所施加的那些特殊要求相结合。事实上，电视体育传媒人占据了文化生产和流通的有利位置，拥有足以影响他人体育认知、情感、审美乃至行为的文化符号影响力。他们的活动场所是公共领域，通过他们所掌握的电视传媒以及体育形象的广泛传播，无形中构成了一种新的文化权力。他们不仅消费着体育的形象，而且还能够再生产出体育的新形象，并以此来影响公众的体育定义。其影响一方面体现在，他们作为文化角色对标准化的成功人形象以及风格化的日常生活的设计、规划和提倡，同时，他们与市场机制的某些经济角色相结盟导致了电视体育及其衍生的视觉消费过程的组织化和提前规划性；另一方面，电视体育人通过自己所把持操纵的体育象征符号的生产与传播，将体育运动理想化和标准化的同时，也造就了认可并崇拜这一奇观化体育叙事以及"审美化"生活方式的消费者。一句话，他们不但是电视体育产品的生产者和传播者，而且是这些产品所代表的生活方式乃至意识形态的塑造者。

恰如美国社会学家丹·希利亚德（Dan Hilliard）认为的那样，媒体再现体育的方式已经融入了人们关于体育的观点中：他们解释体育是什么、体育应该是什么、在生活中应该怎样容纳体育和当参加体育运动时应怎样评价自己①。然而，体育传播是大众传播的一个操作过程——通过大众传媒将信息和娱乐传递给受众。里面的关键人群是体育新闻工作人员、体育组织、媒体产业以及体育受众。传媒会决定报道什么样的赛事、提供什么样的信息，所以在传播过程中以及体育组织的表现中拥有非常强大的权力②。然而，在任何社会形态，在任何的社会生产劳动中，人无疑都是最基本、最核心的因素。这样，从事生产劳动的人的素质必然直接决定着其工作的业绩。电视传播也不能另外。因此，为了适应当前时代的需要，为了提高电视体育传播的质量，也为了能够最大满足电视体育观众的多元要求以及他们依然提高了的文化水平和鉴赏能力，广大电视体育人就必须加快提高自己的专业素养和思想理论素养，这不仅是我国电视体育传播事业的要求，也是时代、社会和大众的要求。但电视体育传播者的专业素养和思想理论素养涉及很多方面，具体包括传媒专业技能、体育专业知识、政治素养、理论修养、思想水平等，不一而足。这里限于篇幅我们根据目前我国电视体育传播业的具体特点来简略地探讨一下消费时代下的我国新型电视体育传媒人才的培养战略。

（一）重视基本素质培养

电视体育传播是一项富有创造性的工作，其需要传播工作者必须具有扎实的专业基础和很强的业务能力。没有高素质的记者，就难有高质量的新闻。新闻的竞争，说到底是人才的竞争。体育新闻报道的整体水平直接反映了其采编队伍的素质，而一个优秀体育采编团队的形成需要时间的磨炼和考验，更需要在对他们的长期培养上下足功夫。事实上，现在的体育记者和编辑大多是学校毕业不久的年轻人居多，他们在社会阅历、政治思想、法律意识、文化知识、体育素养、业务能力等方面都有待锻炼、强化、养成和巩固。所以，媒体首先要培养知识丰富、视野开阔、品德优良、技能精湛、"嚼得菜根"的职业体育新闻工作者，使他们具备真实为本的科学精神，真理至上的人文精神，和谐为美的自由精神以及吃苦耐劳的奋斗精神。

具体说来，电视体育传播者的基础素质应包括三层。第一层是核心层，即大众传播专业知识和体育及其文化知识。它们是从事电视体育传播所必需的两

---

① 杰·科克利. 体育社会学：议题与争议［M］. 管兵，译. 北京：清华大学出版社，2003：482.

② 威廉·尼克斯，帕特里克·莫纳汉. 体育媒体关系营销［M］. 易剑东，等译. 沈阳：辽宁科学技术出版社，2005：18.

门专业知识，系统性、理论性较强，两者相互渗透，彼此为用，不可分离。其中体育知识要求传播主体真正懂得体育运动的奥妙，而不仅仅是充当看客，而大众传播知识要求知晓传媒运作的理念，并具有较强的新闻敏感，和对新闻事业的敬业精神。第二层即中间层，是除处于核心层的专业知识外和电视体育传播最为相关的知识系统。其体现了电视体育传播工作性质的复杂性和社会性，是传播主体根据工作的需要而需要积累的知识范畴。其包括：政治学、经济学、社会学、人文学等不一而足。第三层即最外层，是那些最为常用的知识储备。相较之下，它们无须所谓的系统性、理论性，只是体现了传播主体的知识面及其兴趣，它们和社会互通，直接来源于社会，也可直接作用于社会，与现实社会结合得最为紧密（如图 4 所示）。

图4

不过，考虑到人的素质是其生理特点、心理活动、劳动实践、知识积累、智能训练等条件的作用与表现。而作为职业电视体育传媒人的素质，是做好电视体育传播工作必须具备的各种生理、心理、知识和能力等多重条件的综合表现，带有明确的职业性特点。同时，社会时代、体育事业、传媒生态等都会对传播者提出新的要求。因此，图4中这些知识对于传播者来说不是固定不变的，它们将伴随着社会文化、时代特点、传播者的兴趣、工作的性质和环境的需要等变迁等而作相应的调整。概而言之，以上各个知识点既具有相对的稳定性，又具有变动不居的特点。当然，这正体现了社会、电视、体育和人的复杂性特点。总之，知识广博、扎实，将有助于电视体育传播者在具体工作中开阔视野、得心应手地将体育传播做到既通俗易懂又催人思考，既引人入胜又不失人性关怀。

（二）重视社会责任感培养

电视体育承担着沟通体育信息、传播体育知识和发扬体育精神等多重使命。而电视体育传播者可以通过建立良好的文化、舆论氛围，在引导大众接受和领会体育运动所蕴含的美学魅力、人文精神和社会关怀之中整合社会。所以，处身消费时代，电视传媒要不断培养和巩固电视体育传播人的政治意识、大局意识、责任意识，弘扬职业精神，恪守职业道德，始终把社会效益作为最高准则，不媚俗、淡名利，鄙夷不良倾向，守住圣洁的"精神家园"，更好地承担起国家和人民所赋予的神圣使命和社会责任。以高度的社会责任感和饱满的事业热情，真实反映我国体育界多方位的成就和进展，客观报道国内外重要体育事件，以及与人民群众生活密切相关的各种体育文化信息，关心特殊体育受众群体的体育文化需求，同时，对诸多社会体育热点、难点问题追踪报道，对违法乱纪、贪污腐败等不良现象进行监督和抨击。既要有"全球化"的考量，也需有本土化的关照；既要考虑一定程度上体现传播效果的收视率，也要考虑社会责任担当的人类永恒话题。新型电视体育人应该自觉地坚决抵制将电视体育仅仅制作成是欲望和资本的隐喻的那种危险做法。

（三）重视新受众观念培养

受众意识，即一切为了受众、以受众为核心的意识，其首先是由媒体的商品属性决定的。在当前传媒发展多元化、分众化，以及受众选择多样化的格局中，体育传媒无法回避市场压力，必须直面媒体间为了生存和发展而进行的激烈竞争，去争取最大的受众群体。尤其是，随着大众传播时代"一对多"的"受众意识"的逐渐被边缘化，取而代之的是所谓全媒体时代的"多对多"的"用户中心意识"。全媒体电视人要有换位思考的习惯，时刻不忘报道效果的反馈，并注意在后期总结和后续再报道中，以用户的需求来评判报道的成效。其次，要尊重用户的信息互动生产。这就要有"一切为了用户，一切依靠用户"的全新受众观念。只有真正替受众着想，并尽最大可能服务于受众的媒体，才能吸引和留住"眼球"，在竞争中保持优势。同时，电视传媒作为"社会公器"，在享受新闻自由的同时，应承担起相应的社会责任，用"三个代表"重要思想来武装头脑，用马克思主义新闻观指导新闻实践，注重受众的实际利益，真正以受众为中心，提供全面、平衡的体育信息，以"三贴"（贴近实际、贴近生活、贴近群众）的体育报道，实现"以科学的理论武装人，以正确的舆论引导人，以高尚的精神塑造人，以优秀的作品鼓舞人"的崇高目标。

（四）建设学习型电视体育传播组织

知识就是力量。但知识经济迅速崛起的消费时代，对电视体育传播提出了严峻挑战，现代人工作价值取向的转变，终身教育、可持续发展战略等当代社会主流理念对组织群体的积极渗透，为组织学习提供理论上支持。在大众传播领域，学习型的人能够不断积累新知识，其视野必然更宽，思维肯定更活。因此，如果哪家电视体育传播人会学习的人越多，无疑将更能够赢得受众、赢得市场。但是，未来电视体育传播人才的培养，不可能全部依赖高等院校的培养，再说高校的培养某种程度上讲有一种滞后性。因此，电视组织应该着力培养这种人才，并尽快整合学习型的人，以建设学习型电视体育传播组织。那么什么样的组织才是学习型电视体育传播组织呢？

其实，所谓学习型电视体育传播组织，就是一个能熟练地获取、制作和传递体育信息的组织团体，他们善于相互激发学习，来完善和修正自身的知识和行为，以适应电视体育传播新的环境和挑战。

1. 学习型电视体育传播组织的方法——发现、纠错和成长

由于个体思维的缺陷，或没能找到解决问题的关键要点等，致使组织学习普遍存在"学习智障"。如何去除其中的限制性因素障碍，获得组织肌体的修复，找到合适的成长环路？这需要个体与个体之间不断去学习、探索，以达到彼此互动的目的。一切心理和机构层面的考量都不是学习的关键元素，修复和行动力才是主导。所以，解决问题的方法只能在动态的过程里去寻找，而只有找到了解决问题的方法之后个体和组织才会最后成长。因此，发现、纠错和成长是一个不断循环的过程，当然这也是学习的自然动力。

2. 学习型电视体育传播组织的核心——在电视体育组织内部建立"组织思维能力"

一般来说，组织和培养组织思维，首先要求在任何组织管理中充分考虑四

个关系：第一，上下关系——明确并架构内各层级相关联的关系和边界；第二，左右关系——平级相关联部门之间的业务联系与交叉；第三，前后关系——从具体项目起点到落点的整体步骤与流程；第四，内外关系——对产品等价值链的管理。据此，我们的电视体育传播组织必须改变以往的行为方式，充分明确成员个人在组织中处于一个什么样的角色，考虑如何去系统地解决问题，以及怎样去分步地予以实施计划，并在一定的时空角度下，找到事物内在的逻辑和前提，以期找准层级管理的确切边界，再放在组织思维模式下去思考解决问题的最佳办法与手段。这就要求电视体育组织中成员必须在工作中学习、在学习中工作，让学习成为工作的新形式。同时不忘通过培训的形式，统一组织理念，提升成员的业务能力，让他们学会建立组织自我的完善路线图，并建立自我学习机制，对自己的电视体育传播与制作的相关工作实践进行完善、创新、调整和规范。如此就能更好地进行组织治理，在组织内部建立"组织思维能力"，使组织成长进入良性循环。

3. 电视体育学习型组织的精神——学习、思考和创新

电视体育传播组织中的学习是团体学习，即全员学习，思考是系统、非线性的思考，创新是观念、制度、方法及管理等多方面的更新。只有通过培养弥漫于整个组织的学习、思考和创新氛围，才能充分发挥和挖掘员工的创造性思维能力，建立起一种有机的、高柔性度的、扁平的、符合人性的、能持续发展的，同时强调把学习和思考转化为创造力的学习型组织。如此，电视体育组织内部就会具有持续学习的能力，并形成互相理解、互相学习、整体互动思考、协调合作的群体，才能产生巨大的、持久的创造力，从而最终能够成就体育传播效果上具有高于个人绩效总和的综合绩效。

4. 学习型电视体育传播组织的关键特征——系统思考

所谓"系统思考"，即在分析问题的过程中，着眼于整体而不是纠缠于片面。其要求组织系统中的每一个成员都要能透过现象看出隐藏于产生问题背后的结构，而不是简单地停留于就事论事层面；要能找到可从根本上解决问题的"根本解"而不是仅能够暂时缓解问题的那种"症状解"。因此，系统思考可以说是一种看清和把脉系统复杂而微妙的结构的艺术。以熟习系统思考作为组织的管理修炼，其精义在于当其他人只能看到零零碎碎的事件而被迫不断做出被动反应之际，自己却能够看清事情的全貌，并能熟练地掌握其中的关键。同理，电视体育传播组织必须站在系统的角度来认识系统本身，及其系统的环境，才能真正避免陷入系统动力不足的旋涡里去，而最终实现组织系统每一个成员其

传播能力的自我超越。

5. 学习型电视体育传播组织的基础——团队学习

团队学习依靠的是深度汇谈，而不是围绕组织现状、前景的辩论。辩论是每个人都试图用自己的观点说服别人同意的过程。而深度汇谈是一个团队的所有成员，摊出心中的假设，而进入真正一起思考的能力。深度汇谈的目的是一起思考，得出比个人思考更正确、更合理的结论。因此，学习型电视体育传播组织是整体与个人不断互动，不断优化的组织。这样的组织将能不断集中全体组织成员的智慧，并能发挥出 $1 + 1 > 2$ 的效应，具有无穷的战斗力。如果我们建立了学习型电视体育传播组织，则针对前文电视体育传播中出现的诸多问题终将能够得到很好的解决。

综上，只有不断推动电视体育劳动力组成的多样化、知识结构的更新化和职业意识形态的进步化，电视体育传播者才能够打破其既有套路并超越单纯的体育或者电视，达到个人追求、人类本质、政治取向和社会和谐发展等更为普遍和深入的文化领域，以更具批判性和探询性的方法来报道体育，而不是成为反被体育、电视，抑或二者的复合体所"消费"的工具。

结　语

　　无疑，无数的实例与观点都可以证明：尽管电视体育在我们的日常生活中，既算不上必不可少的产品也不是十分有用的商品，但吊诡的是其常常得到人们广泛和持久的推崇，甚至在某些时候已然成就了一个个收视仪式神话。之所以如此，确是因为相较于以往任何社会形态，电视体育所处的这一消费时代，是所有商品都已变得更易大批量和标准化生产的经济环境之中。其价值增长以及与之相伴的资本积累，其实并非来自《资本论》中所谓的"使用价值"，即可触可用的对象的自然物质实用性，而是恰恰来自商品的非物质性象征符号价值。换句话说，电视体育的价值来自赛事组织等级（隐藏着文化霸权）、体育明星、镜头指向、编码技巧、制作艺术等，以及可以将那些置身于复杂经济大系统中的交互依赖的不同经济步骤串联起来的理念与能力。

　　进言之，从社会学、文化学和人类学的视角来看，电视体育已然不只是一种简单运动竞技与娱乐文化呈现，它更是一种可以阅读、欣赏与利用的表征"文本"。它向人们提供了一个独特视角，去观看消费社会的幻想、欲望以及时尚潮流等，同时，电视体育隐含在体育文化再生产的过程中，包含了物质性、意识、行动和思想的相互作用。它还成为迈向现代化的全球向导，隐喻其所代表的生活方式中的丰富现代性。因此，电视体育作为联结人类创造性的社会文化活动，作为社会文化形式的一部分，无可避免地会与当下人们社会心理以及整体社会结构发生诸多关联。

　　可以说，今天的电视体育生产就是一门工业，因为其制作所必须依赖的高技术、高成本以及群体化多专业人士通力协作的局面，决定了它不能不具有工业的某些属性，同时它的生存和发展也必须建立在资金能够回收并有盈余的基础之上。当然，因为要达到这一目的，决定了它不能无视观众的偏好于与眼神，而仅仅作为单纯体育的信息记录平台与传播通道，它就必须戴着商业的镣铐而起舞。事实上，与其他传媒文化类型一样，电视体育需要吸引受众，更需要大量的人力、物力与智力的投入。因此，从本质上看，电视体育就是一种具有商品属性和潜在市场价值的商品，当然，准确地说它是一种视觉消费商品，靠形象而立足。

消费时代的电视体育可以说是国际化程度最高的视觉形式，也是全球化力量所塑造的最为成功的全球性流行文化先锋。在美国、俄罗斯、韩国、中国等各个国家里，都同样吸引了全国性关注的效果。例如，奥运会、足球世界杯赛、"英超"足球联赛、"意甲"足球联赛、"西甲"足球联赛和 NBA、F1 等，不一而足，现都在大众传媒尤其是电视的助力下成为全球流行文化成功实践的典型案例——信息轰炸、娱乐驱动、话题营造、偶像叙事、戏剧增效、狂欢拟仿等，成了电视体育变动不居的跨文化生产与传播的全球共用范式。如今，这一文化先锋正如 M. J. 鲍尔斯所说的"渗透着来自全球的各种模式的碎片状网络"① 一样，已经被全球人所共知、共识、共享，并在世界各国拥有广泛的电视受众及项目爱好者，以至"全球化的电视是推广体育运动的惊人的机器。与以往相比，更多的人只是为了单纯的快乐而跑步或游泳、踢球。多亏了电视，许多人发现了他们可能从不知道的运动：攀岩、射箭或是花样游泳"②。

几多年来，伴随着现代传媒科技的发展，我们的视觉习惯已然养成，大多习惯了电视把体育转变成了一个主要的娱乐形式——卫星技术使得体育赛事的图像和信息同时为数十亿人观看成为现实，而且电视转播（凭借其一直处于领先地位的技术和设备）和广告业（凭借其对于体育迷的影响而赢得潜在的购买者）已经在千百万体育爱好者与区区几千职业运动员之间建立了一种直接的关系③。在这一过程中，运动员成了全球性的娱乐明星。而实力雄厚的大公司通过赞助这些体育媒介事件，巧妙地将它们的商标也同时印在了人们的脑海里，并促成了以产品消费为基础的生活方式④。如今，电视体育节目中所充斥着的关于各种时尚物品的信息，事实上已成为成功人士阶层有品位生活的象征性符

---

① 尼古拉斯·米尔佐夫．视觉文化导论［M］．倪伟，译．南京：江苏人民出版社，2006：30.

② 杰·科克利．体育社会学：议题与争议［M］．管兵，译．北京：清华大学出版社，2003：490.

③ 汉斯·乌尔里希·古姆布莱希特．体育之美：为人类的身体喝彩［M］．丛明才，译．上海：上海人民出版社，2008：84.

④ 杰·科克利．体育社会学：议题与争议［M］．管兵，译．北京：清华大学出版社，2003：18.

号。观众（消费者）通过消费这些商品，不但消费了它们的使用价值，也消费了它们所代表的社会地位、时尚身份和文化品位，并由此而得到一定的心理满足感。这样，观看电视体育节目的观众把自己对白领阶层的向往转移到对时尚物品的消费上，并通过商品及其所附带的象征意义的满足，将自己切实地划入成功人士这一社会阶层之中。因此，观看电视体育节目，对于大多数观众来说，多少就成了进入他们内心向往的高尚社会阶层的一种隐喻通道，是通往身份认同与建构的一种手段，于是电视体育的符号价值、象征意义与交换价值就大大超过了它的使用价值。

随着消费时代的进一步推进，"受众本位"观念迅速崛起，以至于当下受众已不再是昔日那种简单"听话"的客体，而是一个个能动的有选择的信息使用主体，擅长于将偶像置于一个自我投射的想象空间之中。诚如菲斯克所说，大众文化是"为普通民众所拥有、为普通民众所享用、为普通民众所钟爱的文化"①。故而，我们需要满足观众们越来越高的文化品位和观赏要求，观众再也不是当年仅仅满足于因为能够看到体育现场直播就轻易忘乎所以的初级观众了。科技的进步让人们的电视机里都预置了几十个可供选择的频道。因此，要想留住观众，体育电视频道中，高质量的体育比赛如今只是一个必要条件，还更需要有高质量的编码制作这一充分条件。当然，因为技术的局限，电视不可能奢望能在一个长镜头或一个景别里展现体育比赛的所有。不过，我们要实现这一点，除了正常使用音响、回放、字幕、奇观等技术手段以外，发掘和构造戏剧化情境以使观众如临其境，就增添了电视机构可创作空间的张力。如此，在电视体育这个戏剧性舞台上，我们可以运用编辑加工等各种传播手法，刻画出运动员细微的心理变化、教练员不同的指挥风度以及观众群体的喜怒哀乐等。在这里，通过电视搭建的舞台，可以使电视观众摄取到甚至超过现场观众所能摄取到的信息量。体育这出戏剧能否成功，往往取决于电视传播工作者能在恰当的时候展现给观众多少恰到好处的细节描写②。

当然，"发展是硬道理"的价值拼盘标准也必然需要文化领域的阐释与弘扬。因为，现代社会工作节奏的加快，使人们生存的心理压力也日趋沉重，由此生发出需要通过文化产品的消费，去放松紧绷的神经，寻找精神的家园。而

---

① 约翰·菲斯克. 关键概念：传播与文化研究辞典［Z］. 李彬，译. 北京：新华出版社，2004：213.
② 张帆. 电视体育传播的戏剧化情境［J］. 现代传播，1999（3）.

文化的消费既是社会心态的一种反映与折射，也可能是人们的一种乌托邦的表达与向往。所以每一种文化消费选择的背后就成为一种观念的选择、一种情感的释放、一种价值理想的追寻。当然，电视体育的消费文化化也是一把"双刃剑"，在其获取丰厚利润的同时实际上也很容易刺伤观众乃至电视体育本身。因为，沉溺于一种虚幻的、游戏般的世界有时会给人某种心理的快慰，但不要把这种快慰无限地扩大，否则这种虚幻的"非常美"就会变成真实的"非常罪"①。事实上，这一情况已普遍存在于今天电视体育的生产与传播之中。

从电视体育传播及其理念的发展史可以看出，时代和社会的进步是电视体育不断生发与变化的文化驱动力。因此，社会形态的变化以及由此带来的社会科层化、部门分工化、文化奇观化、选择多样化，必然使得当下社会的电视体育受众对发生在身边或遥远的体育事情已不满足于仅仅知道"是什么"，而是亟需想进一步了解"为什么""我们该如何""将怎样"等一系列相关深层信息及其文化关联。可以说，在一个崇尚文化知识并能以包容态度接纳各种新生事物的社会中，每一位成员都自然地会向往获取新知，并以追求自我完善为目标，充分体现出作为一个现代化公民的自主性。如此，整个社会就会对电视体育提出更高的要求，而批评与驱策就必然成为促使体育与电视体育、电视体育与社会、电视体育与受众、受众之间相互完善、彼此促进并不断攀升的原动力。因而，消费时代电视体育中的合理部分一定程度上正是顺应受众以上这些需求的产物，该产物彰显出了电视体育传播理念与时俱进的发展特点。这一观念抑或情状与商业资本的逐利本性有着天然的契合度，从而有可能使得中国电视体育可以在"人文关怀"的大旗下将商业适度推进。不过，从当前电视体育传播的文化表征中，我们已然发现消费时代中国电视体育的商业化路径发展还处在一个很初级的水平，尤其在社会责任、人文品格以及传统文化的自觉上还有很长一段路需走。其实，这也正是我们进行中国电视体育重构的逻辑起点。

事实上，今天的电视体育迫于蓬勃发展的商业化追求、社会责任担负、文化品位要求以及频道容量的有限等诸多压力，新的可资利用的传播形式以及内容一直也在尝试中发展。例如，值得一提的是，近年来发展起来的体育付费电视作为一种新的传播形式，一定程度上确实促进了"专业体育频道"的发展。这些付费体育频道基于受众市场分众化发展的时代要求，其内容有别于通常意

---

① 贾磊磊. 暴力，作为电影的"文化原罪"[M]//汪献平. 暴力电影：表达与意义. 北京：中国传媒大学出版社，2008.

义上那些受制于电视商业逻辑（重度依赖广告、收视率等）需要的电视化体育，而是试图为了满足部分受众相对稳定的收视兴趣需求。不过，当前付费体育电视还常常受制于优质内容的匮乏，相较于那些被誉为收视"绩优股"的直播体育以及一些新兴体育项目的电视节目之外，其他许多的内容还停留在可戏谑为"频道填充物"的阶段，甚至都根本达不到值得让受众应该付费的程度。当然，类似的尝试还有不少，但它们较之于我们欲为之重建的理想状态的电视体育还有很长一段路需走。

所以，未来的中国电视体育空间，既要杜绝那种仅仅是为感兴趣的观众提供体育而不是为好的体育内容提供观众，也要杜绝那种仅仅是为有趣的体育内容提供观众而不是为感兴趣的观众提供体育两种尴尬局面。因为，在一个理想的世界中，竞争的电视环境应该达到完美的平衡——既能逐渐地让不热衷体育的人熟悉新鲜而多样的体育的复杂性，又能熟悉其乐趣；既能利用所有巫术般精良的新技术，又能不失比赛的内在精神①。同时，既能让优秀的体育文化真正担当起社会责任，又能使电视机构因这种有益担当而有所获利。而不要让体育电视抑或所承载的电视体育成为消费主义代理人的空洞的"体育"及其文化空间。

---

① 大卫·罗. 体育、文化与媒介：不羁的三位一体［M］. 吕鹏，译. 北京：清华大学出版社，2013：213.

参考文献

一、中文论著

1. 鲍海波. 媒介文化的阐释与批判 [M]. 北京：中国社会科学出版社, 2009.

2. 蔡骐, 蔡雯. 媒介竞争与媒介文化 [M]. 上海：复旦大学出版社, 2007.

3. 陈勃. 老年人与传媒：互动关系的现状分析及前景预测 [M]. 南昌：江西人民出版社, 2008.

4. 陈刚. 大众文化与当代乌托邦 [M]. 北京：作家出版社, 1996.

5. 陈惠雄. 快乐原则：人类经济行为的分析 [M]. 北京：经济科学出版社, 2003.

6. 陈龙. 传媒文化研究 [M]. 北京：中国人民大学出版社, 2009.

7. 陈龙. 视觉文化传播导论 [M]. 上海：上海三联书店, 2006.

8. 陈默. 媒介文化：互动传播新环境 [M]. 北京：北京师范大学出版社, 2010.

9. 邓星华. 现代体育传播研究 [M]. 北京：人民体育出版社, 2006.

10. 杜小真. 福柯集 [M]. 上海：上海远东出版社, 1998.

11. 端木义万. 美国传媒文化 [M]. 北京：北京大学出版社, 2001.

12. 方晓红. 大众传媒与农村 [M]. 北京：中华书局, 2001.

13. 高字民. 从影像到拟像：图像时代视觉审美范式研究 [M]. 北京：人民出版社, 2008.

14. 郭镇之. 第一媒介：全球化背景下的中国电视 [M]. 北京：清华大学出版社, 2009.

15. 黄旦. 传者图像：新闻专业主义的建构与消解［M］. 上海：复旦大学出版社，2005.

16. 蒋原伦. 媒体文化十二讲［M］. 北京：北京大学出版社，2010.

17. 蒋原伦. 媒体文化与消费时代［M］. 北京：中央编译出版社，2004.

18. 蒋晓丽. 奇观与全景：传媒文化新论［M］. 北京：中国社会科学出版社，2010.

19. 蒋晓丽，石磊. 传媒与文化：文化视角下的传媒研究［M］. 北京：华夏出版社，2008.

20. 康正果. 身体与情欲［M］. 上海：上海文艺出版社，2001.

21. 柯惠新. 媒介与奥运：一个传播效果的实证研究：北京奥申篇［M］. 北京：中国传媒大学出版社，2004.

22. 柯惠新. 媒介与奥运：一个传播效果的实证研究：北京奥运篇［M］. 北京：中国传媒大学出版社，2010.

23. 柯惠新. 媒介与奥运：一个传播效果的实证研究：雅典奥运篇［M］. 北京：中国传媒大学出版社，2006.

24. 孔令顺. 中国电视的文化责任［M］. 北京：中国传媒大学出版社，2010.

25. 李彬. 传播学引论［M］. 增补版. 北京：新华出版社，2003.

26. 李辉. 中国体育的电视化生存［M］. 上海：学林出版社，2007.

27. 林德宏. 人与机器：高科技的本质与人文精神的复兴［M］. 南京：江苏教育出版社，1999.

28. 凌燕. 可见于不可见：90 年代以来中国电视文化研究［M］. 北京：中国传媒大学出版社，2006.

29. 刘斌. 体育新闻学［M］. 北京：中国传媒大学出版社，2010.

30. 刘方喜. 消费社会［M］. 北京：中国社会科学出版社，2011.

31. 刘康. 对话的喧声：巴赫金的文化转型理论［M］. 北京：中国人民大学出版社，1995.

32. 刘骁纯. 从动物快感到人的美感［M］. 济南：山东文艺出版社，1986.

33. 罗钢，顾铮. 视觉文化读本［M］. 桂林：广西师范大学出版社，2003.

34. 罗钢，王中忱. 消费文化读本［M］. 北京：中国社会科学出版社，2003.

35. 明安香. 传媒全球化与中国崛起［M］. 北京：社会科学文献出版

社，2008.

36. 欧阳宏生. 电视文化学 [M]. 成都：四川大学出版社，2006.

37. 潘知常. 美学的边缘：在阐释中理解当代审美观念 [M]. 上海：上海人民出版社，1998.

38. 彭兆荣. 人类学仪式的理论与实践 [M]. 北京：民族出版社，2007.

39. 钱蔚. 政治、市场与电视制度 [M]. 郑州：河南人民出版社，2002.

40. 秦志希. 媒介文化新视点 [M]. 武汉：武汉大学出版社，2010.

41. 饶立华. 电子媒介新闻教程：广播与电视 [M]. 北京：中国人民大学出版社，2000.

42. 任广耀. 体育传播学 [M]. 北京：高等教育出版社，2004.

43. 单波，石义彬. 跨文化传播新论 [M]. 武汉：武汉大学出版社，2005.

44. 邵培仁. 媒介理论前沿 [M]. 杭州：浙江大学出版社，2009.

45. 宋春香. 他者文化语境中的狂欢理论 [M]. 北京：中国社会科学出版社，2009.

46. 谭华. 体育本质论 [M]. 成都：四川科学技术出版社，2008.

47. 翁飚. 体育与电视 [M]. 福州：海潮摄影艺术出版社，2003.

48. 汪献平. 暴力电影：表达与意义 [M]. 北京：中国传媒大学出版社，2008.

49. 王大中. 体育传播：运动、媒介与社会 [M]. 北京：中国传媒大学出版社，2006.

50. 王洪田. 娱乐为王 [M]. 北京：华艺出版社，2005.

51. 王玲宁. 社会学视野下的媒介暴力效果研究 [M]. 北京：学林出版社，2009.

52. 王宁. 消费社会学 [M]. 北京：社会科学文献出版社，2011.

53. 王润生. 西方功利主义论理学 [M]. 北京：中国社会科学出版社，1986.

54. 王祥兴. 大学生网络心理 [M]. 上海：立信会计出版社，2004.

55. 夏莹. 消费社会理论及其方法论导论：基于早期鲍德里亚的一种批判理论建构 [M]. 北京：中国社会科学出版社，2007.

56. 谢有顺. 身体修辞 [M]. 广州：花城出版社，2003.

57. 许正林. 体育传播学 [M]. 上海：上海交通大学出版社，2010.

58. 徐瑞青. 电视文化形态论：兼论消费社会的文化逻辑 [M]. 北京：中

国社会科学出版社，2007.

59. 徐小立. 传媒消费文化景观［M］. 北京：人民出版社，2010.

60. 杨河山，曹茜. 电视文化［M］. 哈尔滨：北方文艺出版社，1992.

61. 易剑东. 大型赛事报道与媒体运行［M］. 杭州：浙江大学出版社，2008.

62. 俞可平. 增量民主与善治：转变中的中国政治［M］. 北京：社会科学文献出版社，2003.

63. 臧海群，张晨阳. 受众学说：多维学术视野的关照与启迪［M］. 上海：复旦大学出版社，2007.

64. 曾军. 观看的文化分析［M］. 山东文艺出版社，2008，5.

65. 张江南. 体育传媒案例分析［M］. 武汉：华中师范大学出版社，2009.

66. 张柠. 想象的衰变：欠发达国家精神现象解析［M］. 福州：福建教育出版社，2008.

67. 张咏华. 媒介分析：传播技术神话的解读［M］. 上海：复旦大学出版社，2002.

68. 张宇丹，吴丽. 可视的文化：影像文化传播论［M］. 昆明：云南大学出版社，2009.

69. 赵智，彭文忠. 解码影像：影像与文化传播［M］. 长沙：湖南人民出版社，2009.

70. 郑崇选. 镜中之舞：当代消费文化语境中的文学叙事［M］. 上海：华东师范大学出版社，2006.

71. 周婷. 奥林匹克的传播学研究［M］. 北京：中国传媒大学出版社，2009.

72. 周宪. 20世纪西方美学［M］. 南京：南京大学出版社，1997.

73. 周宪. 视觉文化的转向［M］. 北京：北京大学出版社，2008.

74. 周宪，刘康. 中国当代传媒文化研究［M］. 北京：北京大学出版社，2011.

75. 朱增朴. 文化传播论［M］. 北京：中国广播电视出版社，1993.

二、中文译著

1. 阿瑟·阿萨·伯杰. 媒介分析技巧［M］. 李德刚，何玉，译. 北京：中国人民大学出版社，2005.

2. 布鲁斯·加里森. 体育新闻报道 [M]. 郝勤, 译. 北京: 华夏出版社, 2002.

3. 丹尼尔·贝尔. 资本主义文化矛盾 [M]. 赵一凡, 译. 北京: 生活·读书·新知三联书店, 2003.

4. 丹尼尔·贝尔. 后工业社会的来临: 对社会预测的一项探索 [M]. 高铦, 等译. 北京: 新华出版社, 1997.

5. 丹尼尔·戴扬和伊莱休·卡茨. 媒介事件: 历史的现场直播 [M]. 麻争旗, 译. 北京: 北京广播学院出版社, 2000.

6. 道格拉斯·凯尔纳. 媒体文化: 介于现代与后现代之间的文化研究、认同性与政治 [M]. 丁宁, 译. 北京: 商务印书馆, 2004.

7. 道格拉斯·凯尔纳. 媒体奇观: 当代美国社会文化透视 [M]. 史安斌, 译. 北京: 清华大学出版社, 2003.

8. 道格拉斯·凯尔纳, 斯蒂文·贝斯特. 后现代理论: 批判性的质疑 [M]. 张志斌, 译. 北京: 中央编译出版社, 2004.

9. 弗雷德里克·詹姆逊. 文化转向 [M]. 胡亚敏, 译. 北京: 中国社会科学出版社, 2000.

10. 弗雷德里克·詹姆逊. 后现代主义与文化理论 [M]. 唐小兵, 译. 西安: 陕西师范大学出版社, 1986.

11. 汉斯·乌尔里希·古姆布莱希特. 体育之美: 为人类的身体喝彩 [M]. 丛明才, 译. 上海: 上海人民出版社, 2008.

12. 哈里斯. 媒介心理学 [M]. 相德宝, 译. 北京: 中国轻工业出版社, 2007.

13. 郝伯特·马尔库塞. 单向度的人: 发达工业社会意识形态研究 [M]. 刘继, 译. 上海: 上海世纪出版集团, 2008.

14. 詹姆斯·罗尔. 媒介传播文化: 一个全球性的途径 [M]. 董洪川, 译. 北京: 商务印书馆, 2005.

15. 杰·科克利. 体育社会学: 议题与争议 [M]. 管兵, 译. 北京: 清华大学出版社, 2003.

16. 简宁斯·布莱恩特, 道尔夫·兹尔曼. 媒介效果: 理论与研究前沿 [M]. 石义彬, 译. 北京: 华夏出版社, 2009.

17. 约翰·费斯克. 理解大众文化 [M]. 宋伟杰, 译. 北京: 中央编译出版社, 2001.

18. 约翰·费斯克. 解读大众文化 [M]. 杨全强, 译. 南京: 南京大学出版社, 2001.

19. 约翰·费斯克. 关键概念: 传播与文化研究辞典 [M]. 李彬, 译. 北京: 新华出版社, 2004.

20. 约翰·肯尼斯·加尔布雷斯. 丰裕社会 [M]. 赵通, 译. 上海: 上海人民出版社, 1965.

34. 拉里·A. 萨默瓦. 跨文化传播 [M]. 闵惠泉, 等译. 北京: 中国人民大学出版社, 2004.

35. 马克·波斯特. 第二媒介时代 [M]. 范静哗, 译. 南京: 南京大学出版社, 2000.

36. 迈克尔·所罗门. 消费者行为: 购买、拥有与存在 [M]. 张硕阳, 等译. 北京: 经济科学出版社, 2003.

37. 尼尔·波兹曼. 娱乐至死 [M]. 张艳, 译. 桂林: 广西师范大学出版社, 2004.

38. 尼古拉斯·米尔佐夫. 视觉文化导论 [M]. 倪伟, 译. 南京: 江苏人民出版社, 2006.

39. 保罗·唐纳顿. 社会如何记忆 [M]. 纳日碧力戈, 译. 上海: 上海人民出版社, 2000.

40. 理查德·桑内特. 新资本主义的文化 [M]. 李继宏, 译. 上海: 上海译文出版社, 2010.

41. 罗伯特·艾伦. 重组话语频道: 电视与当代批评理论 [M]. 牟岭, 译. 北京: 北京大学出版社, 2008.

42. 罗伯特·休斯. 新艺术的震撼 [M]. 刘萍君, 译. 上海: 上海人民美术出版社, 1989.

43. 罗纳德 B. 伍兹. 体育运动中的社会学问题 [M]. 田慧, 译. 北京: 人民体育出版社, 2011.

44. 斯蒂芬·贝斯特, 道格拉斯·凯尔纳. 后现代转向 [M]. 陈刚, 等译. 南京: 南京大学出版社, 2002.

45. 斯蒂芬·李特约翰, 凯伦·福斯. 人类传播理论 [M]. 史安斌, 译. 北京: 清华大学出版社, 2009.

46. 史蒂文·瓦戈. 社会变迁 [M]. 王晓黎, 译. 北京: 北京大学出版社, 2007.

47. 索杰. 第三空间：去往洛杉矶和其他真实和想象地方的旅程［M］. 陆扬，译. 上海：上海教育出版社，2005.

48. 苏·卡利·詹森. 批判的传媒理论：权力媒介社会性别和科技［M］. 曹晋主，译. 上海：复旦大学出版社，2007.

49. 苏珊·桑塔格. 论摄影［M］. 黄灿然，译. 上海：上海译文出版社，2010.

50. 苏珊·泰勒·伊斯特曼. 媒介宣传研究［M］. 张丽华，陈颖，译. 北京：中国传媒大学出版社，2008.

51. 托斯丹·邦德·凡勃伦. 有闲阶级论［M］. 蔡受百，译. 北京：商务印书馆，1997.

52. 沃尔特·李普曼. 公众舆论［M］. 阎克文，江红，译. 上海：上海世纪出版集团，2006.

53. 沃纳·赛佛林，小詹姆斯·坦卡德. 传播理论：起源、方法与应用［M］. 郭镇之，等译. 北京：华夏出版社，1999.

54. 威尔伯·施拉姆，威廉·波特. 传播学概论［M］. 何道宽，译. 北京：中国人民大学出版社，2010.

55. 威廉·尼克斯，帕特里克·莫纳汉. 体育媒体关系营销［M］. 易剑东，等译. 沈阳：辽宁科学技术出版社，2005.

56. 杰梅因·格里尔. 完整的女人［M］. 欧阳显，译. 天津：百花文艺出版社，2002.

57. 西格蒙德·弗洛伊德. 一个幻觉的未来［M］. 杨韶刚，译. 北京：华夏出版社，1999.

58. 理查德·W·庞德. 奥林匹克内幕［M］. 屠国元，译. 长沙：湖南文艺出版社，2006.

59. 安德鲁·古德温，加里·惠利尔. 电视的真相［M］. 魏礼庆，王丽丽，译. 北京：中央编译出版社，2001.

60. 安东尼·吉登斯. 现代性与自我认同［M］. 赵旭东，译. 北京：生活·读书·新知三联书店，1998.

61. 克里斯·希林. 文化、技术与社会中的身体［M］. 李康，译. 北京：北京大学出版社，2011.

62. 大卫·麦克奎恩. 理解电视：电视节目类型的概念与变迁［M］. 苗棣，译. 北京：华夏出版社，2003.

63. 大卫·罗. 体育、文化与媒介：不羁的三位一体［M］. 吕鹏，译. 北京：清华大学出版社，2013.

64. 菲奥纳·鲍伊. 宗教人类学导论［M］. 金泽，译. 北京：中国人民大学出版社，2004.

65. 弗兰克·莫特. 消费文化：20 世纪后期英国男性气质和社会空间［M］. 余宁平，译. 南京：南京大学出版社，2001.

66. 格雷姆·伯顿. 媒体与社会：批判的视角［M］. 史安斌，译. 北京：清华大学出版社，2007.

67. 詹姆斯·库兰，米切尔·吉尔维奇. 大众媒介与社会［M］. 杨击，译. 北京：华夏出版社，2006.

68. 约翰·伯格. 观看之道［M］. 戴行钺，译. 桂林：广西师范大学出版社，2007.

69. 约翰·斯道雷. 文化理论与通俗文化导论［M］. 杨竹山，译. 南京：南京大学出版社，2006.

70. 约翰·斯道雷. 记忆与欲望的耦合：英国文化研究中的文化与权力［M］. 徐德林，译. 桂林：广西师范大学出版社，2007.

71. 乔纳森·比格纳尔，杰里米·奥莱巴. 21 世纪电视人生存手册［M］. 栾轶玫，译. 北京：清华大学出版社，2008.

72. 迈克·费瑟斯通. 消费文化与后现代主义［M］. 刘精明，译. 南京：译林出版社，2000.

73. 尼克·史蒂文森. 认识媒介文化：社会理论与大众传播［M］. 王文斌，译. 北京：商务印书馆，2001.

74. 奥利弗·博伊德－巴雷特. 媒介研究的进路［M］. 北京：新华出版社，2004.

75. 菲利普·史密斯. 文化理论：导论［M］. 北京：商务印书馆，2008.

76. 斯各特·拉什. 信息批判［M］. 杨德睿，译. 北京：北京大学出版社，2009.

77. 斯科特·拉什，约翰·厄里. 符号经济与空间经济［M］. 王之光，译. 北京：商务印书馆，2006.

78. 斯科特·拉什，西莉亚·卢瑞. 全球文化工业：物的媒介化［M］. 要新乐，译. 北京：社会科学文献出版社，2010.

79. 西莉亚·卢瑞. 消费文化［M］. 张萍，译. 南京：南京大学出版社，2003.

80. 斯图尔特·霍尔. 表征：文化表象与意指实践 [M]. 徐亮，陆兴华，译. 北京：商务印书馆，2003.

81. 特伦斯. 霍克斯. 结构主义和符号学 [M]. 瞿铁鹏，译. 上海：上海译文出版社，1997.

82. 齐格蒙特·鲍曼. 被围困的社会 [M]. 郇建立，译. 南京：江苏人民出版社，2006.

83. 齐格蒙特·鲍曼. 全球化：人类的后果 [M]. 郭国良，译. 北京：商务印书馆，2001.

84. 扎奥丁萨德尔，博林·梵·隆. 视读传媒研究 [M]. 章浩，译. 合肥：安徽文艺出版社，2009.

85. 阿芒·马特拉. 世界传播与文明霸权：思想与战略的历史 [M]. 陈卫星，译. 北京：中央编译出版社，2001.

86. 布尔迪厄. 关于电视 [M]. 许钧，译. 沈阳：辽宁教育出版社，2000.

87. 古斯塔夫·勒庞. 乌合之众：大众心理研究 [M]. 冯克利，译. 北京：中央编译出版社，2005.

88. 居伊·德波. 景观社会 [M]. 王昭凤，译. 南京：南京大学出版社，2007.

89. 克里斯蒂安·麦茨，吉尔·德勒兹. 凝视的快感：电影文本的精神分析 [M]. 北京：中国人民大学出版社，2005.

90. 罗兰·巴特. 神话：大众文化分析 [M]. 许蔷蔷，译. 上海：上海人民出版社，1999.

91. 米歇尔·福柯. 词与物：人文科学考古学 [M]. 莫伟民，译. 上海：上海三联书店，2001.

92. 皮埃尔·布尔迪厄. 关于电视 [M]. 许钧，译. 沈阳：辽宁教育出版社，2000.

93. 乔治·维加雷洛. 从古老的游戏到体育表演：一个神话的诞生 [M]. 乔咪加，译. 北京：中国人民大学出版社，2007.

94. 让·波德里亚. 符号政治经济学批判 [M]. 夏莹，译. 南京：南京大学出版社，2009.

95. 让·波德里亚. 美国 [M]. 张生，译. 南京：南京大学出版社，2011.

96. 让·波德里亚. 消费社会 [M]. 刘成富、全志纲，译. 南京：南京大学出版社，2001.

97. 让·弗朗索瓦·利奥塔. 非人道 ［M］. 罗国祥，译. 北京：商务印书馆，2000.

98. 恩斯特·卡西尔. 人论 ［M］. 甘阳，译. 上海：上海译文出版社，1985.

99. 卡尔·马克思. 资本论 ［M］. 陈启修，译. 北京：人民出版社，2004.

100. 卡尔·雅斯贝斯. 时代的精神状况 ［M］. 王德峰，译. 上海：上海世纪出版集团，2005.

101. 马克斯·韦伯. 新教伦理与资本主义精神 ［M］. 康乐，简惠美，译. 北京：群言出版社，2007.

102. 彼得·卢德思. 视像的霸权 ［M］. 刘志敏，译. 北京：中国广播电视出版社，2009.

103. 瓦尔特·本雅明. 摄影小史、机械复制时代的艺术作品 ［M］. 王才勇，译. 南京：江苏人民出版社，2006.

104. J. 胡伊青加. 人：游戏者 ［M］. 成穷，译. 贵阳：贵州人民出版社，2007.

105. 北冈诚司. 巴赫金：对话与狂欢 ［M］. 魏炫，译. 石家庄：河北教育出版社，2002.

106. 藤竹晓. 电视的冲击 ［M］. 李江林，译. 北京：中国广播电视出版社，1990.

107. 赫苏斯·维加. 性感的公司：如何吸引并赢得客户、员工及股东的芳心 ［M］. 陈吟，译. 杭州：浙江大学出版社，2012.

三、中文论文.

1. 安德鲁·比林斯. "冰球" 在哪里：高级体育媒体学术的十大主题 ［J］. 成都体育学院学报，2012（3）.

2. 陈建国. 娱乐化功能体育电视的另一条出路 ［J］. 东南传播，2006（8）.

3. 陈月华，王宇石. 解码：当代电影中的身体意向 ［J］. 电影艺术，2006（5）.

4. 陈治. 从球场到荧屏：电视体育新闻传播的变迁与展望 ［J］. 青年记者，2007（7）.

5. 杜娟．视觉的快感：消费时代的审美趋向［J］．山东艺术学院学报，2006（5）．

6. 郭讲用．我国体育大众传播的娱乐化倾向及其异化［J］．上海体育学院学报，2004（6）．

7. 郭晴，郝勤．媒介体育：现代体育社会的拟态图景［J］．体育科学，2006（6）．

8. 杭孝平．中国电视体育节目50年发展历程回顾［J］．新闻窗，2009（5）．

9. 黄海．中国当代电视总体性叙事特征［J］．新闻前哨，2004（10）．

10. 黄顺铭．新闻策划：多维的视野［J］．中国广播电视学刊，2001（11）．

11. 季桂保．波德里亚的"消费社会"批判理论评述［J］．国外社会科学，1999（2）．

12. 孔德国．体育明星及其消费文化功能研究［J］．体育文化导刊，2007，1（1）．

13. 劳伦斯·文内尔．媒介体育、性别、体育迷与消费者文化：主要议题与策略［J］．成都体育学院学报，2012（3）．

14. 李金蓉．论文化消费的特点［J］．理论与改革，1993（3）．

15. 李园园，李艳．文化殖民"视角下美国职业篮球文化的国际传播［EB/OL］．CSSCI学术论文网［J］．新闻世界，2010（8）．

16. 刘瑛，张永军．消费经济视觉中的体育明星及消费文化功能［J］．广州体育学院学报，2008（3）．

17. 刘悦笛．日常生活审美化与审美的日常生活化：试论"生活美学"何以可能?．文化研究网［J］．哲学研究，2005（1）.

18. 刘自雄．解析"媒介事件"的内涵［J］．辽东学院学报，2005（5）．

19. 吕鹏．电视体育：霸权男性气质的想象性生产与消费［J］．国际新闻界，2011（7）．

20. 麻争旗，徐杨．体育直播的文本和意义：体育媒介事件的叙述模式［J］．中国传媒大学学报，2006（6）．

21. 苗振亚．酿造醇厚的体育文化［J］．书屋，1998（3）．

22. 彭海涛．国族的世界想象：2008奥运申办的媒介研究［J］．二十一世纪（网络版），2005，34（1）.

23. 齐辉. 地方电视体育频道发展趋势论析 [J]. 中国广播电视学刊, 2010 (3).

24. 瞿葆奎, 郑金洲. 教育学逻辑起点: 昨天的观点与今天的认识 [J]. 上海教育科研, 1998 (3).

25. 瞿巍. 中国体育电视五十年发展研究 [J]. 成都体育学院学报, 2009 (9).

26. 舟强辉, 祖丽. 当前我国体育新闻传播中负面效果的成因及对策 [J]. 体育科学, 2006 (11).

27. 任文, 魏伟. 奇观体育与体育奇观: 罗兰·巴尔特的符号学体育赛事观 [J]. 北京体育大学学报, 2011 (11).

28. 汪民安. 媒体共谋与足球神话的诞生 [J]. 新闻与传播研究, 2004 (1).

29. 魏艺, 温蓓. 中国老年电视节目的缺失与思考 [J]. 西南交通大学学报 (社会科学版), 2005 (7).

30. 王颖吉. 媒体共谋与足球神话的诞生: 对一项当代大众媒介文化的批判性解读 [J]. 新闻与传播研究, 2004 (1).

31. 王颖哲. 电视转播与体育发展: 以 NBA 电视转播为例 [J]. 东南传播, 2006 (10).

32. 王岳川. 消费社会中的精神生态困境: 波德里亚后现代消费社会理论研究 [J]. 北京大学学报 (哲学社会科学版), 2002 (4).

33. 魏伟. 电视体育转播的 "运动服统治" 现象探究 [J]. 丝绸之路, 2013 (8).

34. 魏伟. 解读神话: 南非世界杯电视转播的符号学研究 [J]. 中国体育科技, 2011 (2).

35. 吴定勇, 王积龙. 浅析美国媒体老人形象问题 [J]. 国际新闻界, 2007 (4).

36. 肖焕禹. 现代体育传播的特征、价值及其发展取向 [J]. 体育科学, 2004 (9).

37. 肖柳. "艺术的传播" 在电视体育传播中的效果 [J]. 中国广播电视学刊, 2011 (9).

38. 许永, 骆正林. 赛事转播权的魅力: 体育报道与媒体发展初探 [J]. 新闻记者, 2000 (9).

39. 杨法香，哈洪存. 反思电视体育报道的价值引领责任及其他 [J]. 当代电视，2006 (7).

40. 杨文运. 体育明星的符号学解读 [J]. 体育学刊，2007 (8).

41. 殷勤. 媒介全球化背景下我国体育传媒的发展方向 [J]. 武汉体育学院学报，2005 (6).

42. 于德山. 媒介奇观与商业神话：当代体育文化传播的特征分析 [J]. 体育科学，2007 (3).

43. 俞凡. 中国电视体育频道发展浅析 [J]. 新闻界，2010 (2).

44. 曾静平，曾曦. 中国体育电视发展沿革研究 [J]. 天津：天津体育学院，2009 (5).

45. 张冰. 艺术与生活的双重变奏：《拉伯雷和他的世界》读后 [J]. 读书. 1991 (8).

46. 张兵娟. 仪式·传播·文化 [J]. 中国广播电视学刊，2007 (3).

47. 张帆. 电视体育传播的戏剧化情境 [J]. 现代传播，1999 (3).

48. 左彩虹. 符号狂欢的阴影：媒介蔓延对教育的挑战 [J]. 大学教育科学，2006 (5).

49. 顾若兵，张卓. 北京奥运新媒体的实践及对体育新闻传播的未来影响 [J]. 体育与科学，2009 (5).

50. 张江南. 大数据时代对体育传播的影响 [J]. 武汉体育学院学报，2014 (7).

51. 张宝霞，董威. 媒体碎片化语境下体育受众分化趋势分析 [J]. 中国报业，2011 (10：下).

52. 冉强辉，高雁. 我国体育电视媒体与新媒体互补发展的研究 [J]. 体育科学，2011 (4).

53. 杨剑锋，雷海平. 新媒体语境下的体育新闻传播新格局 [J]. 中国体育科技，2012 (1).

54. 谭康. 中国体育电视的现状解析 [J]. 新闻爱好者，2010 (11 下).

四、学位论文.

1. 李凯. 全球性媒介事件与国家形象的建构和传播：奥运的视角 [D]. 上海：复旦大学，2005.

2. 罗亚. 制造快乐：走向娱乐的新闻技巧：对中国传媒新闻娱乐化的实证

研究［D］. 上海：复旦大学，2005.

3. 李亚琴. 消费文化批判视野下的媒介体育［D］. 兰州：兰州大学，2006.

4. 马蔚萍. 电影艺术中暴力与美的平衡：电影暴力美学的特点及意义［D］. 吉林：吉林大学，2007.

5. 莫菲. 大众传播媒介与体育产业的行业互动［D］. 吉林：吉林大学，2005.

6. 邱雪. 关于我国体育明星品牌代言人的现状研究［D］. 北京：北京体育大学，2004.

7. 夏亮. 论大众媒介与体育产业的互动关系［D］. 兰州：兰州大学，2006.

五、英文文献

1. BERNSTEIN A, BLAIN N. Sport, media, culture: global and local dimension［M］. London: Frank Cass Publishers, 2012.

2. BURGOON J K. BULLER D B. WOODALL W G. Nonverbal communication: the unspoken dialogue［M］. New york: Harper & Row, 1989.

3. HORNE J, TOMLINSON A, WHANNEL G. Understanding sport: an introduction to the sociological and cultural analysis of sport［M］. London and New York: Spon Press, 2012.

4. MEYROWITZ, JOSHUA. No sense of place［M］. New York: Oxford University Press, 1986.

5. RAUNSBJER P, SAND H. TV Sport and Rhetoric［J］. Journalism Quartly, 1998（7）.

6. BOYLE R, HAYNES R. Power Play: sport, the media and popular culture［M］. New York: Edinburgh University Press, 2009.

7. ROWE D C. Sport, culture and the media: the unruly trinity［M］. Maidenhead and New York: Open University Press, 2004.

8. SMITH, GARRY J. The noble sports fan［J］. Journal of Sport & Social Issues. 1988（12）.

9. HALL S. Encoding, decoding［M］//DURINGS. The Cultural Studies Reader［M］. London and NewYork: Routledge, 1993.

10. MILLERT. Men of the game［C］//SCHAFFERK, SMITHS. The Olympics

at the millennium：Power，politics，and the games. Piscataway：Rutgers University Press，2000.

11. WANN D，ROCHELLE A. Using sports fandom as an escape：searching for relief from under – stimulation and over – stimulation ［J］．Unpublished Manuscript，1999（7）．

12. WHANNEL G. Fields in vision：television sport and cultural transformation ［M］．London：Routledge，1992.

13. HESLING W．The pictorial representation of sports on television ［J］．Int Rev F Soc of Sport，1986（21）．

六、论文集

1. 吴琼．视觉文化的奇观：视觉文化总论［C］．北京：中国人民大学出版社，2005.

2. 吴琼．凝视的快感：电影文本的精神分析［C］．北京：中国人民大学出版社，2005.

3. 詹姆斯·W. 凯瑞．作为文化的传播［C］．丁未，译．北京：华夏出版社，2005.

4. 单波，石义彬．跨文化传播新论：新闻学与传播学丛书［C］．武汉：武汉大学出版社，2005.

5. 王逢振．2000年度新译西方文论选［C］．黄必康，译．桂林：漓江出版社，2001.

6. 罗钢，刘像愚．文化研究读本［C］．北京：中国社会科学出版社，2000.

7. 中国电影出版社电影理论文选［C］．邵牧君，译．北京：中国电影出版社，1990.

七、相关网站研究及其他

1. 魏鹏举．体育的剩余价值：一个文化研究的典型个案．http：//www. culstdies. com

2. CSM．2008年第29届北京奥运会中国电视观众收视简报［EB/OL］．2008 – 08 – 25.

3. 艾杰比尼尔森．预测2008北京奥运会电视观众人数将创造历史［EB/

OL〕. 中国广告网，2007 – 08 – 07.

4. 中国体育凸显女性偶像真空 网坛金花成最大突破口〔EB/OL〕. 新浪网体育频道，2007 – 03 – 08.

5. 中国体育赛事商业模式趋成熟 顶级竞技资源良性循环〔EB/OL〕. 中国广播网，2012 – 08 – 03.

八、报纸

1. 詹姆逊. 现代性的幽灵〔N〕. 上海：社会科学报，2002 – 09 – 19.

2. 丁来先. 当代美学应往何处去〔N〕. 北京：中华读书报，2004 – 09 – 22.

3. 吴昊. 人间百货/足球电视化〔N〕. 大公报，2010 – 12 – 12.

后　记

　　这本书是在我的博士学位论文的基础上形成的，原题为《消费时代的电视体育研究》。当初选择这一题目，并非是要去赶所谓的学术时髦，以凑当下"视觉文化热"的热闹，而是源于自己多年来对于体育文化和媒介文化的学习和工作积累以及兴趣使然。首先，我大学本科的专业是体育教育学，攻读新闻学硕士学位阶段做的研究是有关"体育媒体化"的解构与建构。再者，本人多年来又一直在南京师范大学体育科学学院从事体育文化理论与体育文化传播等相关课程的教学和研究。工作实践中，一些关涉视觉体育传播现实的问题经常触发我的思考——电视体育作为文化工业的一个重要组成部分，正是新闻娱乐产品的一个具有强制性的典型代表。电视体育标准化、齐一化的奇观表征逻辑正是凭借先进技术手段，以令人眼花缭乱的身体运动符号，有意强化"震耳悦目"的感官效应，"极速"拉动受众的隐秘欲望，使其很难甚至无法在深度层面做进一步的思考。其中流动的大量消费性身体影像，一定程度上讲就是遵循引人瞩目的媒体主流。

　　然而，电视体育在形成令人震惊的集体直觉性中已逐渐渗透进我们的无意识，构建了一个以体育为名的全新的世界，同时改变了我们与体育运动之间的原初直接关系。以至人们已不能轻易地发现电视体育中的阶级、种族、性别、公平和机会等一切现实差别都已被想象性地掩盖起来的事实。这种情况导致人们观看体育比赛的行为显得训练有素，但他们并不是被强迫的，而是以一种寻求收视享受、体育归属感和民族认同的态度参与其中。以至成为马尔库赛笔下"单向度的人"。

　　博士阶段的学习正好赋予了我把这些现实思考转化为学术研究的契机与动力，让我有充足的时间与机会接触消费社会学、视觉文化学、符号学、政治经济学，让我更深入地了解和学习福柯、鲍德里亚、布尔迪厄、哈贝马斯、卡西尔、詹姆逊、海德格尔、霍克海默等批判大家的相关学论。特别是鲍德里亚和布尔迪厄，他们严密的逻辑、缜密的推理、问题的意识、批判的精神、大气的解构、辛辣的针砭、幽默的表述和令人意外的回旋效果让我的思绪狂欢不已。正是与这些大师的默默"对话"，才使我深深流连于后现代、消费文化、符号、意识形态、形而上学、权力、场域、资本，从而催生了我的《消费时代的电视体育研究》。由此而言，攻读博士学位虽然非常忙碌、辛苦，甚至有时迷茫，但却也倍感充实、快乐，时不时地抱有撞上希望的钟的神来之感。尽管在书中文笔还难免稚嫩而欠老到，但渗透其间的谈吐飞扬、评指反讽、激荡看法、肆意恩仇，体现的是何等的学术快感！在此，首先感谢生活给了我这样一个机缘。当然，一篇文章，尤其是学位论文永远不可能是作者单枪匹马的独创，因此，不敢想象如果缺少了来自众多学者直接或间接的智慧贡献，抑或鼓励与帮助，我的这篇论著将会显得多么的苍白与贫乏。从这意义上讲，本研究得以顺利完成，除了自己为此付出艰辛努力外，它也凝聚着众多师长、学友、亲人和其他前辈们的心血，为此，我心中充满着无限感激之情！

　　本书得以出版，当先感谢我的恩师方晓红教授！攻读博士之初，先生就热情鼓励我要在自己较为熟悉和长期关注的研究领域中进行选题。在我选题确定后，她又在以后的每一个环节都给予了全方位的把关与指导。我永远都不会忘记，在恩师的客厅里、办公室、校园小径、小饭馆，甚至于在去武汉参加国际学术报告会的旅途中，太多的时间和空间里都留下过恩师指点，以及我们师徒共同探讨的身影。恩师严谨博学、性情随和、刚直立身、宽厚爱人，从选题到确定论文架构、再到具体写作，甚至是一个个看似简单的字词用语准确性的修改，事无巨细，不厌其烦。而对于有些关键性问题的探讨，更可谓耳提面命，循循善诱，给我以巨大的心灵启发。无奈自己天生愚钝，对于那些形而上的东西，虽心神向往，却常常苦于折腾而不得要领。以至学位论文总是一拖再拖，直至拖得连自己都心生愧疚。幸得导师一再勉励，才不至轻言放弃。感谢恩师！最让我感激和难忘的，是她赐以我极大的学术自由，让我可以于自己感兴趣的领域中肆意探寻而不思归路，由此孕育了我强烈的批判研究的渴望。不过，由于自己以前基础较差，虽然有心学术，但自觉的问题意识、必要的学术视野以及学术规范皆相对欠缺。对此，恩师总是坦诚相告、细心点拨，并勉励我通过多读经典著作和多写小论文来强化学术研究的兴趣与动力。从她那里，我不仅汲取了知识的营养，而且开拓了学术的眼界，增强了科研的自觉性和规范意识，同时感受到学者为人为学的精神境界和温润情怀，也逐渐领悟到为何以及如何在研究过程中锤炼意志、洗涤心性和沉淀学识。岁月匆匆，我的点滴进步都离不开恩师的谆谆教诲，这一切的一切我将铭记于心，并将永远激励着我前进。

其次，感谢硕士、博士研究生期间在课堂上并给予过本人教诲的新闻与传播学院的倪延年老师、张舒予老师、李培林老师、陈正辉老师、陈莉老师！同时感谢新闻与传播学院曾经关心和帮助过我的所有老师们。

感谢论文答辩委员会主席、原南京政治学院王林教授，答辩委员南京师大顾理平教授、于德山教授、靖鸣教授和张晓锋教授！他们的宽厚仁慈和对论文全"优"的评价是对我的鞭策与鼓励。特别是王林老师在答辩间隙对我热情洋溢地褒奖与激励，使我终身难忘！

感谢新闻与传播学院，在此次求学中帮我度过了人生中最重要但不算年轻的青春旅程，同时也领会到为学的自由和乐趣。新闻与传播学院众多老师们长期的关心和培养，改正我"猴子屁股坐不住"的性格，使我成功地实现了从体育人到新闻学人的文化转型。

此外，在写作的过程中，本书参阅了大量国内外有关文献，许多先哲时贤的相关研究成果往往使我茅塞顿开、获益匪浅。在借鉴、吸收许多前人研究成果的同时，本文尽量做到在书中标注或在参考书目中列出，如因偶尔的疏漏，并非本人所愿，敬请海涵并致歉，在此一并向他们表示衷心的感谢！

本书的部分相关内容曾在《体育与科学》《体育学刊》《中国电视》《山东体育学院学报》《南京体育学院学报》《中华女子学院学报》等相关学术期刊发表。感谢以上刊物诸位编辑的青睐与帮助，从而使得我能够在文章发表后获得学界同人的反馈与认可，以至不断深化并拓宽自己的研究领域。

感谢光明日报出版社，其对高校教师学术研究的执着支持与资助在如今这样一个商品经济社会尤显难能可贵。

感谢我的母亲大人以及亡故的父亲，你们养育了我的肉体，并铸造了我的灵魂。是你们，教会了我人生的开始；是你们，赐给我强壮的身体；同样是你们，让我具备了不怕苦和累，并能够面对未来的基础。母亲为了让我安心读书，几多年来不到万不得已，很少打扰我……我只能通过这点点滴滴的努力经营好自己的家，并慢慢回报，以后的时光就让儿子陪伴您一起慢慢变老吧！

感谢我的爱人和儿子。我的爱人郅育红女士，在我读博期间给我最大的支持与帮助，主动包揽了家里所有的大小事务。为了让我能够专心于研究，里里外外任劳任怨，唯恐因此而让我有半点分心。每当我意志薄弱和思想懈怠时，总少不了她的宽慰与激励。结婚以来，她一直都是我几乎所有论文的第一个读者，甚至在我博士论文写作的最后阶段，查错、校对等一些论文规范性问题的纠正都出自她的妙手。特别的，儿子王智浩从小到大，对他的关心，似乎与我关系不大，一股脑儿都托付给了他的母亲我的爱人。记得刚读博士时，儿子初进学堂，太多时候，"爸爸在写论文"都成了别人向儿子问起我时所用的一个口头禅。如今，在爱人的精心培育下，儿子已经长大，并且品学兼优，甚是欣慰，只是他已经不习惯我这个键盘控父亲偶尔生发出的对他曾经亏欠太多的身体爱抚，让人不胜唏嘘！可是，爱人和儿子永远是我强大的精神支柱和拼搏的动力源泉。

学业有涯，而学术无涯。这本书无疑已成为我人生旅途中一个值得记忆的驿站。因本人才疏学浅，整体而言，文章的撰写虽经历了很长一段时间的酝酿并几经修改，但仍显得有些仓促，错漏之处难免，还望同道学人不吝赐教。不过，带着一颗感恩的心和一份执着的信念，我相信，自己坚实的奋斗脚印一定会向前延伸，而我仍会经常地带着过来人特有的欣慰之情回看我生命中这一特定的人生路标，以便映照自己所走出的每一步。

王庆军

2019 年 4 月 9 日

紫金山北麓育红斋